D1747680

Didaktische Rekonstruktion eines physikalischen Praktikums für Physiker

Von der Pädagogischen Hochschule Heidelberg
zur Erlangung des Grades eines/einer
Doktors/Doktorin der Erziehungswissenschaft (Dr. paed.)
genehmigte Dissertation von

Knut Neumann

aus
Braunschweig

Erstgutachter(in):   Prof. Dr. Manuela Welzel, Pädagogische Hochschule Heidelberg
Zweitgutachter(in):   Prof. Dr. Dieter Schumacher, Heinrich-Heine-Universität Düsseldorf

Fach: Physik

Tag der mündlichen Prüfung: 14.07.2004

Bibliografische Information Der Deutschen Bibliothek

Die Deutsche Bibliothek verzeichnet diese Publikation in der Deutschen
Nationalbibliografie; detaillierte bibliografische Daten sind im Internet über
http://dnb.ddb.de abrufbar.

©Copyright Logos Verlag Berlin 2004
Alle Rechte vorbehalten.

ISBN 3-8325-0762-0

Logos Verlag Berlin
Comeniushof, Gubener Str. 47,
10243 Berlin
Tel.: +49 030 42 85 10 90
Fax: +49 030 42 85 10 92
INTERNET: http://www.logos-verlag.de

Die Kunst des Lehrens hat wenig mit der Übertragung von Wissen zu tun, ihr grundlegendes Ziel muss darin bestehen, die Kunst des Lernens auszubilden.

(von Glasersfeld 1997, 309)

Inhaltsverzeichnis

Einleitung		**1**
I Theoretischer Teil		**5**
1 Ausgangssituation		**7**
1.1	Historische Entwicklung	7
1.2	Kritik	10
2 Erkenntnistheoretische Grundlagen		**15**
2.1	Radikaler Konstruktivismus	15
2.2	Konsequenter Konstruktivismus	17
2.3	Ein konsequent-konstruktivistisches Lernmodell	18
2.3.1	Bedeutungskonstruktion	19
2.3.2	Bedeutungsentwicklung	20
2.3.3	Bedeutungsrekonstruktion	21
2.3.4	Komplexität	22
2.3.5	Kompliziertheit	23
2.3.6	Lernen	23
2.4	Ziele im konsequent-konstruktivistischen Lernmodell	24
2.4.1	Orientierung	24
2.4.2	Rahmung	25
2.4.3	Ziel	25
2.5	Konzeptwechsel	25
3 Didaktische Rekonstruktion		**31**
3.1	Modell der Didaktischen Rekonstruktion	31
3.1.1	Fachliche Klärung	33
3.1.2	Erfassung der Schülervorstellungen	34
3.1.3	Didaktische Strukturierung	35
3.2	Didaktische Rekonstruktion im Hochschulbereich	36
3.2.1	Fachliche Klärung	36
3.2.2	Erhebung der Lernerperspektive	37
3.2.3	Didaktische Strukturierung	38
3.3	Operationalisierung	38

II Erster empirischer Teil   41

4 Fachliche Klärung   **43**
- 4.1 Forschungsfragen 44
- 4.2 Stand der Forschung 45
  - 4.2.1 Ziele 45
  - 4.2.2 Inhalte 49
- 4.3 Methoden der Untersuchung 50
  - 4.3.1 Ziele 51
  - 4.3.2 Inhalte 52
- 4.4 Untersuchung 52
  - 4.4.1 Ziele 53
  - 4.4.2 Inhalte 62

5 Lernerperspektive   **69**
- 5.1 Forschungsfragen 70
- 5.2 Stand der Forschung 70
  - 5.2.1 Ziele 70
  - 5.2.2 Lernprozesse 72
- 5.3 Methoden der Untersuchung 78
  - 5.3.1 Ziele 78
  - 5.3.2 Lernprozesse 79
- 5.4 Untersuchung 79

6 Didaktische Strukturierung   **91**
- 6.1 Voraussetzungen 92
  - 6.1.1 Rahmenbedingungen 92
  - 6.1.2 Forderungen 94
  - 6.1.3 Praktikumstypen 97
- 6.2 Entwicklung 105
  - 6.2.1 Struktur 105
  - 6.2.2 Inhalte 108
  - 6.2.3 Vorgehensweise 113
- 6.3 Evaluation 119
  - 6.3.1 Forschungsfragen 119
  - 6.3.2 Methoden der Untersuchung 120
  - 6.3.3 Untersuchung 126

III Zweiter empirischer Teil   143

7 Didaktische Strukturierung   **145**
- 7.1 Voraussetzungen 146
- 7.2 Entwicklung 148
- 7.3 Evaluation 153
  - 7.3.1 Forschungsfragen 154

	7.3.2	Methoden der Untersuchung	154
	7.3.3	Untersuchung	155

8   Zusammenfassung   **161**

9   Ausblick   **169**

A   Praktikumsübersicht   **171**
   A.1   Praktikumsteil Geräte 172
   A.2   Praktikumsteil Methoden 172

B   Fragebögen   **173**
   B.1   Befragung der Experten 174
   B.2   Befragung der Lernenden 176
      B.2.1   Population Eins 176
      B.2.2   Population Zwei und Drei 177

C   Auswertung der Fragebögen   **179**
   C.1   Kategorienbeschreibung 179
   C.2   Items der Befragung nach Zielen 183
      C.2.1   Lehrende 183
      C.2.2   Lernende Population Eins 190
      C.2.3   Lernende Population Zwei 195
      C.2.4   Lernende Population Drei 198
   C.3   Items der Befragung nach Inhalten 203

D   Praktikumsanleitungen   **207**
   D.1   Erste Version „G-E1 Multimeter" 208
   D.2   Zweite Version „G-E1 Multimeter" 230

E   Verwendete Tests   **251**
   E.1   Evaluation des Praktikumsteils Geräte 252
      E.1.1   Vortests 252
      E.1.2   Nachtests 263
   E.2   Evaluation des Praktikumsteils Methoden 277
      E.2.1   Vortests 277
      E.2.2   Nachtests 282
      E.2.3   Material 287

Abbildungsverzeichnis   **289**

Tabellenverzeichnis   **291**

Literaturverzeichnis   **293**

Einleitung

Physikalische Praktika stellen seit über hundert Jahren einen wesentlichen Bestandteil der Ausbildung von Physikern[1] dar. Sie entstanden Ende des 19. Jahrhunderts im englischsprachigen Raum und waren anfänglich vor allem durch die Mitarbeit an Forschungsprojekten gekennzeichnet. Im Deutschland des frühen 20. Jahrhunderts wurden sie an den traditionellen Universitäten als eigene Lehrveranstaltung organisiert. Sie umfassten einzelne, voneinander unabhängige Versuche, in denen vor allem historisch bedeutsame Experimente von den Studenten nachvollzogen werden sollten. Diese Praktika wurden in den 70er Jahren im Rahmen der Neugründungen von Universitäten mit weitgehend unverändertem Konzept übernommen und meistens nur inhaltlich oder technisch aktualisiert. In der Folge bestehen physikalische Praktika für Physiker an vielen Hochschulen seit Beginn des 20. Jahrhunderts in einer in ihrem didaktischen Konzept kaum veränderten Form.

Besonders in den letzten Jahren wird aber zunehmend Kritik von Fachwissenschaftlern, Studenten und Didaktikern laut: Die Ziele, die mit Praktika verbunden werden, werden weder aus Sicht der Lehrenden und Lernenden (Ruickholdt 1996), noch aus Sicht der empirischen Forschung (Haller 1999) erreicht. So werden Studenten zum Beispiel nicht zum Erwerb im Forschungsalltag benötigter Kenntnisse, wie der Diskussion und dem Test eigener Hypothesen, angeregt, sondern folgen bei der Arbeit im Praktikum rezeptartig vorgegebenen Arbeitsabläufen (Hucke 1999).

Die wachsende Kritik an physikalischen Praktika ist als Indiz für eine Veränderung der Ziele aufzufassen, die mit physikalischen Praktika als Teil der Ausbildung zum Physiker verbunden werden. Als Reaktion auf diese Veränderung soll im Rahmen der vorliegenden Arbeit die Lernumgebung „Physikalisches Praktikum für Physiker" auf Grundlage der heutigen Ziele und unter Einbeziehung der Ergebnisse moderner Lernprozessforschung neu konzipiert und evaluiert werden.

Der erste notwendige Schritt bei der Konzeption einer Lernumgebung ist eine Explizierung des zugrunde liegenden Verständnisses von Lernen. Diese Arbeit stützt sich auf ein empiri-

---

[1] In der vorliegenden Arbeit wird, sofern nicht anders notwendig, nur ein Begriff zur Bezeichnung von Personengruppen verwendet. Eine Trennung nach Geschlecht und eine damit verbundene Benachteiligung wird nicht vorgenommen.

sches Lernmodell, das seit mehr als 15 Jahren von der Arbeitsgruppe um Stefan von Aufschnaiter am Institut für Didaktik der Physik der Universität Bremen aufgrund der detaillierten Beobachtung von Lernenden und Analyse der Beobachtungen entwickelt wird. Dieses Lernmodell – seine Wurzeln, Annahmen und Folgerungen – werden in Kapitel 2 vorgestellt.

Die Konzeption und Evaluation einer Lernumgebung umfasst forschende und entwickelnde Aspekte. Auf Basis des ausgewählten Lernmodells bietet sich als theoretischer Rahmen einer Arbeit mit Forschungs- und Entwicklungsanteilen das Modell der Didaktischen Rekonstruktion an. Dieses wurde von Kattmann et al. (1997) als theoretischer Rahmen zur Entwicklung von Unterrichtsgegenständen im Schulunterricht entworfen und von Theyßen (1999) für den Hochschulbereich adaptiert. Das Modell unterscheidet drei gleichwertig zueinander in Beziehung stehende Bereiche: Die Fachliche Klärung, die Erhebung der Lernerperspektive und die Didaktische Strukturierung. Während in der Fachlichen Klärung und der Erhebung der Lernerperspektive die Anforderungen der Fachwissenschaftler und Lernenden an die Lernumgebung ermittelt werden sollen, dient die Didaktische Strukturierung der Entwicklung der Lernumgebung und ihrer Evaluation hinsichtlich der an sie gestellten Anforderungen. Das Modell der Didaktischen Rekonstruktion nach Kattmann et al. (1997) und die Weiterentwicklungen von Theyßen (1999) werden in Kapitel 3 beschrieben und im Hinblick auf ihre Implikationen für diese Arbeit diskutiert.

Der Aufbau des empirischen Teils der vorliegenden Arbeit orientiert sich an der Struktur der Didaktischen Rekonstruktion:

In Kapitel 4 wird die Fachliche Klärung, in Kapitel 5 die Erhebung der Lernerperspektive beschrieben. Dazu werden zunächst die Forschungsfragen für den jeweiligen Bereich der Didaktischen Rekonstruktion formuliert. Auf Grundlage der Forschungsfragen wird der Stand der Forschung dargestellt und das zur Bearbeitung der Fragen notwendige methodische Vorgehen diskutiert. Abschließend werden die durchgeführten Untersuchungen und deren Auswertung dargestellt und diskutiert.

In Kapitel 6 wird die Didaktische Strukturierung, das heißt die Entwicklung und die Evaluation der Lernumgebung „Physikalisches Praktikum für Physiker" geschildert. Dazu werden zunächst die Ergebnisse der beiden vorhergehenden Bereiche Didaktischer Rekonstruktion zusammen mit weiteren Rahmenbedingungen und einer Analyse bestehender Praktikumstypen zu den Voraussetzungen der Didaktischen Strukturierung zusammengefasst. Daraus werden konkrete Forderungen an die Lernumgebung abgeleitet, anhand derer schrittweise die Implementation der neuen Lernumgebung „Physikalisches Praktikum für Physiker" erläutert wird. Abschließend wird die Evaluation der Lernumgebung bezüglich der formulierten Forderungen darstellt.

EINLEITUNG 3

Entwicklungs-, Einsatz- und Evaluationsphasen treten bei der Neukonzeption einer Lernumgebung mehrfach in unterschiedlicher Reihenfolge auf. Dieses Charakteristikum beschreibt das Modell der Didaktischen Strukturierung als iterativen Prozess, in dem die Bereiche Fachliche Klärung, Erhebung der Lernerperspektive und Didaktische Strukturierung wiederholt und aufeinander aufbauend durchlaufen werden. Die zweite Stufe der Didaktischen Rekonstruktion des physikalischen Praktikums für Physiker wird in Kapitel 7 beschrieben.

Eine zusammenfassende Darstellung der gesamten Arbeit als zwei Stufen Didaktischer Rekonstruktion wird in Kapitel 8 gegeben. Im Anschluss werden in Kapitel 9 die Ergebnisse diskutiert und verbleibende, offene Fragestellungen für mögliche, weitere Untersuchungen formuliert.

Teil I

Theoretischer Teil

Kapitel 1

Ausgangssituation

Physikalische Praktika sind Teil einer langen Tradition in der physikalischen Grundausbildung. Während sie in den Anfängen als ein unumgänglicher Teil der Ausbildung gesehen wurden, wird insbesondere in den letzten Jahrzehnten immer häufiger auf ihre Ineffizienz verwiesen und nach Ursachen gesucht.

In Abschnitt 1.1 dieses Kapitels wird die Entwicklung Physikalischer Praktika von ihrer Entstehung im 19. Jahrhundert bis heute skizziert. Einen kurzen Überblick über die bestehende Kritik an physikalischen Praktika gibt Abschnitt 1.2.

1.1 Historische Entwicklung

Die historische Entwicklung des physikalischen Praktikums begann mit einer Wende in der Lehre der Physik an den Universitäten zu Beginn des 18. Jahrhunderts. Aus einer Physik, die eng mit einer philosophischen Ausbildung verknüpft ist und die allenfalls als angewandte Mathematik verstanden wird, entstand eine Physik, in der das Experiment im Vordergrund steht (Gee & Clackson 1992; Lind 1996). Zunächst entstanden experimentelle Vorlesungen als Ergänzung zu den bisherigen theoretisch geprägten Vorlesungen. Die für die gezeigten Experimente benötigten Geräte waren zu dieser Zeit an den Universitäten nicht vorhanden. Sie stammten zunächst aus den privaten Sammlungen der Professoren (Manthei 1995). Damit die Professoren sich die Anschaffung der Geräte leisten konnten, erhoben sie eine Teilnahmegebühr von den Studenten. Entsprechend waren diese frühen Vorlesungen in Experimentalphysik durch spektakuläre Versuche charakterisiert, die die Studenten begeistern sollten (Lind 1996). Viele der gezeigten Versuche basierten auf der Vakuumpumpe, dem Thermometer, dem Hydrometer und dem Barometer. Beliebte Themen waren außerdem hydrostatische und optische Versuche, wie die Camera obscura oder die Laterna magica. Didaktisch waren die Vorlesungen auf einer von zwei gegensätzlichen Sichtweisen aufgebaut: in der einen wurde die Experimentalphysik nur als eine alternative Methode zur klassischen (theoretischen) Physik verstanden; der anderen lag ein neues Verständnis von naturwissenschaftlicher Erkenntnis zugrunde, in dem das Experiment als Ausgangspunkt der Naturwissenschaften begriffen wurde.

Zu Beginn des 19. Jahrhunderts wurden viele der Sammlungen der Professoren von den Universitäten übernommen und zunächst weiter für Demonstrationsexperimente eingesetzt (Manthei 1995). Zu dieser Zeit existierten im englischsprachigen Raum bereits Laborpraktika in Chemie. Diese hatten impulsgebenden Charakter für physikalische Praktika: Im Laufe des 19. Jahrhunderts entwickeln sich aus den Laborpraktika praktische physikalische Übungen, in denen Studenten Experimente mit den in den Sammlungen vorhandenen Geräten durchführten. Nachdem immer mehr Geräte speziell zu diesem Zweck hergestellt wurden (Gee & Clackson 1992), entfalteten sich praktische Übungen zum Ende des Jahrhunderts zu ständigen Einrichtungen.

Eines der ersten physikalischen Praktika in Deutschland entstand unter Weber an der Universität in Göttingen (Hund 1987). Dort entwickelte Webers Assistent Kohlrausch seinen Leitfaden zur praktischen Physik (Kohlrausch 1870). Dieses und weitere Lehrbücher, wie zum Beispiel (Wiedemann & Ebert 1904), bildeten die Grundlage für die Entwicklung physikalischer Praktika an den traditionellen Universitäten in Deutschland. Inhaltlich umfassten die Lehrbücher zu dieser Zeit Aufgaben zu Phänomenen klassischer Themengebiete der Physik: Mechanik, Optik, Wärmelehre und Elektrizitätslehre. Von Bertram (1892) wurden zum Beispiel in der Elektrizitätslehre unter anderem die Phänomene Reibung, Influenz, Magnetismus und Kontaktelektrizität behandelt. Anhand der Lehrbücher führten die Studenten in den physikalischen Praktika die Aufgaben mit institutseigenen Geräten unter der zwanglosen Aufsicht von Professoren oder deren Assistenten durch (Westphal 1937).

Als zur Mitte der zwanziger Jahre die Zahl der Teilnehmer physikalischer Praktika an der Technischen Hochschule Berlin in kurzer Zeit von 200 bis 300 pro Woche auf über 1000 anstieg, und die Betreuung in der bisherigen Form nicht mehr gewährleistet schien, reorganisierte Westphal (1937) die bestehenden Abläufe. Sein Ziel war eine Kopplung an die Vorlesung und die Umsetzung der wissenschaftlichen Methode im Praktikum. Er entwickelte eine organisatorische Struktur, die einen Massenbetrieb erlaubte: Zu Beginn des Semesters wurden die Teilnehmer in Arbeitsgruppen zu maximal zehn Personen eingeteilt; jeweils zwei Arbeitsgruppen erhielten für den Zeitraum des Semesters einen Assistenten zugeteilt. Jede Arbeitsgruppe bekam einen Arbeitsplan, der die im Verlauf des Semester zu bearbeitenden Aufgaben umfasste. Jede Arbeitsgruppe bearbeitete die gleichen Aufgaben, aber zu unterschiedlichen Terminen, so dass die zur Bearbeitung einer Aufgabe benötigten Geräte nur in zehnfacher Ausführung vorliegen mussten. Zur Bearbeitung einer Aufgabe war jeweils ein Nachmittag vorgesehen. Die Inhalte der Aufgaben waren exemplarisch für die verschiedenen Teilbereiche der Physik ausgewählt. Die Bearbeitung einer Aufgabe lief wie folgt ab: Zu

1 AUSGANGSSITUATION

Beginn des Versuches besprach der Assistent entweder die Aufgabe des aktuellen und des folgenden Tages mit den Studenten oder er ließ einen Studenten die beiden zuletzt bearbeiteten Aufgaben wiederholen. Dafür war jeweils ein Zeitraum von 45 bis 75 Minuten vorgesehen. Für die Durchführung blieben damit ungefähr 3 Stunden. Den Studenten der Physik wurde zusätzlich eine Vorlesung angeboten, in der ebenfalls die Aufgaben des Praktikums besprochen wurden. Außerdem wurde von ihnen die ausführliche schriftliche Ausarbeitung einer der durchgeführten Aufgaben gefordert.

In der Nachkriegszeit wurden physikalische Praktika, sofern es die vorhandenen Mittel zuließen, entsprechend ihrem Vorkriegszustand rekonstruiert. Viele der oben angesprochenen Lehrbücher wurden ohne große Änderungen neu aufgelegt. Die von Westphal (1937) entwickelte organisatorische Struktur und das entsprechende Lehrbuch wurden bevorzugt eingesetzt.

Im Zuge der Neugründungswelle von Universitäten in den frühen siebziger Jahren wurden Physikalische Praktika an den neuen Universitäten in den Grundzügen von den traditionellen Universitäten übernommen. Ein Vergleich des Lehrbuchs von van Calker & Keinhanß (1975) mit dem von Westphal (1948) zeigt eine große Ähnlichkeit in Struktur und Inhalten: Beide Bücher beginnen mit den Grundlagen des Messens und der Auswertung von Messungen mit besonderer Betonung der Fehlerrechnung. Darauf aufbauend werden in einzelnen Kapiteln jeweils die klassischen Themenbereiche Mechanik, Optik, Elektrizitätslehre und Thermodynamik behandelt. Die Kapitel bestehen aus einer Zahl praktischer Aufgaben (bei van Calker & Keinhanß (1975) als Versuche bezeichnet), die sich jeweils auf bestimmte physikalische Größen, Phänomene oder spezielle Apparaturen beziehen. So umfasst beispielsweise der Themenbereich Optik sowohl bei Westphal (1948) wie auch bei van Calker & Keinhanß (1975) Aufgaben zu der Brennweite dünner Linsen, der Vergrößerung einer Lupe, dem Mikroskop, der Spektralanalyse und der Photometrie.

Auch das physikalische Praktikum für Physiker an der Heinrich-Heine-Universität Düsseldorf geht auf das Praktikum nach Westphal (1937) respektive van Calker & Keinhanß (1975) zurück. In seiner ursprünglichen Form diente es als praktische Übung zu den einführenden Experimentalphysikvorlesungen und bestand entsprechend aus vier Praktikumsteilen, die jeweils einer Vorlesung also einem physikalischen Themenbereich, wie zum Beispiel Mechanik oder Elektrizitätslehre, zugeordnet waren und im Verlauf des Semesters parallel zur Vorlesung durchgeführt wurden. Die Auswahl der Inhalte in jedem Praktikumsteil war auch hier exemplarisch: Es wurden verschiedene für den jeweiligen physikalischen Inhaltsbereich repräsentative beziehungsweise besonders bedeutsame Experimente nachvollzogen. Die Inhalte wurden in der Regel in wöchentlich stattfindenden Versuchen behandelt. Dazu bereiteten die Studenten vor Beginn des Praktikums die Inhalte anhand einer Aufgabenstellung und des Lehrbuchs von van Calker & Keinhanß (1975) zu Hause vor. Die erarbeiteten Inhalte waren als schriftliche Vorbereitung im Praktikumsheft festzuhalten. Die Versuchsdurchführung begann mit einer Einführung, die eine Überprüfung dieser Kenntnisse sowie eine exakte Schilderung des Versuchsablaufs in technischer Hinsicht und eine Erläuterung der verlangten Auswertung umfasste. In Anlehnung an den beschriebenen Ablauf bearbeiteten die Studenten die vorgegebenen Aufgaben. Die schriftliche Vorbereitung und die erfolgreiche Bearbeitung wurde vom Assistenten überprüft und durch das Antestat bestätigt. Die Auswertung erfolgte in der Regel zu Hause. Sie wurde im Verlauf des folgenden Versuchs durch den Assistenten kontrolliert und durch Vergabe des Abtestats in ihrer Richtigkeit bestätigt. Im Rahmen einer Studienreform wurde das Praktikum auf zwei Praktikumsteile reduziert, die im zweiten und dritten Semester angeboten wurden. Durch diese Änderung konnte der inhaltliche Bezug zu den Grundvorlesungen in Experimentalphysik nicht aufrecht erhalten werden. Gestrichen wurden vor allem technisch aufwändige, sowie inhaltlich überholte oder technisch veraltete Versuche. Die verbleibenden Versuche wurden nach Komplexität der zugrunde liegenden physikalischen Theorie geordnet. Die Versuche bestehen weiterhin aus der beschriebenen Vorbereitung, Durchführung und Auswertung.

Abgesehen von leichten Modifikationen der physikalischen Praktika in der Nachkriegszeit und in den siebziger Jahren, sowie Kürzungen in den letzten Jahren, entspricht das inhaltliche und methodische Konzept physikalischer Praktika immer noch dem von Westphal zu Anfang des 20. Jahrhunderts. Eine wesentliche Veränderung physikalischer Praktika hat in den letzten Jahrzehnten nicht stattgefunden (vergleiche (Diemer et al. 1998)).

1.2 Kritik

Die Diskussion von Praktika aus didaktischer Sicht beginnt bereits in den dreißiger Jahren dieses Jahrhunderts, wenn auch im wesentlichen im anglo-amerikanischen Raum. Es wird überlegt, was durch Praktika erreicht werden soll und inwieweit Zeit- und Materialaufwand im Vergleich zu den Ergebnissen gerechtfertigt sind (Hucke 1999).

Mit Beginn der sechziger Jahren treten vermehrt Arbeiten auf, die sich mit den Zielen von Praktika beschäftigen (zum Beispiel (Chambers 1963; Read 1969))[1]. Seitdem sind die Ziele, die mit Praktika verbunden werden, erhoben (Boud et al. 1980; Welzel et al. 1998), postuliert (Woolnough 1983) und diskutiert (Diemer et al. 1998) worden. Zum Beispiel fordert Woolnough (1983) ausgehend von der Annahme, dass Praktika nicht zur Unterstützung des Erwerbs von Theorie dienen sollten, dass praktische Fähigkeiten bei Beobachtung und Messung, eine wissenschaftliche Arbeitsweise und ein Gefühl für Phänomene erworben werden sollen. Auf Grundlage dieser und ähnlicher Zielformulierungen sind Praktika evaluiert wor-

---
[1] Vergleiche dazu auch (Boud et al. 1980) und (Hucke 1999).

1 AUSGANGSSITUATION

den. Dabei wurde in zahlreichen Arbeiten festgestellt, dass die Ziele nicht oder nur unvollständig erreicht werden (Hofstein & Lunetta 1982; Toothacker 1983; Tobin 1990; Diemer et al. 1998; Haller 1999).

Befragungen zum physikalischen Praktikum in Deutschland, wie sie zum Beispiel von Ruickholdt (1996) durchgeführt wurden, stützen die Annahme, dass Lehrende und Lernende zwischen den Zielen, die sie mit Praktika verbinden und der Struktur und Organisation des Praktikums eine grosse Abweichung empfinden: so hält zwar ein Großteil der Befragten das Praktikum grundsätzlich für nützlich, zeigt sich aber enttäuscht über den „experimentellen Studienerfolg".

Lunetta (1998) führt die deutlichen Diskrepanzen zwischen Anspruch und Wirklichkeit auf unterschiedliche Ziele zurück: die Ziele, die mit Experimenten im naturwissenschaftlichen Unterricht verbunden werden, einerseits und die Ziele, nach denen Lernende bei der Durchführung der Experimente handeln, andererseits. Er macht im Wesentlichen die Konzeption der Lernumgebung verantwortlich: Ein Verhalten, das den Zielen, die mit Experimenten im naturwissenschaftlichen Unterricht verbunden werden, entspricht, wird nicht begünstigt. Er äußert sich wie folgt über die Handlungen der Studenten:

> (..) students worked too often as technicians following 'cookbook' recipes in which they used lower-level skills; they were seldom given opportunities to discuss hypotheses, propose tests of those hypotheses, and engage in designing and then performing experimental procedures. Seldom, if ever, were students asked to formulate questions to be investigated or even to discuss sources of error (..)
> (Lunetta 1998, 251)

Eine im Rahmen des europäischen Forschungsprojekts „Labwork in Science education" (Welzel et al. 1998) von Haller (1999) durchgeführte Untersuchung kann die von Lunetta geäußerte Kritik für das Physikalische Praktikum an der Hochschule bestätigen: die Ziele, nach denen Lernende im Praktikum handeln, entsprechen nicht den Zielen, die Lehrende für das physikalische Praktikum äußern. Vielmehr werden die Ziele, nach denen die Lernenden im Praktikum handeln, wesentlich durch die Implementation der Lernumgebung orientiert. Haller (1999) fordert in der Konsequenz eine adäquate Um- beziehungsweise Neugestaltung der Lernumgebung.

Die Kritik an physikalischen Praktika wird von Lehrenden und Studenten der Heinrich-Heine-Universität Düsseldorf geteilt. Gespräche mit den Lehrenden zeigen, dass eine hohe Unzufriedenheit mit den experimentellen und wissenschaftsmethodischen Leistungen der Studenten besteht, obwohl gerade diese als Ziele von Praktika angegeben werden. Gespräche mit Studenten und der Fachschaft Physik legen die Vermutung nahe, dass die Studenten das Praktikum in seinem aktuellen Zustand zu einem großen Teil nur als notwendiges Hindernis zur Bewältigung des Studiums betrachten.

In der Summe bezieht sich die Kritik der letzten Jahrzehnte also vor allem auf die Diskrepanz zwischen den Zielen und der tatsächlichen Implementation von Praktika. Bis heute sind zwar Verbesserungen, wie zum Beispiel die Einführung von Projektpraktika, durchgeführt worden, diese stellen jedoch nicht die bereits von Toothacker (1983) für notwendig befundene grundlegende Neukonzeption dar.

Ziel dieser Arbeit ist daher die umfassende Neukonzeption des physikalischen Praktikums für Physiker unter der besonderen Berücksichtigung der Ziele, die mit dem physikalischen Praktikum verbunden werden. Durch eine wiederholte Abfolge von Entwicklungs- und Evaluationsphasen soll die Lernumgebung – wie von Haller (1999) gefordert – so angepasst werden, dass die Ziele nach denen die Lernenden handeln mit den geäußerten Zielen von Lehrenden und Lernenden zur Deckung gebracht werden.

Zusammenfassung

Der Stellenwert des Experiments in der Physik und der richtungweisende Charakter von Laborpraktika in der Chemie führen zur Mitte des 19. Jahrhunderts zur Entstehung physikalischer Praktika. Diese sind anfangs noch experimentelle Übungen, in denen Studenten anhand von Lehrbüchern und unter Aufsicht von Professoren oder Assistenten Experimente an institutseigenen Geräten durchführen. Eine organisierte und institutionalisierte Form nehmen physikalische Praktika an, als in den zwanziger Jahren des 20. Jahrhunderts die Zahl der Studenten stark ansteigt. Ein erstes Praktikum, das in seiner Struktur auf den Massenbetrieb ausgelegt ist, entwickelt Westphal (1937) an der Technischen Hochschule Berlin. Diese Struktur wird während der Neugründung von Universitäten in den siebziger Jahren im Wesentlichen kopiert. Inhaltlich werden allenfalls kleine Änderungen durchgeführt. In dieser Art und Form bestehen physikalische Praktika bis heute.

Die didaktische Forschung begleitet physikalische Praktika im Prinzip seit Beginn des 20 Jahrhunderts, jedoch zunächst vorwiegend im englischsprachigen Raum. Zu Beginn der siebziger Jahre entsteht eine intensive Diskussion um die Ziele, die mit physikalischen Praktika verbunden werden. Bereits seit den sechziger Jahren werden für Praktika Ziele formuliert, die – wie in zahlreichen Untersuchungen gezeigt wurde – bis heute nicht erreicht werden. Obwohl verschiedene Verbesserungen durchgeführt wurden, hat eine grundlegende Neuentwicklung ausgehend von formulierten Zielen und eine diesbezügliche Evaluation nicht stattgefunden. Entsprechend haben didaktische Forschungsergebnisse bisher keinen wesentlichen Einfluss auf den Ablauf physikalischer Praktika haben können.

1 AUSGANGSSITUATION

Ziel dieser Arbeit ist daher die umfassende Neukonzeption und anschließende Evaluation des physikalischen Praktikums für Physiker auf Grundlage der Ziele, die Lehrende und Lernende mit dem Praktikum verbinden. In einer iterativen Abfolge von Entwicklungs- und Evaluationsphasen soll die Lernumgebung so angepasst werden, dass die Ziele nach denen die Lernenden im Praktikum handeln, den geäußerten Zielen der Lehrenden und Lernenden entsprechen.

Kapitel 2

Erkenntnistheoretische Grundlagen

Das im vorhergehenden Kapitel skizzierte Ziel dieser Arbeit ist die Neuentwicklung der Lernumgebung „Physikalisches Praktikum für Physiker". Welche Anforderungen an eine solche Lernumgebung zu stellen und welche Eigenschaften daraus für die Lernumgebung abzuleiten sind, ist abhängig vom zugrunde liegenden Verständnis von Lernen.

Im Bereich der fachdidaktischen Forschung existieren unterschiedliche Modelle zur Beschreibung von Lernen, die auf unterschiedlichen erkenntnistheoretischen Ansätzen beruhen. In den letzten Jahren haben konstruktivistische Erkenntnistheorien an Bedeutung gewonnen, da sie einerseits eine schlüssige Beschreibung von Lernprozessen anbieten und andererseits durch neurobiologische Forschungsergebnisse gestützt werden. Diese Arbeit verwendet ein Modell zur Beschreibung von Lernen auf Grundlage einer konsequent-konstruktivistischen Erkenntnistheorie, die ihre Wurzeln im Radikalen Konstruktivismus hat.

In Abschnitt 2.1 werden zunächst die Grundannahmen des Radikalen Konstruktivismus erläutert. Für eine detaillierte Diskussion der philosophischen Aspekte des Konstruktivismus und eine Gegenüberstellung verschiedener konstruktivistischer Ansätze wird auf die zu diesen Themen bereits in großer Zahl vorhandene Literatur verwiesen. Eine ausführliche Diskussion der philosophischen Grundannahmen des Konstruktivismus findet sich zum Beispiel in (Jensen 1999), eine Skizze der Entstehung des Konstruktivismus samt Einordnung des Radikalen Konstruktivismus in (Jäger 1998). Der Konsequente Konstruktivismus sowie sein Bezug zum Radikalen Konstruktivismus und zu neurophysiologischen Forschungsergebnissen werden in Abschnitt 2.2 behandelt. Die resultierende Modellierung von Lernprozessen als komplexe kognitive Prozesse wird in Abschnitt 2.3 besprochen.

2.1 Radikaler Konstruktivismus

Der Radikale Konstruktivismus zeichnet sich gegenüber anderen konstruktivistischen Ansätzen vor allem durch seine umfassende und radikale Skepsis aus. Ernst von Glasersfeld,

Begründer und maßgeblicher Vertreter, fasst die Grundprinzipien wie folgt zusammen:

1. (a) Wissen wird nicht passiv aufgenommen, weder durch die Sinnesorgane, noch durch Kommunikation.
   (b) Wissen wird vom denkenden Subjekt aktiv aufgebaut.
2. (a) Die Funktion der Kognition ist adaptiver Art, und zwar im biologischen Sinn des Wortes, und zielt auf Passung oder Viabilität.
   (b) Kognition dient der Organisation der Erfahrungswelt des Subjekts und nicht der „Erkenntnis" einer objektiven ontologischen Realität.

(von Glasersfeld 1997, 96)

Der erste Punkt formuliert das jeder konstruktivistischen Erkenntnistheorie zugrunde liegende Prinzip der Konstruktion von Wissen. Aus radikal konstruktivistischer Sicht kann zusätzlich Wissen nicht von außen in das kognitive System transferiert werden. Es kann nach von Glasersfeld (1987, 138) auch nicht im kognitiven System gespeichert werden. Statt dessen wird Wissen vom kognitiven System zu jedem Zeitpunkt neu konstruiert.

Im zweiten Punkt wird der Kognition eine rein instrumentalistische Funktion zugewiesen. Kognition dient der Aufrechterhaltung, das heißt der Überlebenssicherung, des kognitiven Systems durch Anpassung (Maturana 1987). Anpassung heißt, Verhaltensweisen, die sich bewährt haben, werden wieder angewandt. Solche angepassten Verhaltensweisen bezeichnet von Glasersfeld (1987, 82) als viabel. Darüber hinaus wird eine Funktion der Kognition, die ein Bild der Realität im kognitiven System erzeugt, abgelehnt. Kognition ist die Konstruktion einer eigenen Realität. Der Radikale Konstruktivismus fasst also nicht nur das Erkannte, sondern auch die Erkenntnis selbst als Konstruktion des kognitiven Systems auf (Jäger 1998, 151).

Kritiker werfen dem Radikalen Konstruktivismus häufig eine solipsistische, also eine jede ontologische Realität ablehnende, Haltung vor. Das führe zur Beliebigkeit: wenn Realität ausschließlich im kognitiven System konstruiert wird, so muss diese (kognitive) Realität beliebig sein. Diese Kritik ist insofern unberechtigt, als dass der Radikale Konstruktivismus keinesfalls die Existenz einer ontologischen Realität ausschließt, er lehnt nur eine erkenntnistheoretische Haltung ab, die davon ausgeht, dass Wissen über eine ontologische Realität als solches erworben werden kann:

> In dieser Situation auch nur von einer Annäherung zu sprechen, das heißt Annäherungen an eine wahre Repräsentation der objektiven Welt, ist sinnlos, denn wenn man keinen Zugang hat zu der Realität, der man sich nähern möchte, kann man auch den Abstand von ihr nicht messen. Darum halte ich es für hypokritisch, die Hoffnung zu nähren, dass Erkenntnis im Laufe wiederholter Erfahrungen der Realität näherkommen kann.

(von Glasersfeld 1995, 36)

2 ERKENNTNISTHEORETISCHE GRUNDLAGEN

Vielmehr distanziert sich von Glasersfeld sogar explizit vom solipsistischen Standpunkt[1]:

> Als Erklärungsmodell ist die Doktrin des Solipsismus nicht sehr nützlich. Der Solipsismus liefert kein Modell und erklärt nichts (..) Zudem wird der Solipsismus täglich durch die praktische Erfahrung widerlegt, dass die Welt fast nie so ist, wie wir sie gerne hätten.
> (von Glasersfeld 1997, 186)

Der Radikale Konstruktivismus geht also davon aus, dass es nicht möglich und damit auch nicht nützlich ist, eine Aussage über die Existenz oder Nicht-Existenz einer ontologischen Realität zu formulieren (von Glasersfeld 1997, 187). Er stellt keine philosophische Betrachtung dar, sondern ist, mit der grundlegenden Annahme des Prinzips der Konstruierbarkeit für Wissen, eine Theorie der Genese des Wissens[2] (Schulmeister 1996, 67), die auf Nützlichkeit in der Anwendung abzielt.

2.2 Konsequenter Konstruktivismus

Ausgehend vom Radikalen Konstruktivismus hat die Arbeitsgruppe um Stefan von Aufschnaiter am Institut für Didaktik der Physik an der Universität Bremen durch empirische Untersuchungen einen neurophysiologisch begründeten, erkenntnistheoretischen Ansatz zur Beschreibung von Lernprozessen entwickelt (S. von Aufschnaiter 1992). Dieser wurde unter anderem von Fischer (1989) und Welzel (1995) intensiv mitentwickelt und durch empirische Untersuchungen gefestigt.

In Abgrenzung insbesondere zu solipsistischen Interpretationen des Radikalen Konstruktivismus spricht C. von Aufschnaiter (1999) später von Konsequentem Konstruktivismus. Sie konstatiert, dass für eine sinnvolle Beschreibung und Untersuchung von Lernprozessen die Existenz eines Beobachters und damit eine ontologische Realität zwingend ist[3]:

> Es wird – anders als im Solipsismus – das Bestehen einer vom Subjekt unabhängigen Realität als gegeben und für Lernen unverzichtbar postuliert.
> (C. von Aufschnaiter 1999, 15)

Diese Erweiterung der radikal konstruktivistischen Sichtweise ist eine immanente Voraussetzung für die Entwicklung einer Lernumgebung, wie es das Ziel der vorliegenden Arbeit ist. Daher wird in dieser Arbeit ausschließlich ein konsequent-konstruktivistisches Verständnis von Lernen zugrunde gelegt. Es ist jedoch aus konsequent-konstruktivistischer Sicht ausdrücklich festzuhalten, dass eine ontologische Realität zwar kognitive Aktivität pertubieren,

---
[1]Eine andere Begründung zur Ablehnung des Solipsismus findet sich in (von Foerster 1973).
[2]Von Glasersfeld selber spricht von einer „Theorie des Wissens", was jedoch nicht als eine formale Herleitung auf Basis von Axiomen missverstanden werden darf.
[3]Durchaus in Übereinstimmung mit von Glasersfeld (von Glasersfeld 1997, 96, Fussnote 15).

aber nicht determinieren kann (C. von Aufschnaiter 1999).

Der Konsequente Konstruktivismus fasst alle Aktivitäten eines kognitiven Systems als Konstruktionsprozesse auf. Diese kognitiven Prozesse werden von kognitiven Strukturen erzeugt. In Übereinstimmung mit neurophysiologischen Forschungsergebnissen (Roth 1992; Roth 1994) wird angenommen, dass das kognitive System mit dem Gehirn, kognitive Prozesse mit neuronalen Aktivitäten und kognitive Strukturen mit der Architektur neuronaler Netze identifiziert werden können (S. von Aufschnaiter & Welzel 1996). Analog zur Trennung neuronaler Aktivitäten von der Architektur neuronaler Netze in der neurophysiologischen Forschung wird eine konsequente Unterscheidung der kognitiven Prozesse von den sie hervorbringenden kognitiven Strukturen gefordert. Die Analogie wird für die Rückwirkung kognitiver Prozesse auf kognitive Strukturen fortgeführt: sie erfolgt demnach entsprechend der Rückwirkung neuronaler Aktivität auf die Veränderung der Architektur neuronaler Netze, wie durch die Hebb-Synapse modelliert. Der Versuch, kognitive Prozesse durch neuronale Einzelprozesse zu beschreiben, wird allerdings für unsinnig befunden (S. von Aufschnaiter & Welzel 1996).

Mit Damasio (1997) geht der Konsequente Konstruktivismus davon aus, dass kognitive Prozesse situativ sind. Dabei wird der Begriff der Situativität im Sinne des Gegenwartsbegriffs bei Pöppel (1998) konkretisiert, wo der Gegenwart ein Zeitfenster im Bereich einiger Sekunden zugeschrieben wird. Demnach wird unter einer Situation die Gesamtheit äußerer Reize in einem Zeitraum von einigen Sekunden verstanden (Haller 1999, 7 und 13). Innerhalb einer Situation können kognitive Strukturen als stabil angesehen werden (Haller 1999, 18). Ebenfalls mit Damasio wird angenommen, dass es nicht möglich ist, Konstruktionen als Produkte von Konstruktionsprozessen zu speichern (Haller 1999, 7-8).

Ein konsequent-konstruktivistisches Lernmodell muss also ausgehend von der konstruktivistischen These eine Beschreibung kognitiver Prozesse und ihrer Veränderung auf unterschiedlichen Zeitskalen finden und daraus eine Beschreibung von Lernen entwickeln.

2.3 Ein konsequent-konstruktivistisches Lernmodell

Ausgehend von den Annahmen des Konsequenten Konstruktivismus wurde in der Arbeitsgruppe um Stefan von Aufschnaiter ein konsequent-konstruktivistisches Lernmodell entwickelt. Die sich aus dem Modell ergebenden Hypothesen über den Verlauf von Lernprozessen wurden in einer Vielzahl von empirischen Untersuchungen überprüft und bestätigt (Fischer 1989; Welzel 1995; Schoster 1998; C. von Aufschnaiter 1999; Haller 1999). Im Folgenden wird zunächst nur die theoretische Modellierung vorgestellt, eine ausführliche Übersicht über den Stand der Forschung gibt Abschnitt 5.2.

2 ERKENNTNISTHEORETISCHE GRUNDLAGEN

2.3.1 Bedeutungskonstruktion

Die Aktivität eines kognitiven Systems wird im konsequent-konstruktivistischen Lernmodell durch eine zirkuläre Abfolge von Wahrnehmung, Erwartung und Handlung beschrieben (Abbildung 2.1).

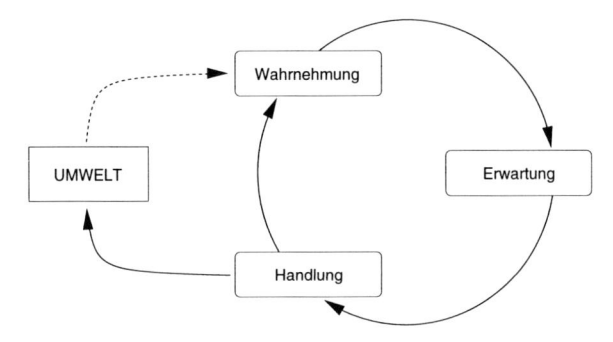

Abbildung 2.1: Zirkuläre Abfolge von Wahrnehmung, Erwartung und Handlung
(Abbildung nach Theyßen (1999))

Dabei werden unter Wahrnehmung die kognitiven Prozesse verstanden, die unmittelbar durch Einwirkung der Umwelt induziert werden. Die Prozesse, die unmittelbar zu einer Wirkung auf die Umwelt führen, werden entsprechend als Handlung bezeichnet. Erwartung werden die Prozesse genannt, die Wahrnehmung und Handlung miteinander verknüpfen. Dabei werden unter Erwartung kognitive Prozesse wie Erfahrung, Orientierung, Bewertung und weitere zusammengefasst. Alle Prozesse hängen in ihrem Verlauf maßgeblich von den sie erzeugenden kognitiven Strukturen ab.

Wahrnehmung, Erwartung und Handlung stehen wie folgt zueinander in Beziehung: Eine Wahrnehmung erzeugt und beeinflusst eine Erwartung, welche wiederum eine Handlung erzeugt und beeinflusst. Die Handlung führt zu einer neuen Wahrnehmung[4], die zu einer neuen Erwartung führt, die wiederum mit der vorherigen Erwartung verglichen wird. Solche zirkulären Prozesse laufen ständig und auf sehr kleinen Zeitskalen im kognitiven System ab.

Tritt zwischen zwei zirkulären Prozessen eine Diskrepanz auf, das heißt stimmt die aktuelle Erwartung E_1 nicht mit der vorherigen Erwartung E_0 überein, so reagiert das kognitive System mit einer veränderten Handlung H_1, die die Diskrepanz reduzieren soll (Welzel 1995, 25). Diese führt zu einer veränderten Wahrnehmung W_2, die wiederum eine veränderte Erwartung hervorruft. Es entsteht eine spiralförmige Folge (W_i, E_i, H_i) veränderter Wahrnehmungen, Erwartungen und Handlungen (Abbildung 2.2). Die Veränderung zirkulärer Prozes-

---
[4]Die Handlung muss nicht notwendigerweise ausgeführt werden, sie kann ebenso wie die darauffolgende Wahrnehmung vom kognitiven System simuliert werden (S. von Aufschnaiter 2001, 256).

se in Form einer spiralförmigen Folge mit kleiner werdenden Diskrepanzen zwischen zwei zirkulären Prozessen heißt Bedeutungskonstruktion. Ist die Diskrepanz zwischen zwei aufeinander folgenden Erwartungen abgebaut, endet die Bedeutungskonstruktion; sie wird als konvergierend oder viabel bezeichnet. Bedeutungskonstruktionen finden also nur dann und solange statt, wie Diskrepanzen zwischen zwei aufeinander folgenden Erwartungen bestehen.

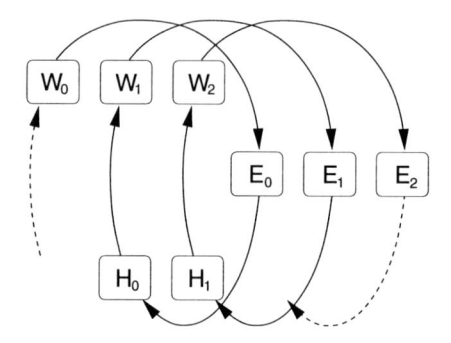

Abbildung 2.2: Spiralförmige Folge modifizierter Wahrnehmungen, Erwartungen und Handlungen

Bedeutungskonstruktionen stellen Prozesse dar, die durch kognitive Strukturen individuell erzeugt werden. Bedeutungskonstruktionen[5] können nicht im kognitiven System gespeichert werden; auch nicht in den kognitiven Strukturen. Jedoch verändern sich kognitive Strukturen aufgrund der Rückwirkung kognitiver Prozesse. Dabei können die kognitiven Strukturen innerhalb einer Situation, das heißt in einem Zeitraum von einigen Sekunden, als starr angesehen werden. Aber über einen Zeitraum von einigen Sekunden hinaus bewirken Veränderungen in den kognitiven Strukturen, dass die Bedeutungskonstruktionen in späteren (ähnlichen) Situationen anders verlaufen. Bedeutungskonstruktionen erfolgen also individuell und situativ.

2.3.2 Bedeutungsentwicklung

Im Verlauf einer Bedeutungskonstruktion, das heißt einer spiralförmigen Folge von zirkulären Prozessen aus Wahrnehmung, Erwartung und Handlung, kann es dazu kommen, dass diese nicht konvergiert, die Diskrepanz zwischen zwei zirkulären Prozessen also gleich bleibt oder sich sogar vergrößert. Die Bedeutungskonstruktion hat sich dann in der gegebenen Situation nicht bewährt. Es wird eine neue Bedeutungskonstruktion erzeugt. Führt diese ebenfalls nicht zu einem Abbau der vorhandenen Diskrepanzen werden so lange andere Bedeutungskonstruktionen erzeugt, bis eine Bedeutungskonstruktion konvergiert. Es entsteht eine

---
[5]In der bestehenden, insbesondere der älteren Literatur zum konsequent-konstruktivistischen Lernmodell wird der Begriff der Bedeutung synonym zu dem der Bedeutungskonstruktion verwendet.

Folge von Bedeutungskonstruktionen an deren Ende eine möglichst viable Bedeutungskonstruktion steht. Eine solche Folge von sich entwickelnden Bedeutungskonstruktionen nennt man eine Bedeutungskonstruktionsentwicklung, oder kurz Bedeutungsentwicklung.

Da eine Bedeutungsentwicklung aus einer Folge von Bedeutungskonstruktionen besteht, verlaufen auch Bedeutungsentwicklungen individuell und situativ.

2.3.3 Bedeutungsrekonstruktion

Für eine empirische Untersuchung kognitiver Aktivität ist die Beobachtung und Beschreibung von Bedeutungskonstruktionen und Bedeutungsentwicklungen notwendig. Aus konstruktivistischer Sicht sind die Bedeutungskonstruktionen und Bedeutungsentwicklungen eines kognitiven Systems einem Beobachter nicht direkt zugänglich. Ein Beobachter kann ausschließlich Veränderungen in seiner Umwelt wahrnehmen, die durch die Handlungen[6] eines kognitiven Systems verursacht werden. Ein Beobachter kann also nur eine eigene Bedeutungskonstruktion aufgrund seiner Wahrnehmung der Handlung des beobachteten kognitiven Systems und unter dem Einfluss seiner eigenen Erwartung erzeugen; diese wird als Bedeutungsrekonstruktion oder Idee bezeichnet.

Zur Bedeutungsrekonstruktion ist es folglich notwendig, beobachtbare Handlungen zu Einheiten zusammenzufassen und diese Bedeutungskonstruktionen respektive Bedeutungsentwicklungen zuordnen zu können. Das setzt zunächst möglichst viele beobachtbare Handlungen voraus. Außerdem sollten die Bedeutungskonstruktionen des Beobachters hinsichtlich der wahrgenommenen Handlungen möglichst widerspruchsfrei sein. Dazu müssen die auf die entsprechende Situation bezogenen Vorerfahrungen des Beobachters solche umfassen, die denen des kognitiven Systems möglichst ähnlich sind.

Soll zum Beispiel der Verlauf von Bedeutungskonstruktionen oder -entwicklungen in einer Lernumgebung wie dem physikalischen Praktikum für Physiker beschrieben werden, so ist es notwendig, die Handlungen eines Lernenden in dieser Lernumgebung zu beobachten. Die beobachteten Handlungen führen beim Beobachter zu eigenen Bedeutungskonstruktionen, die Erwartungen bezüglich der nächsten Handlungen des Studenten umfassen. Stimmen diese Erwartungen mit den folgenden Handlungen des Studenten überein, wird der Beobachter seine Bedeutungskonstruktion als valide Bedeutungsrekonstruktion ansehen. Er kann davon ausgehen, die Bedeutungskonstruktion des Lernenden nachvollzogen (rekonstruiert) zu haben. Stimmen Erwartung und Handlung nicht überein, wird der Beobachter aufgrund der neuen Handlungen des Lernenden eine neue Bedeutungskonstruktion erzeugen.

---

[6]Darunter sind gemäß der Definition in Abschnitt 2.3.1 auch Verbalisierungen gefasst.

2.3.4 Komplexität

Anhand der bisherigen Modellierung kann die Aktivität eines kognitiven Systems qualitativ durch den Verlauf von Bedeutungskonstruktionen und -entwicklungen beschrieben werden[7].

Die bisherige Beschreibung beinhaltet jedoch keine Berücksichtigung unterschiedlicher Niveaus kognitiver Aktivität. Dazu wird in Erweiterung des bisherigen Modells eine Skala für das Niveau kognitiver Aktivität benötigt. Bedeutungskonstruktionen und Bedeutungsentwicklungen können dann auf dieser Skala eingeordnet werden.

Ausgehend von Wahrnehmungsebenen bei Powers (1973) wurde zur quantitativen Beschreibung von Bedeutungsentwicklungen und Bedeutungskonstruktionen ein mehrstufiges Kategoriensystem entwickelt und untersucht (Fischer 1989; Welzel 1995). Das häufig auch als Bremer Komplexitätsmodell bezeichnete Kategoriensystem umfasst insgesamt zehn verschiedene Komplexitätsebenen (Tabelle 2.3.4), davon vier Hauptebenen mit jeweils zwei Zwischenebenen (eingerückt). Nach Theyßen (1999) sind diese Ebenen nur als Diskretisierung einer kontinuierlichen Skala aufzufassen.

Ebene	Beschreibung
Systeme	Konstruktion stabiler Netze variabler Prinzipien
Vernetzungen	Systematische Variation eines Prinzips im Hinblick auf andere Prinzipien
Beziehungen	Verknüpfung mehrerer Prinzipien mit denselben oder unterschiedlichen Eigenschaften
Prinzipien	Konstruktion stabiler Ko-Variationen von zwei variablen Eigenschaften
Programme	Systematische Variation einer Eigenschaft im Hinblick auf andere stabile Eigenschaften
Ereignisse	Verknüpfung mehrerer Eigenschaften derselben oder unterschiedlichen Objektklassen
Eigenschaften	Konstruktion von Objektklassen durch eine diesen gemeinsame stabile Eigenschaft
Operationen	Systematische Variation von Objekten im Hinblick auf Objektmerkmale
Fokussierungen	Verknüpfung mehrerer Objekte, Identifikation von Objektmerkmalen
Objekte	Konstruktion stabiler Figur-Hintergrund-Unterscheidungen

Tabelle 2.1: Komplexitätsebenen nach C. von Aufschnaiter (1999)

---

[7]Im Kontext einer empirischen Untersuchung wird die Aktivität des kognitiven Systems durch den Verlauf von Bedeutungsrekonstruktionen beschrieben.

2 ERKENNTNISTHEORETISCHE GRUNDLAGEN

Ereignisse	Mit einem Multimeter kann man die Spannung einer Batterie messen	
Eigenschaften	Eine Batterie hat eine Spannung	Ein Multimeter kann Spannungen messen
Operationen	Mit dem Multimeter kann ich die Spannung der Batterie messen	
Fokussierungen	Diese Batterie hat eine Spannung	Mit diesem Multimeter kann man Spannung messen
Objekte	Das ist eine Batterie	Das ist ein Multimeter

Tabelle 2.2: Beispiele für Bedeutungskonstruktionen der unteren Komplexitätsebenen

Mit Hilfe dieses Modells kann Bedeutungskonstruktionen und Bedeutungsentwicklungen eine Komplexität zugeschrieben werden: Damit eine Bedeutungskonstruktion in einer gegebenen Situation konvergiert, muss sie eine gewisse Komplexität erreichen. Besitzt die zunächst erzeugte Bedeutungskonstruktion eine niedrigere Komplexität, werden weitere Bedeutungskonstruktionen mit mindestens der gleichen Komplexität erzeugt. Es entsteht eine Bedeutungsentwicklung, innerhalb der die Komplexität der einzelnen Bedeutungskonstruktionen ansteigt. Die Bedeutungsentwicklung endet, wenn eine Bedeutungskonstruktion mit der zur Bewältigung der Situation erforderlichen Komplexität erzeugt wird. Diese Komplexität wird der Bedeutungsentwicklung zugeordnet.

Tabelle 2.3.4 zeigt exemplarisch Bedeutungskonstruktionen der unteren Komplexitätsebenen, die zum Beispiel bei der Bearbeitung der Aufgabe „Messen Sie die Spannung der Batterie" erzeugt werden könnten.

2.3.5 Kompliziertheit

Wie im vorherigen Abschnitt beschrieben, muss eine Bedeutungskonstruktion, um in einer gegebenen Situation zu konvergieren, eine gewisse Komplexität erreichen. Um die in einer gegebenen Situation benötigte Komplexität von der erreichten Komplexität zu unterscheiden, wird die erforderliche Komplexität der vorliegenden Situation als Kompliziertheit zugeschrieben.

Damit besitzt zum Beispiel die Aufgabe „Messung der Spannung einer Batterie" bei vorgegebenem Multimeter und vorgegebener Batterie die Kompliziertheit „Operationen".

2.3.6 Lernen

Im Rahmen der bisherigen Beschreibung kognitiver Aktivität hat Lernen dann stattgefunden, wenn Bedeutungskonstruktionen zu einem späteren Zeitpunkt in einer ähnlichen Situation schneller und mit mindestens der gleichen Komplexität erzeugt werden.

Erfolgen Bedeutungskonstruktionen in dieser Weise schneller, so haben sich aufgrund der Rückkopplung kognitiver Prozesse die sie erzeugenden kognitiven Strukturen verändert (Abschnitt 2.2). Lernen beruht also auf einer Veränderung der kognitiven Strukturen.

Nach C. von Aufschnaiter (1999, 17) stellen einzelne Bedeutungskonstruktionen keinen Lernprozess dar. Insbesondere dann nicht, wenn sie stabil konvergierend erzeugt werden[8]. Lernen als Veränderung der kognitiven Strukturen geschieht durch Folgen nicht konvergierender Bedeutungskonstruktionen, also durch Bedeutungsentwicklungen.

Damit ergeben sich folgende Annahmen über den Verlauf von Lernprozessen: Lernen entspricht Bedeutungsentwicklungen, das heißt der Veränderung von Bedeutungskonstruktionen. Lernen erfolgt damit individuell und situativ. Die Komplexität der Bedeutungskonstruktionen steigt innerhalb einer Bedeutungsentwicklung. Lernen erfolgt also mit wachsender Komplexität. Welzel (1998) spricht in diesem Zusammenhang davon, dass Lernen bottom-up erfolgt.

2.4 Ziele im konsequent-konstruktivistischen Lernmodell

Wie bereits in Kapitel 1 angesprochen, stellen die Ziele, die Lehrende und Lernende mit dem physikalischen Praktikum verbinden, einen zentralen Aspekt bei der Neukonzeption des physikalischen Praktikums dar. Aus konstruktivistischer Sicht müssen sich Ziele als Konstruktionsprozesse des kognitiven Systems beschreiben lassen. In das konsequent-konstruktivistische Lernmodell können sie als stabile Rekonstruktionen von Prozessen integriert werden, die den Verlauf der Bedeutungskonstruktionen ausrichten. Dieser Ansatz wird bei Haller (1999) ausgeführt und im Folgenden beschrieben.

2.4.1 Orientierung

Zu Beginn einer Bedeutungskonstruktion reagiert das kognitive System auf eine auftretende Diskrepanz zwischen zwei Erwartungen mit einer Handlung. Wird dadurch die Diskrepanz verringert, wird eine weitere Handlung als Fortführung der vorherigen erzeugt. Im Verlauf der Bedeutungskonstruktion werden daher Handlungen durch die vorhergehenden Handlungen orientiert. Es wird davon ausgegangen, dass insbesondere die ersten zirkulären Prozesse einer Bedeutungskonstruktion die weiteren Prozesse orientieren. Sie werden daher auch als die Orientierung der Bedeutungskonstruktion bezeichnet.

---
[8]Das kann als Reproduktion von Wissen verstanden werden.

Konvergiert eine Bedeutungskonstruktion in einer gegebenen Situation, dann wird die Orientierung über die Rückwirkung auf die kognitiven Strukturen stabilisiert. In folgenden Bedeutungskonstruktionen wird mit hoher Wahrscheinlichkeit eine ähnliche Orientierung konstruiert.

Entsprechend werden in Bedeutungsentwicklungen die Orientierungen von Bedeutungskonstruktionen durch die Orientierungen vorhergehender Bedeutungskonstruktionen beeinflusst. Die Orientierungen der ersten Bedeutungskonstruktionen einer Bedeutungsentwicklung legen demnach in gewissem Rahmen den Verlauf einer Bedeutungsentwicklung fest.

2.4.2 Rahmung

Die Rekonstruktion der Orientierung einer Bedeutungskonstruktion durch einen Beobachter wird als Rahmung bezeichnet (Welzel 1995; Haller 1999). Genau wie Ideen (Abschnitt 2.3.1) werden Rahmungen anhand von Handlungen konstruiert. Nach Haller (1999, 37) kann man davon ausgehen, dass insbesondere Verbalisierungen eine Orientierung zum Ausdruck bringen.

Können genügend ähnliche Rahmungen für eine Bedeutungsentwicklung rekonstruiert werden, so kann diese Rahmung der Bedeutungsentwicklung zugeschrieben werden.

2.4.3 Ziel

Kann eine Rahmung über einen längeren Zeitraum hinweg von einem Beobachter konstruiert werden, so wird diese Rahmung als stabil angesehen. Eine stabile Rahmung wird als Ziel bezeichnet (Haller 1999).

Damit ergeben sich die folgenden Konsequenzen: Ziele stellen die Rekonstruktion einer stabilen Orientierung dar. Da Orientierungen in gewisser Weise die Handlungen in einer Bedeutungskonstruktion ausrichten, kann ein Ziel als die Beobachtung einer übergeordneten Handlungsabsicht verstanden werden. Kann ein Beobachter aus einer Reihe von Handlungen, speziell Verbalisierungen, ein Ziel konstruieren, so kann er annehmen, aber nicht sicher sein, dass nachfolgende Handlungen diesem Ziel entsprechen werden.

2.5 Konzeptwechsel im konsequent-konstruktivistischen Lernmodell

Ein weiteres Modell zur Beschreibung von Lernprozessen ist das Modell der Konzeptwechsel, das zurückgeht auf die Theorie des conceptual change von Strike & Posner (1985). Nach

Breuer (1994) übertragen Strike & Posner den Prozess der Veränderung bestehender naturwissenschaftlicher Konzepte durch neue Erkenntnisse auf Lernprozesse: sie verstehen Lernen als den Wechsel von Konzepten unter maßgeblicher Beeinflussung bereits bestehender Konzepte. Dabei wird unterstellt, dass Konzepte sich in der kognitiven Struktur des Individuums manifestieren.

Demnach wird wie im konsequent-konstruktivistischen Lernmodell Lernen als die Veränderung kognitiver Strukturen aufgefasst. Tatsächlich können aus konsequent-konstruktivistischer Sicht Konzepte als kognitive Strukturen eines kognitiven Systems aufgefasst werden. Die naheliegende Verbindung des konsequent-konstruktivistischen Lernmodells mit dem Modell der Konzeptwechsel stellt C. von Aufschnaiter (2002) her. Dadurch sollen neue Erkenntnisse über Konzepte und Konzeptualisierungen, als die den kognitiven Strukturen zugeordnete kognitive Aktivität, erlangt werden.

Dabei geht C. von Aufschnaiter (2002) von folgenden Annahmen aus: die Handlungen von Lernenden beruhen auf Konzepten, die Lernenden verfügen immer bereits über Konzepte, die nicht unbedingt den wissenschaftlichen Konzepten entsprechen, und Änderungen von Konzeptualisierungen lassen sich in einer gegebenen Situation durch Kontrastierung valider und nicht valider Konzepte erreichen. Allerdings bemerkt C. von Aufschnaiter:

> Eine empirische Fundierung dieser Überlegungen gibt es jedoch weitgehend nicht. Ganz besonders die Vorstellung, dass alles Handeln von Menschen durch konzeptuelles Wissen initiiert wird, scheint bisher empirisch weder geprüft noch nachgewiesen. Vielmehr scheinen Alltagserfahrungen dieser Annahme zu widersprechen. Es ist uns zum Beispiel durchaus möglich, einen Fernseher einzuschalten und ein bestimmtes Programm zu wählen, ohne auch nur im entferntesten etwas von der Funktion eines Schalters zum Schließen eines Stromkreises oder der Bildentstehung auf dem Schirm (Brownsche Röhre) zu wissen.
> (C. von Aufschnaiter 2002)

Sie geht daher davon aus, dass Konzepte aus Erfahrungen entwickelt werden, und Handlungen somit nicht vorausgehen, sondern gleichzeitig entstehen. Aus der empirischen Beobachtung von Schülern bei der Bearbeitung von Aufgaben identifiziert C. von Aufschnaiter drei unterschiedliche Vorgehensweisen:

- Schüler probieren etwas aus

  (explorative Vorgehensweise)

- Schüler wissen wie etwas funktioniert, aber nicht warum

  (erfahrungsbasierte Vorgehensweise)

- Schüler wissen wie etwas funktioniert und auch warum

  (theoriebasierte Vorgehensweise)

2 ERKENNTNISTHEORETISCHE GRUNDLAGEN 27

Ausgehend von dieser Unterscheidung der Vorgehensweisen entwickelt C. von Aufschnaiter (2002) ein Kategoriensystem, das aus drei Haupt- mit jeweils drei Unterkategorien besteht (Tabelle 2.3). Mit diesem Kategoriensystem soll untersucht werden, ob Folgen von Konzeptualisierungen einem bestimmten Muster in ihrer Entwicklung unterliegen. Dazu wurden Daten in einer Reihe von Laborstudien mit Schülern unterschiedlicher Klassenstufen erhoben: Bei diesen Untersuchungen werden Schülern Aufgaben auf Karten angeboten, die in Kleingruppen bearbeitet werden sollen. Entsprechendes Experimentiermaterial steht zur Verfügung. Zu bestimmten Zeitpunkten werden Karten ausgehändigt, die theoretische Beschreibungen zu den beobachteten Phänomen beinhalten. Die Vorgehensweise der Schüler bei der Bearbeitung der Aufgaben wird auf Video aufgezeichnet. Auf Basis der erhobenen Videodaten werden sogenannte Verlaufsprotokolle erstellt. Anhand dieser Verlaufsprotokolle erfolgt dann die Zuschreibung der Kategorien wie in Tabelle 2.4 beispielhaft dargestellt.

EX	Explorativ
EXP	Experiment Schüler führen ein Experiment durch und/oder beschreiben was sie sehen
GE	Gedankenexperiment Schüler „erinnern" sich an ein durchgeführtes Experiment und/oder beschreiben dessen Verlauf
BE	Beschreibung Schüler nutzen „beliebige" sprachliche Elemente um beobachte/erinnerte Prozesse/Objekte zu beschreiben
IR	**Intuitiv Regelbasiert**
EB	Erfahrungsbasiert Schüler äußern eine Annahme über den Verlauf folgender Handlungen
AB	Aussagenbasiert Schüler nehmen explizit auf eine aus ihrer Sicht relevante Aussage Bezug
ZU	Zuordnung Schüler nutzen systematisch sprachliche Elemente, um beobachtete Phänomene/Objekte zu beschreiben
ER	**Explizit Regelbasiert**
VG	Verallgemeinerung Eine Generalisierung wird explizit formuliert
ERK	Erklärung Bildung eines regelbasierten Zusammenhangs zwischen zwei und mehr Größen; mindestens einer davon als Verallgemeinerung.
HYP	Hypothese Prognose des Ausgangs von Experimenten oder ähnlichem auf der Basis von regelbasierten Zusammenhängen

Tabelle 2.3: Kategorien zur Beschreibung der Entwicklung von Konzeptualisierungen nach C. von Aufschnaiter (2002)

Verschiedene ger. Gegenstände über den Teller halten.	(EXP)
Fri: Die [zwei aneinander ger. Folien] ziehen sich nicht so an, die sind ja auch beide geladen.	(ZU)
(..)	
Jul: Wenn zwei Stoffe geladen sind, ziehen sie sich nicht gegenseitig an.	(ERK)
(..)	
Diskussion, dass Teller nicht berührt werden darf.	(AB)
Unterschiedlicher Ausschlag wird festgestellt.	(EXP)
Dav: Das kommt wahrscheinlich nur auf die Reibung an. Wie stark man reibt und den Luftballon kann man nicht so stark reiben.	(VG)

Tabelle 2.4: Beispiel für ein Verlaufsprotokoll und Kategorisierung der Konzeptualisierungen nach C. von Aufschnaiter (2002)

Nach der Auswertung erster empirischer Untersuchungen, vermutet C. von Aufschnaiter, dass die Entwicklung von Konzeptualisierungen bottom-up verläuft:

> Es wird zunächst unsystematisch mit Gegenständen und Wörtern in der Lernumgebung operiert. Daraus entwickeln sich zunehmend aus Beobachtersicht regelbasierte aber stark erfahrungsbezogene Handlungen und Beschreibungen. Theorie-basierte Äußerungen entstehen dann vor allem als ein den Handlungen nachlaufender Prozess, während explizit hypothesenbasiertes Vorgehen vermutlich ein Kennzeichen einer großen Zahl von Erfahrungen mit den zugehörigen Inhalten voraussetzt.
>
> (C. von Aufschnaiter 2002)

Werden Konzeptualisierungen, wie bereits oben umrissen als Konstruktionen des kognitiven Systems, das heißt analog zu Bedeutungskonstruktionen im konsequent-konstruktivistischen Lernmodell, aufgefasst, dann kann das beschriebene Kategoriensystem als Alternative zum Komplexitätsmodell zur quantitativen Beschreibung von Bedeutungskonstruktionen und -entwicklungen eingesetzt werden. Mit C. von Aufschnaiter ist dann davon auszugehen, dass die Entwicklung von Konzeptualisierungen bottom-up von explorativ nach explizit regelbasiert verläuft. Außerdem ist anzunehmen, dass zur Lösung einer Aufgabe nur die minimal notwendige Konzeptualisierungsform eingesetzt wird.

Zusammenfassung

Ausgehend von den Prinzipien des Radikalen Konstruktivismus, dass

- Wissen vom kognitiven System konstruiert und nicht in das kognitive System transferiert wird und

2 ERKENNTNISTHEORETISCHE GRUNDLAGEN

- Kognition adaptiv ist und damit der Organisation von Erfahrungen und nicht der Entdeckung einer ontologischen Realität dient,

hat die Arbeitsgruppe um Stefan von Aufschnaiter am Institut für Didaktik der Physik der Universität Bremen einen erkenntnistheoretischen Ansatz entwickelt, der als Konsequenter Konstruktivismus bezeichnet wird.

Der Konsequente Konstruktivismus hebt sich vom Radikalen Konstruktivismus durch die zusätzliche Forderung nach der Existenz einer ontologischen Realität ab; eine für die didaktische Forschung unverzichtbare Voraussetzung. Darüber hinaus wird mit Bezug auf neurophysiologische Forschungsergebnisse eine strikte Trennung von kognitiven Prozessen und kognitiven Strukturen gefordert. Adaption erfolgt durch die Rückwirkung der kognitiven Prozesse auf die sie erzeugenden kognitiven Strukturen.

Aufbauend auf dem Konsequenten Konstruktivismus wurde ein Modell zur Beschreibung von Lernprozessen entwickelt. Dabei werden kognitive Prozesse beschrieben als spiralförmige Folgen von Wahrnehmung, Erwartung und Handlung, sogenannte Bedeutungskonstruktionen. Folgen von Bedeutungskonstruktionen werden als Bedeutungsentwicklungen bezeichnet. Zur quantitativen Einschätzung werden Bedeutungskonstruktionen und Bedeutungsentwicklungen Komplexitäten zugeschrieben.

Abhängig von einer gegebenen Situation muss eine Bedeutungskonstruktion eine gewisse Komplexität erreichen, um sich zu bewähren. Erreicht sie diese nicht, werden weitere Bedeutungskonstruktionen erzeugt. Es entsteht eine Bedeutungsentwicklung, die endet, wenn eine Bedeutungskonstruktion die erforderliche Komplexität erreicht. Aufgrund der Rückwirkung der kognitiven Prozesse verändern sich durch Wiederholung die kognitiven Strukturen. Zu einem späteren Zeitpunkt wird in einer ähnlichen Situation die erforderliche Komplexität mit hoher Wahrscheinlichkeit schneller erlangt. Das kognitive System hat gelernt. Lernprozesse erfolgen gemäß dieser Beschreibung

- individuell,
- situativ und
- bottom-up.

Zur Analyse von Lernprozessen müssen die Bedeutungskonstruktionen eines kognitiven Systems durch einen Beobachter rekonstruiert werden. Diese Bedeutungsrekonstruktionen werden als Ideen bezeichnet und sind auf ihre Widerspruchsfreiheit zu überprüfen.

Ziele determinieren im konsequent-konstruktivistischen Lernmodell nicht die Handlungen des kognitiven Systems. Sie werden vielmehr als Teil des Konstruktionsprozesses verstanden. Dazu wird angenommen, dass Bedeutungskonstruktionen Orientierungen besitzen, die die Richtung der Bedeutungskonstruktion festlegen. Kann eine Orientierung durch einen Beobachter häufig genug als Rahmung rekonstruiert werden, so wird diese Rahmung als Ziel zugeschrieben.

Ein weiteres Modell zur Beschreibung von Lernen ist das in der Physikdidaktik häufig verwendete Modell der Konzeptwechsel. Werden Konzeptwechselansätze im Kontext des konsequent-konstruktivistischen Lernmodells interpretiert, so kann daraus eine alternative Möglichkeit zur Beschreibung der Qualität kognitiver Aktivität und von Lernprozessen abgeleitet werden. Auch in dieser Beschreibung erfolgt Lernen bottom-up und werden Aufgaben auf der niedrigsten notwendigen Stufe bearbeitet.

Kapitel 3

Didaktische Rekonstruktion

Als theoretischer Rahmen für eine forschend-entwickelnde Arbeit, die sich mit der Konzeption einer neuen Lernumgebung befasst, bietet sich das Modell der Didaktischen Rekonstruktion an. Es wurde von Kattmann et al. (1997) ursprünglich zur Entwicklung von Unterrichtsgegenständen entwickelt und von Theyßen (1999) aus konsequent-konstruktivistischer Sicht interpretiert und für den Hochschulbereich adaptiert. Dort hat sich dieses Modell bewährt und soll daher auch für die vorliegende Arbeit genutzt werden.

Grundlagen und Konzeption des Modells der Didaktischen Rekonstruktion nach Kattmann et al. (1997) werden in Abschnitt 3.1 beschrieben. Darauf aufbauend wird die Adaption des Modells für den Hochschulbereich durch Theyßen (1999) in Abschnitt 3.2 vorgestellt. Die in der vorliegenden Arbeit umgesetzten Aspekte des Modells werden in Abschnitt 3.3 diskutiert.

3.1 Modell der Didaktischen Rekonstruktion

Das Modell der Didaktischen Rekonstruktion ist ein theoretischer Rahmen für die Entwicklung von Unterrichtsgegenständen, das fachliche und lerntheoretische Aspekte gleichwertig integriert.

Dem Modell liegt ein konstruktivistisches Verständnis von Lernen zugrunde, das im Bereich der Konzeptwechselansätze einzuordnen ist. Im Unterschied zu klassischen Konzeptwechselansätzen betonen Kattmann et al. (1997), wie wichtig die Berücksichtigung affektiver Aspekte bei der Planung von Unterricht ist. Sie verwenden daher statt Konzeptwechsel den Begriff der Vorstellungsänderung. Damit definieren sie Lernen wie folgt:

> Lernen bedeutet dann in diesem Zusammenhang die Bildung neuer fachlich orientierter Vorstellungen, die Strukturierung und Bewertung verfügbarer Vorstellungen und deren angemessene Anwendung. Ganz allgemein heißt Lernen in

Bezug auf Vorstellungen, dass diese von den Lernenden geändert werden.

(Kattmann et al. 1997, 6)

Ausgangspunkt des Modells sind zwei Aspekte der Didaktischen Analyse nach Klafki (1970): das Primat der Didaktik einerseits und das Prinzip des Exemplarischen andererseits. Nach dem Primat der Didaktik haben allgemeine und spezifische Ziele Vorrang vor der Entscheidung über Methoden und Medien. Daraus wird abgeleitet, dass didaktische Aspekte bereits bei der Entwicklung der Sachstruktur von Unterricht zu berücksichtigen sind. Das Prinzip des Exemplarischen fordert, dass das Elementare des Unterrichtsgegenstandes herausgearbeitet wird. Dabei handelt es sich ausdrücklich nicht um eine Elementarisierung im Sinne einer Vereinfachung, sondern vielmehr um die

Anpassung der wissenschaftlichen Sachstruktur an die Fähigkeiten der Lernenden.

(Kattmann et al. 1997, 9)

Entsprechend einer konstruktivistischen Sichtweise wird ausdrücklich betont, dass die fachwissenschaftlichen Vorstellungen nicht ohne weiteres als Gegenstand des Schulunterrichts übernommen werden können; sie müssen vielmehr unter didaktischer Zielsetzung erarbeitet, das heißt rekonstruiert, werden. Der Begriff der Rekonstruktion umfasst in diesem Zusammenhang über eine Reduktion oder Transformation hinaus,

das Herstellen pädagogisch bedeutsamer Zusammenhänge, das Wiederherstellen von im Wissenschafts- und Lehrbetrieb verlorengegangenen Sinnbezügen wie auch den Rückbezug auf Primärerfahrungen sowie auf originäre Aussagen der Bezugswissenschaften.

(Kattmann et al. 1997, 4)

Das Modell baut weiterhin auf der Abhängigkeit aller den Unterricht bestimmenden Variablen nach dem Strukturmomentemodell (Heimann et al. 1969) der Berliner Schule auf. Das heißt, dass neben den Vorstellungen der Fachwissenschaftler bei der Entwicklung eines Unterrichtsgegenstandes auch die Vorstellungen der Schüler berücksichtigt werden müssen; weder eine Rekonstruktion unter didaktischen Gesichtspunkten noch eine Elementarisierung kann ohne Berücksichtigung von Schülervorstellungen gelingen.

Aus diesen Grundlagen leiten Kattmann et al. drei Bereiche ab, die bei der Entwicklung eines Unterrichtsgegenstandes berücksichtigt werden müssen:

1. die **Fachliche Klärung**, innerhalb derer die fachwissenschaftlichen Vorstellungen unter didaktischen Gesichtspunkten erarbeitet werden,

2. die **Erhebung von Schülervorstellungen**[1], in der die auf den Unterrichtsgegenstand bezogenen Vorstellungen der Schüler rekonstruiert werden,

---
[1] Kattmann et al. (1997) verwenden mehrfach auch Schülerperspektive synonym zu Schülervorstellung.

3 DIDAKTISCHE REKONSTRUKTION

3. und die **Didaktische Strukturierung**, die die beiden vorangegangenen Komponenten zueinander in Beziehung setzt und daraus einen didaktisch begründeten Unterrichtsgegenstand entwickelt.

Die drei Bereiche werden als gleichwertig und jeweils zueinander in Beziehung stehend beschrieben (Abbildung 3.1). Darin ist die Gleichwertigkeit fachlicher Konzepte und Schülervorstellungen sowie deren Einfluss auf die Gestaltung der Lernumgebung manifestiert.

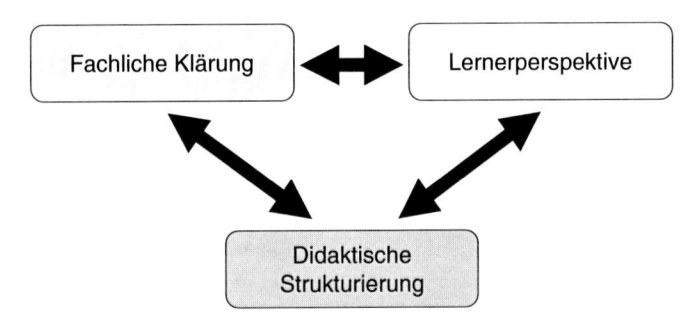

Abbildung 3.1: Modell der Didaktischen Rekonstruktion

Gegenstand der Didaktischen Rekonstruktion ist der Schulunterricht. Die Ziele und Inhalte, die mit dem zu entwickelnden Unterrichtsgegenstand in Verbindung stehen, sind daher (curricular) vorgegeben.

Auf dieser Grundlagen verstehen Kattmann et al. das Modell als ein iteratives Verfahren, fachliche Vorstellungen mit Schülervorstellungen derart in Beziehung zu setzen, dass daraus ein Unterrichtsgegenstand entwickelt werden kann. Die einzelnen Bereiche können weder gleichzeitig noch in linearer Abfolge bearbeitet werden. Es kann nur abwechselnd jeweils ein Bereich so weit behandelt werden, wie es der Stand der Arbeiten in den anderen Bereichen erlaubt. Es entsteht ein ständiger Wechsel in der Bearbeitung der Bereiche. Darin ist die Iterativität des Modells begründet.

Die Fragestellungen und Methoden der einzelnen Bereiche werden im Folgenden erläutert.

3.1.1 Fachliche Klärung

Im Rahmen der Fachlichen Klärung sollen fachwissenschaftliche Vorstellungen unter didaktischen Gesichtspunkten erarbeitet werden. Unter fachwissenschaftlichen Vorstellungen werden die Methoden und Konzepte der Fachwissenschaft verstanden, die als persönliche Konstrukte der jeweiligen Fachwissenschaftler aufgefasst werden.

Entsprechend müssen diese Konstrukte unter kritischer Analyse rekonstruiert werden. Dazu bedarf es einer sogenannten metafachlichen Perspektive, die von der Fachdidaktik als Metawissenschaft einzunehmen ist. In diesem Kontext wird die Fachdidaktik als Metawissenschaft verstanden, da sie gleichzeitig als Teil und als Gegenüber der Fachwissenschaft zu sehen ist.

Typische Fragestellungen der Fachlichen Klärung betreffen die Untersuchung fachwissenschaftlicher Begriffe und Aussagen. Dabei stehen jeweils zunächst die Entstehung, Funktion und Bedeutung im jeweiligen fachlichen Kontext im Vordergrund. Außerdem sind die Fachtermini hinsichtlich ihrer Lernhinderlichkeit und -förderlichkeit zu untersuchen. Darüberhinaus ist das Modell offen für eine Ergänzung durch themenspezifische Fragestellungen.

Methodisch ist für die Erarbeitung der fachwissenschaftlichen Konzepte die Adaption der sozialwissenschaftlichen Methode der qualitativen Inhaltsanalyse nach Mayring (1990) vorgesehen (Gropengießer 1997). Die Untersuchung soll in den Schritten Zusammenfassung, Explikation und Strukturierung erfolgen. Als Quellen werden Lehrbücher, sowie wissenschaftliche und wissenschaftshistorische Literatur vorgeschlagen, wobei möglichst Orginalliteratur zu verwenden ist.

Die Fachliche Klärung wird also im wesentlichen als hermeneutisch-analytische Untersuchungsaufgabe zur Erhebung und Auswahl fachwissenschaftlicher Vorstellungen verstanden. Die Auswahl ist dabei nicht a priori festgelegt. Vielmehr sollen alle fachwissenschaftlichen Vorstellungen mit Bezug zum Thema geeignet vertreten sein.

3.1.2 Erfassung der Schülervorstellungen

Die Erfassung der Schülervorstellungen stellt eine empirische Untersuchungsaufgabe dar. Es stehen die auf den Unterrichtsgegenstand bezogenen Vorstellungen der Schüler im Vordergrund. Dabei werden unter Vorstellungen

> kognitive Konstrukte verschiedener Komplexitäten, also Begriffe, Konzepte, Denkweisen und Theorien
>
> (Kattmann et al. 1997, 11)

verstanden. Diese müssen hinsichtlich Struktur und Qualität analysiert werden. Die Untersuchung ist nicht auf fachliche Vorstellungen der Schüler beschränkt, sondern umfasst alle auf den Unterrichtsgegenstand bezogenen Vorstellungen, das heißt auch Vorstellungen, die aus Alltagserfahrungen resultieren.

Die Schülervorstellungen werden als individuell und vor allem kontextabhängig aufgefasst, ebenso wie im konstruktivistischen Lernmodell (Abschnitt 2.3) die Konstruktionen und Lernprozesse von Lernenden als individuell und situativ aufgefasst werden. Kattmann et al. (1997)

betonen, dass Schülervorstellungen in diesem Sinn als notwendiger Ausgangspunkt des Lernens von Schülern zu verstehen sind.

Grundlegende Fragestellungen bei der Erfassung der Schülervorstellungen betreffen die Erhebung der Vorstellungen an sich, sowie deren Analyse hinsichtlich der Herkunft aus alltäglichen oder fachlichen Kontexten und die Analyse der Bedeutung, die wichtigen Fachworten beigemessen wird. Analog zum Bereich der Fachlichen Klärung ist auch hier eine Ergänzung durch zusätzliche Fragestellungen, zum Beispiel affektive Aspekte betreffend, möglich.

Die Wahl der Methoden erfolgt bezogen auf Fragestellung und Forschungsgegenstand. Zur Erhebung und zum Vergleich mit den fachwissenschaftlichen Vorstellungen wird vorgeschlagen, die in Schüleräußerungen erkennbaren Konzepte herauszuarbeiten und durch Kategorienbildung zu verallgemeinern. Kattmann et al. nennen in diesem Zusammenhang problemzentrierte, offene Interviews oder Fragebögen. Im Sinne des konsequent-konstruktivistischen Lernmodells sind hier zur Analyse der Veränderungen in den Schülervorstellungen die Dokumentation des Unterrichts durch Videoaufzeichnungen zu ergänzen.

3.1.3 Didaktische Strukturierung

Aufgabe der Didaktischen Strukturierung ist es, die Ergebnisse von Fachlicher Klärung und Erfassung der Schülervorstellungen zueinander in Beziehung zu setzen und daraus einen Unterrichtsgegenstand zu entwickeln.

Die Beziehungen zwischen den fachwissenschaftlichen Vorstellungen und den Schülervorstellungen sollen systematisch und strukturiert hergestellt werden; nicht einseitig normativ, sondern gleichberechtigt. Dazu wird vorgeschlagen, die Ergebnisse des einen Bereichs jeweils aus der Sicht des anderen Bereichs zu charakterisieren. Die so gebildeten Beziehungen sind hinsichtlich Lernförderlichkeit beziehungsweise Lernschwierigkeiten zu bewerten.

Grundlegende Fragestellungen beziehen sich auf die Korrespondenzen zwischen fachwissenschaflichen Vorstellungen und Schülervorstellungen. Weiterhin ist zu untersuchen welche didaktischen Methoden sich für den Einsatz im Rahmen der zu entwickelnden Lernumgebung eignen.

Zur Entwicklung der Lernumgebung wird methodisch der wechselseitige Vergleich von fachlichen Vorstellungen und Schülervorstellungen vorgeschlagen (Gropengießer 1997). Zwecks Strukturierung des Vergleiches wird eine Kategorisierung nach den folgenden Korrespondenzen vorgeschlagen: Eigenheiten, Gemeinsamkeiten, Verschiedenheiten und Begrenztheiten. Darüber hinaus werden Methoden zur Planung von Unterricht als geeignet erachtet, die den Prozess von einander abwechselnden theoretischen und empirischen Arbeitsphasen entsprechend berücksichtigen.

Die Autoren betonen insbesondere den Entwicklungscharakter der Didaktischen Strukturierung:

> Die Didaktische Strukturierung ist eine Planungsaufgabe und kann somit nicht gefunden werden – sie ist vielmehr zu erfinden.
> (Kattmann et al. 1997, 13)

Mit dem von Kattmann et al. zugrunde gelegten Verständnis von Lernen ist das Ziel der Didaktischen Strukturierung, eine Lernumgebung zu konzipieren, die Lernwege ausgehend von den Schülervorstellungen hin zu fachlichen Vorstellungen ermöglicht.

3.2 Didaktische Rekonstruktion im Hochschulbereich

Das Modell der Didaktischen Rekonstruktion wird von Theyßen (1999) als Grundlage für die Entwicklung eines Physikalischen Praktikums für Studenten der Medizin verwendet. Dazu wird der vorhandene konstruktivistische Ansatz durch eine konsequent-konstruktivistische Sichtweise ergänzt. Die einzelnen Bereiche der Didaktischen Rekonstruktion werden aus konsequent-konstruktivistischer Sicht interpretiert und für den Kontext einer Lernumgebung an der Hochschule adaptiert. Die Änderungen, die sich aus dieser veränderten Sichtweise für Untersuchungsgegenstand und Methoden der einzelnen Bereiche der Didaktischen Rekonstruktion ergeben, werden im Folgenden erläutert.

3.2.1 Fachliche Klärung

Bei Kattmann et al. (1997) ist das Ziel des zu entwickelnden Unterrichts a priori festgelegt. Für eine Lernumgebung Praktikum kommt aber eine Vielzahl von Zielen in Frage. Entsprechend wird bei Theyßen (1999) eine Erhebung und Auswahl der Ziele notwendig.

Aufgabe der Fachlichen Klärung ist damit die Erhebung und Auswahl von Zielen und Inhalten der Lernumgebung. Beide werden als Konstrukte von Experten aufgefasst. Als Experten werden Dozenten weiterführender Lehrveranstaltungen, Mediziner mit praktischer Erfahrung und Studenten aus dem klinischen Studienabschnitt verstanden. Die Ziele müssen bezogen auf die Einordnung in den Studiengang und die Anforderungen im Beruf bewertet werden.

Während das ursprüngliche Modell die Entwicklung eines Unterrichtsgegenstandes zu einem vorgegebenen Inhalt vorsieht, sind im Rahmen eines Praktikums eine Vielzahl von Inhalten zu behandeln. Die Inhalte müssen also einerseits global für das gesamte Praktikum und andererseits im Detail für die einzelnen Praktikumsversuche erarbeitet werden. Dabei

3 DIDAKTISCHE REKONSTRUKTION

sind insbesondere bei der Auswahl der Themen die von den Experten formulierten Ziele zu berücksichtigen.

Zur Erhebung der Ziele wurde bei Theyßen (1999) eine zweistufige Befragung in Anlehnung an das Delphi-Verfahren nach (Häußler et al. 1988) eingesetzt. Dazu wurden die oben explizierten Experten zunächst offen nach Zielen befragt. Im nächsten Schritt wurden die Ergebnisse dieser Befragung kategorisiert und die Kategorien den Experten in einem zweiten Schritt zur Bewertung vorgelegt. Auf diese Art konnten die Ziele sowohl erhoben wie auch gewichtet werden.

Die Ermittlung der Inhalte erfolgte in hermeneutisch-analytischer Arbeit. Quellen waren der Gegenstandskatalog, sowie weiterführende medizinische Literatur. Dabei wurden zunächst eine Auswahl getroffen und Schwerpunkte gebildet. Die Auswahlkriterien wurden aus den Ergebnissen vorhergehender Untersuchungen im Bereich Lernerperspektiven sowie aufgrund technischer und organisatorischer Aspekte gebildet. Zusätzlich zur Textanalyse wurden für die detaillierte Bearbeitung Gespräche mit Dozenten weiterführender Lehrveranstaltungen, vor allem Physiologen, geführt. Für die Inhalte der einzelnen Praktikumsversuche hinsichtlich medizinischem Bezug und apparativer Umsetzung wurden Recherchen zu bestehenden Praktika an anderen Hochschulen durchgeführt.

3.2.2 Erhebung der Lernerperspektive

Während Kattmann et al. sich auf die Erfassung von Schülervorstellungen bezogen auf den Unterrichtsgegenstand konzentrieren, stellt Theyßen die Rekonstruktion von Lernprozessen in den Vordergrund.

Der Verlauf von Lernprozessen hängt gemäß des konsequent-konstruktivistischen Lernmodells von den individuellen Voraussetzungen der Lerner, insbesondere von Vorwissen, Vorstellungen und Einstellungen ab. Theyßen beschränkte sich auf die Erhebung des Vorwissens und die Analyse der Lernprozesse.

Das Vorwissen wurde im Rahmen einer Befragung erhoben. Zur Analyse von Lernprozessen wurden verschiedene bereits erprobte Verfahren eingesetzt: Auf kleinen Zeitskalen wurden transkriptgestützt Bedeutungskonstruktionen als Ideen rekonstruiert. Den Ideen wurden Komplexitäten zugeschrieben und daraufhin der Verlauf der Lernprozesse qualitativ bewertet. Für große Zeitskalen wurde die CBAV[2]-Methode nach Niedderer et al. (1998) entsprechend angepasst eingesetzt.

---

[2]CBAV: Category Based Analysis of Videotapes from Labwork

3.2.3 Didaktische Strukturierung

Die Didaktische Strukturierung umfasst bei Theyßen gleichberechtigt den Entwicklungsprozess und das Entwicklungsergebnis selbst als Untersuchungsgegenstand einer Evaluation.

Gegenstand ist die Entwicklung der methodischen und der inhaltlichen Struktur des Praktikums auf Basis der Forderungen aus Fachlicher Klärung und Erhebung der Lernerperspektiven. Hinzu kommt die Evaluierung der Praktikumsversuche im Hinblick darauf, ob die formulierten Forderungen erreicht werden.

Methodisch ging Theyßen wie folgt vor: Bei der Entwicklung beschränkte sie sich im Sinne einer Elementarisierung zunächst auf die Entwicklung nur eines Praktikumsversuchs. Dieser diente in späteren Iterationsschritten als Vorlage für die Entwicklung weiterer Versuche. Die Ergebnisse Fachlicher Klärung und der Erhebung der Lernerperspektive wurden als Forderungen formuliert und schrittweise in einen Versuchsablauf umgesetzt.

Die Evaluation des entwickelten Praktikumsversuchs erfolgte zum Einen durch einen Vergleich des Verlaufs von Lernprozessen in einem Praktikumsversuch alter Struktur und dem entsprechenden neuer Struktur; zum Anderen durch eine ebenfalls den Praktikumsversuch alter und neuer Struktur vergleichende Befragung der Studenten.

3.3 Operationalisierung des Modells zur Praktikumsentwicklung

In dieser Arbeit soll auf Basis eines konsequent-konstruktivistischen Verständnisses von Lernen die Lernumgebung „Physikalisches Praktikum für Physiker" neu konzipiert werden. Das Modell der Didaktischen Rekonstruktion bietet einen theoretischen Rahmen, die Sichtweise von Experten und Lernenden im Hinblick auf die Lernumgebung „Physikalisches Praktikum für Physiker" zu einem stringenten Konzept zu integrieren und darauf basierend eine entsprechende Lernumgebung zu implementieren und zu evaluieren.

Im Vordergrund steht dabei der iterative Charakter der Didaktischen Rekonstruktion. Im ersten Iterationsschritt[3] sind implizite und explizite Forderungen von Experten und Lernenden empirisch zu erheben und fachdidaktisch zu bearbeiten. Daraus wird die Lernumgebung „Physikalisches Praktikum für Physiker" neu entwickelt. Gegenstand der Entwicklung ist aber nicht wie bei Theyßen (1999) ausschließlich die methodische und inhaltliche Struktur einzelner Versuche. Vielmehr ist sowohl die globale Struktur der Lernumgebung wie auch die Struktur einzelner Versuche zu entwickeln. Im Rahmen der Evaluation ist zu überprüfen,

---
[3] Ein Iterationsschritt wird als abgeschlossen betrachtet, wenn jeder Bereich bearbeitet wurde.

in wie weit die entwickelte Lernumgebung den formulierten Ansprüchen genügt.

Im Zuge der folgenden Iterationsschritte müssen die Ergebnisse der Evaluation eingearbeitet werden, um so die Lernumgebung schrittweise an die Forderungen anzupassen. Aufgabe der Fachlichen Klärung und der Erhebung der Lernerperspektive in diesen Iterationsschritten ist es, zu untersuchen, ob sich das Verständnis von Lehrenden oder Lernenden verändert hat.

In diesem Verständnis kann der Prozess der Didaktischen Rekonstruktion grundsätzlich weder endgültig abgeschlossen werden, noch kann ein Praktikum als fertiges Produkt der Didaktischen Rekonstruktion bestehen.

Zusammenfassung

Das Modell der Didaktischen Rekonstruktion wurde von Kattmann et al. (1997) zur Entwicklung von Schulunterricht konzipiert. Dazu sollen auf Basis eines konstruktivistischen Verständnisses von Lernen im Sinne von Konzeptwechselansätzen die Vorstellungen von Fachwissenschaftlern zu denen von Schülern gleichwertig in Beziehung gesetzt und daraus ein Unterrichtsgegenstand entwickelt werden.

Die notwendigen fachdidaktischen Forschungs- und Entwicklungsarbeiten werden in drei Bereiche gegliedert:

- Die **Fachliche Klärung**, in der die fachwissenschaftlichen Vorstellungen erhoben und fachdidaktisch bewertet werden,

- die **Erfassung der Schülervorstellungen**, in der die Vorstellungen der Schüler bezüglich fachwissenschaftlicher Konzepte unter Berücksichtigung affektiver Aspekte erhoben werden und

- die **Didaktische Strukturierung**, in der die fachwissenschaftlichen Vorstellungen mit denen der Schüler in Beziehung gesetzt werden und daraus ein Unterrichtsgegenstand entwickelt wird.

Theyßen (1999) setzt dieses Modell zur Entwicklung einer Lernumgebung Praktikum an der Hochschule ein. Dabei wird das Modell auf Grundlage des Konsequenten Konstruktivismus interpretiert und adaptiert. Die Fachliche Klärung wird durch eine Ziele-Befragung von Experten ergänzt. Bei der Erhebung der Lernerperspektive steht die Erfassung von Lernprozessen und deren Analyse hinsichtlich kognitiver und emotionaler Voraussetzungen im Vordergrund. Die Didaktische Strukturierung dient zu gleichen Teilen der Entwicklung und der Evaluation der Lernumgebung unter Rückbezug auf die Ergebnisse der beiden anderen Bereiche.

In der vorliegenden Arbeit dient die Didaktische Rekonstruktion auf Grundlage eines konsequent-konstruktivistischen Verständnisses von Lernen als theoretischer Rahmen zur Erforschung der bestehenden Sichtweise der Experten und Lernenden von der und der Konzeption, Implementation sowie Evaluation der Lernumgebung „Physikalisches Praktikum für Physiker". Die Anpassung der Implementation der Lernumgebung an die Sichtweise der Lehrenden und Lernenden durch die Evaluation erfolgt iterativ. In den ersten Iterationsschritten sind die Forderungen der Experten und Lernenden an eine geeignete Lernumgebung zu erheben. Daraus ist diese zu entwickeln, zu implementieren und zu evaluieren. In folgenden Iterationsschritten sind Diskrepanzen zwischen Forderungen und Evaluationsergebnissen durch Änderung der Lernumgebung zu kompensieren. Dabei ist in regelmäßigen Abständen zu überprüfen, ob sich Forderungen teilweise oder ganz verändert haben.

Teil II

Erster empirischer Teil

Kapitel 4

Fachliche Klärung

Das Modell der Didaktischen Rekonstruktion nach Kattmann et al. (1997) dient als theoretischer Rahmen für die Entwicklung eines Unterrichtsgegenstands. Es umfasst unter anderem die Fachliche Klärung (Abbildung 4.1), das heißt die Erhebung und fachdidaktische Bearbeitung fachwissenschaftlicher Vorstellungen zu diesem Unterrichtsgegenstand (Abschnitt 3.1).

In der vorliegenden Arbeit wird eine Lernumgebung mit verschiedenen Unterrichtsgegenständen rekonstruiert. Es müssen daher über fachwissenschaftliche Vorstellungen zu einzelnen Unterrichtsgegenständen hinaus, fachwissenschaftliche Vorstellungen zu der Lernumgebung selbst erhoben werden. Die Gesamtheit dieser Vorstellungen bildet die fachwissenschaftliche Perspektive der Lernumgebung.

In Abschnitt 4.1 werden zunächst die Forschungsfragen zur Rekonstruktion der fachwissenschaftlichen Perspektive formuliert. Bezogen auf die Forschungsfragen wird in Abschnitt 4.2 der Stand der Forschung dargestellt. In Abschnitt 4.3 werden die Untersuchungsmethoden erläutert und in Abschnitt 4.4 die durchgeführten Untersuchungen beschrieben und hinsichtlich der Forschungsfragen ausgewertet.

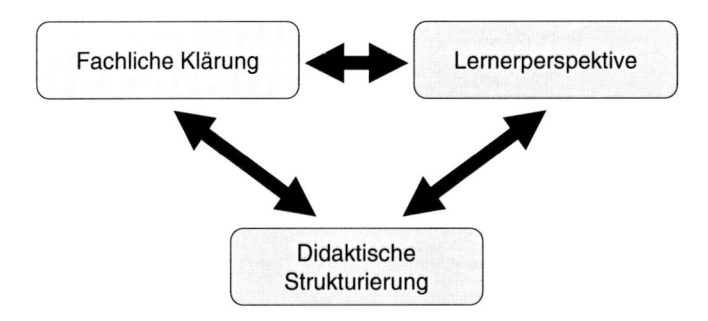

Abbildung 4.1: Fachliche Klärung im Modell der Didaktischen Rekonstruktion

4.1 Forschungsfragen

Gegenstand der Forschungsfragen der Fachlichen Klärung ist wie oben beschrieben die fachwissenschaftliche Perspektive der Lernumgebung „Physikalisches Praktikum für Physiker". Die fachwissenschaftliche Perspektive umfasst insbesondere die auf das physikalische Praktikum bezogenen fachwissenschaftlichen Vorstellungen von Experten.

Experten für das physikalische Praktikum für Physiker sind Absolventen des Praktikums sowie deren zukünftige Kollegen und Arbeitgeber, das heißt Studenten im zweiten Studienabschnitt und berufstätige Physiker. Da die Vorbereitung auf eine fachfremde oder industriespezifische Berufstätigkeit nicht Teil der Grundausbildung zum Physiker ist, können nicht an der Universität beschäftigte Physiker ausgeschlossen werden. Damit werden unter Experten im Kontext der noch zu explizierenden Forschungsfragen Studenten im zweiten Studienabschnitt, sowie wissenschaftliche Mitarbeiter und Professoren des Fachbereiches Physik der Heinrich-Heine-Universität Düsseldorf verstanden.

Nach dem Primat der Didaktik drücken sich die fachwissenschaftlichen Vorstellungen zum physikalischen Praktikum primär durch die Ziele aus, die mit dem physikalischen Praktikum als Teil der Ausbildung zum Physiker erreicht werden sollen. Diese werden von den Lehrenden des Fachbereiches Physik definiert. Sie sind jedoch nicht a priori festgelegt; so gibt die Studienordnung des Studiengangs Physik an der Heinrich-Heine-Universität nur einen allgemeinen Rahmen für das Studium als Ganzes vor:

> Das Studium soll den Studierenden einen weitreichenden Überblick über die Grundlagen der Physik und gründliche Methodenkenntnisse vermitteln, sie zu selbständiger wissenschaftlicher Arbeit befähigen und ihnen einen berufsqualifizierenden Abschluss ermöglichen.
>
> (Studienordnung 1998)

Entsprechend sind im Rahmen der Fachlichen Klärung, die Ziele, die mit dem Physikalischen Praktikum erreicht werden sollen, als Konstruktionen der Experten zu erheben.

Das Physikalische Praktikum besteht aus unterschiedlichen Unterrichtsgegenständen. Auch diese sind nicht a priori festgelegt. Daher müssen im Rahmen der Fachlichen Klärung auch die Vorstellungen der Experten erhoben werden, die die Auswahl der Unterrichtsgegenstände betreffen.

Die Forschungsfragen im Bereich Fachliche Klärung lauten entsprechend:

1. Welche **Ziele** verbinden Experten an der Heinrich-Heine-Universität Düsseldorf mit dem Physikalischen Praktikum für Physiker?

2. Welche **Inhalte** verbinden Experten an der Heinrich-Heine-Universität Düsseldorf mit dem Physikalischen Praktikum für Physiker?

4.2 Stand der Forschung

4.2.1 Ziele

Die Ziele, die mit Praktika[1] verbunden werden, sind seit den sechziger Jahren in zahlreichen Untersuchungen formuliert, erarbeitet oder erhoben worden. In einer europaweiten Untersuchung von Welzel et al. (1998) wird ein Satz empirisch ermittelter Ziele von Praktika zusammengestellt. Im Folgenden wird gezeigt, daß diese einen vollständigen Satz hinsichtlich früherer Arbeiten wie zum Beispiel denen von Boud (1973) oder Toothacker (1983) darstellt.

Im Rahmen des europäischen Forschungsprojektes „Labwork in Science Education" haben Welzel et al. (1998) in sechs europäischen Ländern Lehrende aus drei naturwissenschaftlichen Fachbereichen (Biologie, Chemie, Physik) an weiterführenden Schulen und Universitäten dazu befragt, welche Ziele sie mit Praktika verbinden. Die Studie wurde in Anlehnung an die Delphi-Technik (Häußler et al. 1988) in drei Stufen durchgeführt. In der ersten Stufe wurden die Ziele der Lehrenden mit einem offenen Fragebogen erfasst. Die Antworten wurden in einer zweiten Stufe kategorisiert. Dabei wurden fünf Hauptziele ermittelt, die jeweils zwischen sechs und zwölf Unterziele umfassen. Die Hauptziele sind:

Im Praktikum sollen

(A) die Lernenden Theorie und Praxis miteinander verbinden,

(B) die Lernenden experimentelle Fähigkeiten erwerben,

(C) die Lernenden Methoden wissenschaftlichen Denkens kennenlernen,

(D) die Lernenden motiviert werden, ihre Persönlichkeit und ihre soziale Kompetenz zu erweitern,

(E) die Lehrenden die Möglichkeit haben, das Wissen der Lernenden überprüfen zu können.

In der dritten Stufe der Studie wurde die Wichtigkeit der Haupt- und Unterziele erhoben. Vor der Diskussion der Ergebnisse dieser dritten Stufe, sollen die Ergebnisse weiterer Arbeiten zu Zielen von Praktikum im Hinblick auf die Hauptziele der sogenannten EU-Studie betrachtet werden. Dazu werden diese wie folgt kürzer bezeichnet:

(A) Theorie und Praxis verbinden

(B) Experimentelle Fähigkeiten erwerben

---

[1] Hier sind nicht ausschließlich physikalische Praktika gemeint.

(C) Methoden wissenschaftlichen Denkens kennenlernen
(D) Motivation, Persönlichkeitsentwicklung und soziale Kompetenz fördern
(E) Wissen der Lernenden überprüfen

Bereits Boud (1973) erarbeitete auf Basis der Arbeiten von Chambers (1963, 1966) und Lee (1969) einen Katalog von 22 Zielen, die mit Praktika verbunden werden können. In einer Befragung ließ er die Möglichkeit zu, diese Ziele um weitere zu ergänzen. Es stellte sich jedoch heraus, dass die von den Befragten ergänzten Ziele jeweils mit einem oder mehreren Zielen aus dem Katalog identifiziert werden konnten (Boud 1973). Der mit 22 Zielen umfangreiche Katalog lässt sich, wie Tabelle 4.1 dargestellt, nach den von Welzel et al. (1998) ermittelten Hauptzielen in Gruppen einteilen. Offensichtlich umfasst der Katalog von Boud et al. (1980) nicht den Bereich „(E) Wissen der Lernenden überprüfen".

Auch Toothacker (1983) gibt in seinem Artikel eine zusammenfassende Darstellung unter anderen der Arbeiten von Read (1969) und Boud et al. (1980). Dabei gruppiert er die Ziele nach folgenden Kategorien:

- Laboratory work to support lecture
- Laboratory work for attitudinal reasons
- Laboratory work for learning skills, techniques and familiarity with equipment

Die erste und die letzte Kategorie können den Hauptzielen „(A) Theorie und Praxis verbinden" beziehungsweise „(B) Experimentelle Fähigkeiten erwerben" zugeordnet werden. Unter „attitudinal" versteht Toothacker „Scientific Attitudes", was als wissenschaftliches Denken interpretiert werden kann; daher entspricht diese Kategorie dem Hauptziel „(C) Methoden wissenschaftlichen Denkens kennenlernen". Offensichtlich fehlt jedoch ein Bereich charakterlicher oder persönlicher Aspekte.

Eine Auswahl von Mitgliedern zentraler Ausschüsse der American Association of Physics Teachers (AAPT) hat die folgenden Ziele für Einführungspraktika in Physik als Teil eines sogenannten „policy statements" (AAPT 1997) publiziert:

- The Art of Experimentation
- Experimental and Analytical Skills
- Conceptual Learning
- Understanding the Basis of Knowledge in Physics
- Developing Collaborative Learning Skills

Mit „The Art of Experimentation" wird der Erwerb von Erfahrungen mit experimentellen Abläufen verstanden, zum Beispiel dem Design einer experimentellen Untersuchung. Je

(A) Theorie und Praxis verbinden
To illustrate material taught in lectures
To teach some theoretical material not included in the lectures
To help bridge the gap between theory and practice
(B) Experimentelle Fähigkeiten erwerben
To teach basic practical skills
To familiarize students with important standard apparatus and measurement techniques
To train students in simple aspects of experimental design
To train students in making deductions from measurements and interpretations of experimental data
To use experimental data to solve specific problems
To train students in observation
To train students in keeping day-to-day laboratory diary
To train students in writing reports on experiments
To teach the principles and attitudes of doing experimental work in this subject
(C) Methoden wissenschaftlichen Denkens kennenlernen
To foster critical awareness (for example extraction of all information from data, avoiding systematic errors)
To develop skill in problem solving in the multi-solution situation
To provide a stimulant to independent thinking
To show the use of practicals as a process of discovery
To familiarize students with the need to communicate technical concepts and solutions
To simulate conditions in research and development laboratories
(D) Motivation, Persönlichkeitsentwicklung und soziale Kompetenz fördern
To instil confidence in the subject
To provide closer contacts between staff and students
To stimulate and maintain students interest in the subject
To provide motivation to acquire special knowledge

Tabelle 4.1: Zielekatalog nach Boud (1973) gruppiert nach den Hauptzielen nach Welzel et al. (1998)

nach Auslegung lässt sich dieses Ziel entweder dem Hauptziel „(B) Experimentelle Fähigkeiten erwerben" oder „(C) Methoden wissenschaftlichen Denkens kennenlernen" zuordnen; es stellt ein Hybrid der beiden Hauptziele dar. Unter „Experimental and Analytical Skills" wird die Entwicklung von grundlegenden Fertigkeiten und das Kennenlernen von Werkzeugen als Teil des Experiments verstanden. Der Schwerpunkt liegt auf Auswahl und Handhabung von Geräten. Die Kategorie kann damit eindeutig „(B) Experimentelle Fähigkeiten erwerben" zugeordnet werden. Das Ziel „Conceptual Learning" steht für den Erwerb grundlegender physikalischer Konzepte im Sinne physikalischer Theorie. Allerdings steht der Erwerb einzelner Konzepte im Vordergrund, während unter „Understanding the Basis of Knowledge in Physics" gefasst ist, dass Studenten ein allgemeines Verständnis für Physik als

Naturwissenschaft und die damit verbundenen Zusammenhänge erwerben sollen. Damit entspricht ersteres „(A) Theorie und Praxis verbinden" und letzteres einem Teilaspekt von „(C) Methoden wissenschaftlichen Denkens kennenlernen". Die Entwicklung von kollaborativen Verhaltensweisen, also Teamarbeit, wird mit dem Ziel „Developing Collaborative Learning Skills" eingebracht und ist damit in „(D) Motivation, Persönlichkeitsentwicklung und soziale Kompetenz fördern" einzuordnen.

In der deutschen Literatur beschäftigen sich zum Beispiel Diemer et al. (1998) mit dem Computereinsatz im Praktikum und damit verbundenen Zielen. Im Rahmen ihrer Arbeit skizzieren sie die Grundzüge eines modernen Praktikums. Dabei nennen sie als Ziele eines solchen Praktikums:

- Studenten sollen Experimentieren erlernen
- Studenten sollen in Vorlesungen behandelte Phänomene begreifen
- Forschergeist wecken und fördern

Diese Ziele entsprechen offensichtlich Teilaspekten der Hauptziele „(B) Experimentelle Fähigkeiten erwerben", „(A) Theorie und Praxis verbinden" und „(D) Motivation, Persönliche Entwicklung und soziale Kompetenz fördern".

Berücksichtigt man, dass gerade die Arbeiten von Boud (1973) und Toothacker (1983) die Ergebnisse anderer Arbeiten zu den Zielen von Praktika mit einbeziehen, kann aus dem vorhergehenden Vergleich geschlossen werden, dass die Hauptziele von Welzel et al. (1998) sämtliche bereits erhobenen respektive formulierten Ziele umfassen. Im folgenden wird daher angenommen, dass diese Ziele einen vollständigen und konsensfähigen Satz darstellen (Hucke 1999; Welzel et al. 1998). Darüber hinaus fällt die vergleichsweise hohe Trennschärfe der Hauptziele zum Beispiel im Vergleich mit den von der AAPT (1997) formulierten Zielen auf.

Bezugnehmend auf eine Untersuchung der Veränderung der Wichtigkeit von Zielen im Rahmen einer Staatsexamensarbeit konstatieren Diemer et al. an anderer Stelle, dass die beiden ersten Ziele, die sie in Anlehnung an die von ihnen zitierte Arbeit als

- Messen physikalischer Größen erlernen und
- Vertiefung des Stoffes der Vorlesungen

bezeichnen, unverändert für die wichtigsten Ziele von Prakika gehalten werden.

Wie Diemer et al. (1998) beschäftigen sich auch Welzel et al. (1998) im Rahmen ihrer Studie mit der Wichtigkeit, die den ermittelten Hauptzielen beigemessen wird. In einer dritten Stufe der Untersuchung wurden daher die zuvor Befragten aufgefordert, die Hauptzielkategorien in eine Rangfolge zu bringen. Dabei ergaben sich als die drei wichtigsten Ziele die folgenden:

(A) Theorie und Praxis verbinden
(C) Methoden wissenschaftlichen Denkens kennenlernen
(B) Experimentelle Fähigkeiten erwerben

Insgesamt wurden in dieser Untersuchung zwar über vierhundert Lehrende befragt, darunter befanden sich jedoch nur zehn Physiker an deutschen Universitäten. Betrachtet man ausschließlich die Daten dieser Population, ergibt sich die folgende Reihenfolge (vergleiche Haller (1999, 62)):

(B) Experimentelle Fähigkeiten erwerben
(A) Theorie und Praxis verbinden
(C) Methoden wissenschaftlichen Denkens kennenlernen

Während also für die Ziele, die mit Praktika verbunden werden, im europäischen und angloamerikanischen Raum ein konsensfähiger Satz von fünf Zielen existiert, liegen bezüglich der Wichtigkeit, die den einzelnen Zielen beigemessen wird, unterschiedliche Ergebnisse vor, die nur eingeschränkt auf andere Populationen übertragbar sind.

4.2.2 Inhalte

Im Gegensatz zu den Zielen sind die Inhalte, die mit physikalischen Praktika verbunden werden, weniger umfangreich untersucht worden. Als Quellen für die Rekonstruktion der Inhalte bieten sich aber Praktikumsbücher an. Sie stellen als Begleitmaterial zum Praktikum ein Abbild des Versuchskanons und damit der Inhalte von Praktika dar.

Die Analyse von Büchern zum physikalischen Praktikum zeigt, dass physikalische Praktika im wesentlichen aus für verschiedene Teilbereiche der Physik exemplarisch ausgewählten Experimenten bestehen. Die überwiegende Mehrheit der Praktikumsbücher beginnt mit einer Einführung in das experimentelle Arbeiten. Dabei wird neben Hinweisen zur Durchführung von Versuchen die Auswertung derselben, insbesondere die statistische Fehlerrechnung, behandelt. Darüber hinaus erfolgt die Gliederung nach Teilbereichen der Physik:

Bereits das praktikumsbegleitende Buch von Wiedemann & Ebert (1904) weist außer der allgemeinen Einleitung zu naturwissenschaftlichen Aspekten, wie zum Beispiel Messungen und graphischen Darstellungen, die folgenden Teile auf: Allgemeine Physik, Thermodynamik, Optik und Elektrizitätslehre. Der Teil „Allgemeine Physik" umfasst dabei im wesentlichen Inhalte der Mechanik. Einen ähnlichen Aufbau verwendet Berndt (1914), wobei der Bereich Akustik als eigenes Kapitel ausgegliedert wird und die Teilbereiche Elektrizitätslehre und Magnetismus in einem zweiten Band gesondert berücksichtigt werden.

Auch die Praktikumsbücher von Steinke (1944) und Westphal (1948) sind nach Teilbereichen der Physik gegliedert. Dabei werden ebenfalls jeweils Mechanik, Thermodynamik, Elektrizitätslehre und Optik behandelt. In „Das physikalische Praktikum" von van Calker & Keinhanß (1975) werden darüber hinaus „Schwingungen und Wellen" und „Ionisierende Strahlen" in eigenen Kapiteln besprochen.

Auch bei Mende et al. (1987), Walcher (1994), Geschke (1998) und Eichler et al. (2001) werden die klassischen Themen Mechanik, Elektrizitätslehre, Thermodynamik und Optik behandelt. Entsprechend können diese als klassische Inhalte physikalischer Praktika angesehen werden. Mende et al. (1987) führen zusätzlich noch Versuche zur Atom- und Kernphysik an. In den neunziger Jahren wird auch Atomphysik zum Standardthema im Praktikum (Becker & Jodl 1991; Walcher 1994; Geschke 1998). Darüber hinaus treten vereinzelt neue Themenbereiche wie Elektronik, Digitale Elektronik (Walcher 1994) und Computer (Eichler et al. 2001) auf.

Zusammenfassend betrachtet, bestehen die Inhalte physikalischer Praktika bisher ausschließlich aus physikalischen Themen. Durchgängig behandelte physikalische Themenbereiche sind:

- Mechanik
- Elektrizitätslehre (inklusive Magnetismus)
- Optik
- Thermodynamik

In späteren Werken kommen jeweils auch Atomphysik (inklusive Kernphysik und Röntgenstrahlung) und Elektronik (inklusive Digitalelektronik) vor.

Messgeräte und Messmethoden werden nicht als solche thematisiert, sondern zweckmäßig im Rahmen der Bestimmung physikalischer Größen oder Erarbeitung von Phänomenen der jeweligen physikalischen Teilbereiche behandelt. Einen großen Bereich bei der Beschreibung der Experimente nehmen jeweils die theoretischen Grundlagen ein. Die Abfolge der Inhalte orientiert sich an der Sachstruktur. Es liegt keine Literatur zum physikalischen Praktikum vor, die sich systematisch auf den Erwerb experimenteller Fähigkeiten oder wissenschaftlicher Arbeitsweisen bezieht.

4.3 Methoden der Untersuchung

Wie in Abschnitt 3.3 beschrieben, müssen in der Didaktischen Rekonstruktion die Ergebnisse vorheriger Iterationsschritte im Verlauf folgender Iterationsschritte hinsichtlich ihrer Validität beurteilt und eventuell modifiziert oder gänzlich neu erhoben werden. Im folgenden

4 FACHLICHE KLÄRUNG 51

werden auf Grundlage des dargestellten Forschungsstands die notwendigen Untersuchungen und darauf bezogene methodische Überlegungen diskutiert.

4.3.1 Ziele

Die von Welzel et al. (1998) ermittelten Ziele ergeben sich aufgrund einer Datenbasis, die durch Befragung von Lehrenden an Universitäten und Schulen länder- und fachübergreifend gebildet wurde. Insbesondere die ermittelten Hauptziele stellen bezüglich der Ziele, die in den letzten dreißig Jahren für Praktika formuliert wurden, einen vollständigen und vergleichsweise trennscharfen Satz von Zielen dar. Werden jedoch nur die Daten berücksichtigt, die von Lehrenden des Faches Physik an Universitäten in Deutschland stammen, dann beruht die Beurteilung der Wichtigkeit der Ziele auf einer sehr kleinen Population (vergleiche (Haller 1999, 62)). Daher lassen die bisherigen Ergebnisse keine zuverlässigen Aussagen über die Prioritäten der Experten an der Heinrich-Heine-Universität Düsseldorf bezüglich der Ziele von Praktikum zu. In der Folge müssen die Ziele der Experten in Düsseldorf und insbesondere die Prioritäten, die bezüglich einzelner Ziele gesetzt werden, gesondert erhoben werden.

Als allgemein übliche Methode zur Erhebung von Zielen und deren Wichtigkeit gilt eine Befragung der Experten (Haller 1999; Theyßen 1999; Welzel et al. 1998). Bei einem vorliegenden Katalog von Zielen wird häufig ein geschlossener Fragebogen eingesetzt, bei dem die einzelnen Ziele hinsichtlich ihrer Wichtigkeit zu bewerten sind (Boud et al. 1980; Welzel et al. 1998). Ein geschlossener Fragebogen birgt jedoch Nachteile: Sollen die Items jeweils auf einer Skala bewertet werden, werden einige Items möglicherweise überbewertet, alleine weil die Möglichkeit besteht, alle Items als wichtig einzuordnen. Wenn die Items in eine Rangliste gebracht werden sollen, können zwei Items nicht als gleich wichtig eingeschätzt werden, auch wenn das möglicherweise im Sinn des Befragten liegt. Daher wird eine offene Befragung der Experten bevorzugt. Die Antworten werden kategorisiert und um die Mehrfachnennungen einer Person zu einer Kategorie bereinigt. Alle Antworten einer Person werden zunächst als gleich wichtig eingeschätzt. Die Anzahl der Personen, die die jeweilige Kategorie genannt haben, bezogen auf die Gesamtzahl der Befragten, kann dann als Maß für die Wichtigkeit herangezogen werden.

Als Kategorien werden, wegen ihrer Vollständigkeit und vergleichsweise hohen Trennschärfe, die von Welzel et al. (1998) europaweit ermittelten Ziele gewählt. Da die Hauptziele einen hohen Interpretationsspielraum aufweisen, ist eine Konkretisierung notwendig. Dazu werden die Items, die jeweils einem Hauptziel zugeordnet wurden, in einer zweiten Kategorisierung nach Unterzielen eingeteilt. Die im Rahmen der EU-Studie ermittelten Unterziele weisen jedoch wegen der fächerübergreifenden Anlage der Studie einen hohen Abstraktionsgrad in der Formulierung auf. Daher sind die Unterziele präziser und fachspezifisch neu zu formulieren.

Für kleine Populationen bietet sich neben einer offenen Befragung auch ein Interview zur Datenerhebung an. Hier liegt jedoch die Zahl der befragten Experten mit Studenten im zweiten Studienabschnitt, wissenschaftlichen Mitarbeitern und Professoren nicht mehr in einem für Interviews geeigneten Bereich. Daher werden Interviews ausschließlich mit Professoren und nur bezüglich durch die Befragung nicht zu beantwortetender Teilaspekte der Forschungsfragestellung eingesetzt.

4.3.2 Inhalte

Die Inhalte, die mit Praktika verbunden werden, werden ebenfalls in einer offenen Befragung erhoben. Die Auswertung erfolgt ähnlich der Auswertung der Ziele: Die Items werden kategorisiert und für jede Inhaltskategorie wird als Maß zur Einschätzung der Wichtigkeit die Anzahl der Personen herangezogen, die mindestens ein Item der Kategorie genannt haben. Als Kategorien werden die in Abschnitt 4.2 ermittelten, in Praktikumsbüchern behandelten Inhalte verwendet. Eventuelle Negativnennungen (zum Beispiel „Keine Röntgenversuche") sind in diesem Zusammenhang negativ zu zählen.

Auf diese Weise lassen sich die von den Experten für das Praktikum gewünschten Inhalte in Form von Kategorien ermitteln. In einem zweiten Schritt ist dann anhand zusätzlicher Quellen zu erarbeiten, durch welche Lerngegenstände die Kategorie im Sinne einer Elementarisierung sinnvoll repräsentiert wird. Als zusätzliche Quellen werden hier bestehende Praktikumsanleitungen, Literatur zu Praktika im allgemeinen und Speziallliteratur zu einzelnen Themen herangezogen.

4.4 Untersuchung

Zur Erhebung der mit Praktikum verbundenen Ziele und Inhalte wurde eine Befragung mit den folgenden offenen Fragen unter den Experten durchgeführt:

1. Was sollte mit dem physikalischen Praktikum für Physiker erreicht werden (Ziele)?

2. Welche Inhalte sollten im physikalischen Praktikum für Physiker behandelt werden? Welche halten Sie eher für unnötig?

Die Befragung wurde im Wintersemester 2000/2001 an der Heinrich-Heine-Universität in Düsseldorf durchgeführt. Befragt wurden Studenten im zweiten Studienabschnitt, Professoren und wissenschaftliche Mitarbeiter (einschließlich Doktoranden). Insgesamt wurden 109 Experten befragt. Davon haben 39 Experten den Fragebogen beantwortet. Dies entspricht einem Rücklauf von circa 36 Prozent.

Von den 39 Experten, die den Fragebogen beantwortet haben, waren 6 Professoren, 19 wissenschaftliche Mitarbeiter und 14 Studenten. Als Betreuer im Anfängerpraktikum haben bis zum Zeitpunkt der Befragung 13 Experten gearbeitet; 10 Experten waren theoretische Physiker. Die Zahl der Professoren entspricht bezogen auf die Gesamtzahl der Professoren im Fach Physik (15) ungefähr dem Rücklauf. Die überproportional hohe Zahl der wissenschaftlichen Mitarbeiter kommt durch die hohe Zahl der Doktoranden, die den Fragebogen beantwortet haben, zustande. Die niedrige Zahl der Studenten ist auf die schlechte Erreichbarkeit der Studenten im zweiten Studienabschnitt zu erklären, sofern diese nicht in einem der Institute angestellt sind.

4.4.1 Ziele

Aus den Antworten der Experten wurden Items gebildet. Dazu wurden innerhalb der Antworten Phrasen, die Zielformulierungen enthalten, isoliert und extrahiert. Im Folgenden ist ein Ausschnitt aus einer typischen Antwort auf die Frage nach den Zielen des physikalischen Praktikums wiedergegeben:

> Umgang mit Geräten/Apparaturen und Vorgehensweisen in den verschiedenen Sachgebieten. Bezogen auf die Aufnahme und Auswertung von Messdaten. Wichtig fände ich auch im jeweiligen Zusammenhang eine Abschätzung für die jeweiligen Fehler machen zu können. Es wäre schön wenn innerhalb des Praktikums anschaulich würde, was physikalisch passiert.

Daraus wurden die folgenden Items extrahiert:

- Umgang mit Geräten/Apparaturen [erlernen]
- Umgang mit Vorgehensweisen [erlernen]
- Abschätzungen für die jeweiligen Fehler machen zu können
- [Es soll] anschaulich [werden] was physikalisch passiert

Aus den Antworten auf die Frage, welche Ziele mit dem Physikalischen Praktikum für Physiker erreicht werden sollen, konnten insgesamt 146 Items ermittelt werden. Das entspricht gemittelt 3,7 Items pro Person.

Auswertung der Kategorisierung nach Hauptzielen

Die Items wurden in einem ersten Schritt nach den im Rahmen der EU-Studie ermittelten Hauptzielen kategorisiert. Tabelle 4.2 zeigt den dem obigen Beispiel entsprechenden Ausschnitt der Kategorisierung.

Das erste Item in der Tabelle bezieht sich auf den Umgang mit Messgeräten als konkrete Fähigkeit, die bei der Arbeit am Experiment benötigt wird. Es wurde entsprechend der

Item	Kategorie
Umgang mit Geräten/Apparaturen [erlernen]	B
Umgang mit Vorgehensweisen [erlernen]	C
Abschätzungen für die jeweiligen Fehler machen zu können	B
[Es soll] anschaulich [werden] was physikalisch passiert	A

Tabelle 4.2: Beispiel für die Kategorisierung der Items aus der Befragung zu den Zielen des physikalischen Praktikums nach Hauptzielen

Kategorienbeschreibung in Anhang C.1 dem Hauptziel „(B) Experimentelle Fähigkeiten erwerben" zugeordnet. Das zweite Beispiel bezieht sich auf allgemeine Vorgehensweisen zur Aufname und Auswertung von Messdaten. Es wurde als „(C) Methoden wissenschaftlichen Denkens kennenlernen" kategorisiert. Das dritte Beispiel spricht die Fehleranalyse beim Experimentieren an. Da konkret Fehler und weniger Methoden zur Auswertung angesprochen werden, wurde das Item der Kategorie „(B) Experimentelle Fähigkeiten erwerben" zugeschrieben. Das letzte Beispiel zielt auf die Visualisierung physikalischer Phänome und gehört damit zur Kategorie „(A) Theorie und Praxis verbinden".

Um die Kategorisierung abzusichern, wurden die Items von drei weiteren Personen jeweils unabhängig kategorisiert. Der Übereinstimmungskoeffizient wurde nach Bennett et al. (1954) durch Korrektur der Übereinstimmungen um die zufälligen Übereinstimmungen und Renormierung gebildet. Dabei entspricht k der Anzahl der Kategorien und p_0 der beobachteten, auf Eins normierten Übereinstimmung:

$$S = \frac{k}{k-1}(p_0 - \frac{1}{k}) \quad (4.1)$$

Dieses Verfahren ergab eine durchschnittliche korrigierte Übereinstimmung zwischen den Ratern von 81 Prozent. Da nach der Korrektur eine vollständig systematische Übereinstimmung 100 Prozent und eine vollständig zufällige Übereinstimmung 0 Prozent entspricht, kann aufgrund des erhaltenen Wertes die Übereinstimmung und damit die Kategorisierung als überwiegend systematisch eingeschätzt werden. Die mittlere Fehleinschätzung von 19 Prozent ist in der unterschiedlichen Interpretation der Kategorien begründet. Die Hauptziele von Welzel et al. (1998) stellen also, wie angenommen, eine geeignete Basis der Ziele von Praktika dar.

Die Wichtigkeit, die die Experten den einzelnen Zielen zuweisen, wird aus der Zahl der Befragten abgeleitet, die dieses Ziel genannt haben. Unter Befragten werden in diesem Zusammenhang ausschließlich diejenigen Experten verstanden, die den Fragebogen beantwortet haben. Um eine Verfälschung durch die mehrfache Nennung eines Ziels durch dieselbe Person zu vermeiden, werden mehrere Nennungen als eine gewertet. Eine Nennung entspricht

4 FACHLICHE KLÄRUNG 55

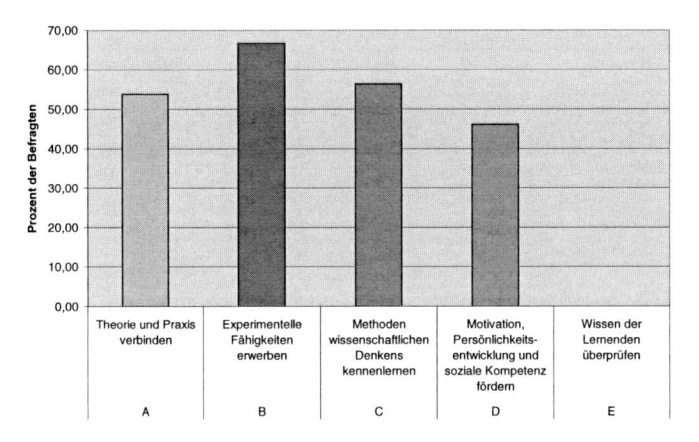

Abbildung 4.2: Hauptziele der Experten

damit einem Befragten, der das entsprechende Ziel mindestens einmal genannt hat. Die Ergebnisse der Auswertung sind in Abbildung 4.2 aufgetragen. Die meisten Befragten nennen das Ziel „(B) Experimentelle Fähigkeiten erwerben". Damit wird der Erwerb von experimentellen Fähigkeiten als wichtigstes Ziel eingeschätzt. Die Ziele „(C) Methoden wissenschaftlichen Denkens kennenlernen" und „(A) Theorie und Praxis verbinden" können mit ungefähr gleich vielen Nennungen als gleich wichtig in der Einschätzung der Experten aufgefasst werden. Neben den fachbezogenen Zielen wird auch das Ziel „(D) Motivation, Persönlichkeitsentwicklung und soziale Kompetenz fördern" von fast der Hälfte der Befragten genannt. Auffällig ist, dass keine Nennungen auf das Ziel „(E) Überprüfung des Wissens der Lernenden" entfallen. Die Experten in Düsseldorf verstehen demnach, im Gegensatz zu den von Welzel et al. (1998) befragten Experten, Praktika nicht als ein Instrument zur Überprüfung des Wissens der Lernenden.

Auswertung der Kategorisierung nach Unterzielen

Die Hauptziele, die mit Praktika verbunden werden, sind durch eine gewisse Abstraktion gekennzeichnet. Um geeignete Voraussetzungen zur Entwicklung einer Lernumgebung zu schaffen, ist es notwendig, das Verständnis der Experten von den einzelnen Hauptzielen zu konkretisieren. Dazu wurden die zu den jeweiligen Hauptzielen gehörigen Items in einem zweiten Schritt nach Unterzielen kategorisiert.

Da die im Rahmen der EU-Studie ermittelten Unterziele aufgrund der fach- und bildungseinrichtungsübergreifenden Population relativ allgemein sind, wurden die Unterziele auf dieser Grundlage teilweise neu oder präziser formuliert. Um Items aufzufangen, die so allgemein formuliert sind, dass sie keine Konkretisierung zulassen, wurde jeweils das erste Unterziel allgemein im Sinne des Hauptziels formuliert. Damit ergaben sich für die jeweiligen Hauptkategorien die folgenden Unterzielkategorien:

(A) Theorie und Praxis verbinden

    (A1) Die Verbindung von Theorie und Praxis zu demonstrieren

    (A2) Theorie durch Experimente zu verifizieren

    (A3) Theorie durch Experimente zu illustrieren

    (A4) Theorie zu erwerben und zu vertiefen

    (A5) Aufgrund von Experimenten Theorien formulieren zu lernen

    (A6) Theorie anzuwenden

(B) Experimentelle Fähigkeiten erwerben

    (B1) Experimentieren zu lernen

    (B2) Messgeräte einsetzen zu lernen

    (B3) Messwerte protokollieren zu lernen

    (B4) Fehleranalyse eines Experiments zu erlernen

    (B5) Handwerkliche Fähigkeiten zu erlernen

    (B6) Sorgfältiges Arbeiten zu erlernen

(C) Methoden wissenschaftlichen Denkens erlernen

    (C1) Wissenschaftliche Denk- und Arbeitsweisen zu erlernen

    (C2) Planung von Experimenten zu erlernen

    (C3) Auswertung und Interpretation von Daten zu erlernen

    (C4) Fragestellungen formulieren zu lernen

(D) Motivation, Persönlichkeitsentwicklung und soziale Kompetenz fördern

    (D1) Allgemeine Persönlichkeitsmerkmale positiv zu entwickeln

    (D2) Zu motivieren

    (D3) Interesse zu wecken

    (D4) Selbstständiges Denken und Arbeiten zu erlernen

    (D5) An die Universität zu binden

    (D6) Teamarbeit zu erlernen

Ein Beispiel für die Kategorisierung zeigt Tabelle 4.3. Für das erste Beispiel liegt mit „(B2) Messgeräte einsetzen zu lernen" ein unmittelbar passendes Unterziel vor. Das darauf folgende Beispiel wird wegen der allgemeinen Formulierung dem entsprechenden Unterziel „(C1) Wissenschaftliche Denk- und Arbeitsweisen zu erlernen" zugeordnet. Das dritte Beispiel fordert als Ziel von Praktikum die Abschätzung von Fehlern und wurde daher als „(B4)

4 FACHLICHE KLÄRUNG 57

Fehleranalyse eines Experiments zu erlernen" kategorisiert. Da im letzten Beispiel gefordert wird, dass physikalische Inhalte anschaulich werden, gehört es zum Unterziel „(A3) Theorie durch Experimente zu illustrieren".

Item	Hauptziel	Unterziel
Umgang mit Geräten/Apparaturen [erlernen]	B	B2
Umgang mit Vorgehensweisen [erlernen]	C	C1
Abschätzungen für die jeweiligen Fehler machen zu können	B	B4
[Es soll] anschaulich [werden] was physikalisch passiert	A	A3

Tabelle 4.3: Beispiel für die Kategorisierung der Items aus der Befragung zu den Zielen des physikalischen Praktikums nach Unterzielen

Auch für die Kategorisierung nach (den modifizierten) Unterzielen wurde ein Co-Rating durchgeführt. Dabei sind Items, die unterschiedlichen Hauptziele zugewiesen wurden, nicht berücksichtigt worden, da sonst das Ergebnis von der Trennschärfe der Hauptziele abhängen würde. Tabelle 4.4 zeigt die nach Gleichung 4.1 bestimmten mittleren korrigierten Übereinstimmungen für die Unterziele der jeweiligen Hauptziele. Auch die Kategorisierung nach Unterzielen kann bei einer niedrigsten Übereinstimmung von 79 Prozent als systematisch betrachtet werden.

	Hauptziel	Übereinstimmung
(A)	Theorie und Praxis verbinden	93 %
(B)	Experimentelle Fähigkeiten erwerben	91 %
(C)	Methoden wissenschaftlichen Denkens kennenlernen	79 %
(D)	Motivation, Persönlichkeitsentwicklung und soziale Kompetenz fördern	84 %

Tabelle 4.4: Mittlere korrigierte Übereinstimmung im Co-Rating der Unterziele für die jeweiligen Hauptkategorien

Die Auswertung der Unterziele „(A) Theorie und Praxis verbinden" ist in Abbildung 4.3 dargestellt. Die meisten Nennungen entfallen mit über 30 Prozent auf das Unterziel „(A4) Theorie zu erwerben und zu vertiefen". In Relation können die Unterziele „(A1) Die Verbindung von Theorie und Praxis demonstrieren" „(A3) Theorie durch Experimente zu illustrieren" und „(A6) Theorie anwenden" mit Nennungen zwischen 10 und 20 Prozent als gleichberechtigt berücksichtigt werden. Die beiden verbleibenden Ziele, die sich auf einen induktiven oder deduktiven Zusammenhang von Theorie und Praxis beziehen, werden mit 10 Prozent oder weniger als nicht maßgeblich angesehen. Unter dem Hauptziel „(A) Theo-

58   4 FACHLICHE KLÄRUNG

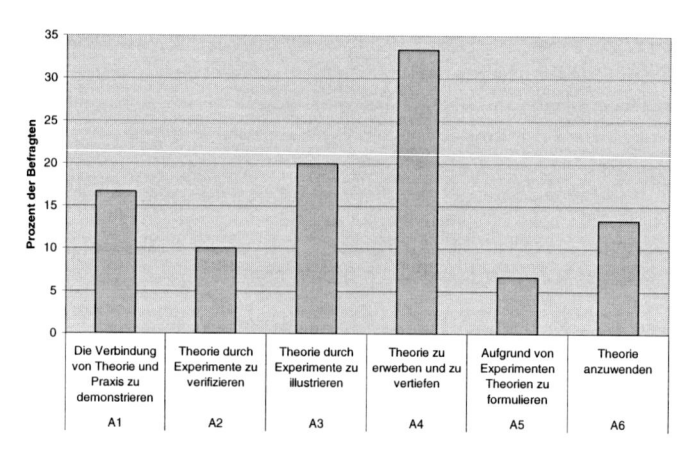

Abbildung 4.3: Unterziele der Experten zum Hauptziel „(A) Theorie und Praxis verbinden"

rie und Praxis verbinden" wird damit im Wesentlichen der Erwerb und die Vertiefung von Theorie verstanden. Offen bleibt hier wie hoch die Anteile von neu erworbener Theorie im Vergleich zu vertiefter Theorie sein sollen.

Wie Abbildung 4.4 zeigt, weist beim Hauptziel „(B) Experimentieren lernen" das erste (allgemeine) Unterziel „(B1) Experimentieren zu lernen" die meisten Nennungen auf. Mit der zweithöchsten Häufigkeit wird das Unterziel „(B2) Messgeräte einsetzen zu lernen" genannt. Eine ebenfalls nicht zu vernachlässigende Zahl von Nennungen entfällt auf das Unterziel „(B5) Handwerkliche Fähigkeiten zu erlernen". Den drei verbleibenden Zielen, die sich auf

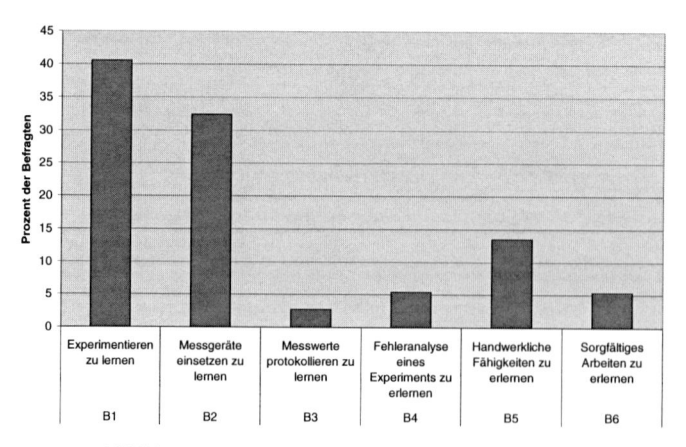

Abbildung 4.4: Unterziele der Experten zum Hauptziel „(B) Experimentelle Fähigkeiten erwerben"

4 FACHLICHE KLÄRUNG 59

einzelne Fähigkeiten im experimentellen Prozess beziehen, wird mit deutlich unter 10 Prozent keine Priorität beigemessen. Unter dem Hauptziel „(B) Experimentieren lernen" wird also allgemein verstanden, dass die Fähigkeit des Experimentierens als wichtiger Teil der Tätigkeit eines Physikers erlernt werden soll. Darüber hinaus werden Kenntnisse und Fähigkeiten im Bezug auf Messgeräte als sehr wichtig eingeschätzt. Unter Messgeräten sind dabei allgemein Geräte als Teil der experimentellen Umgebung zu verstehen.

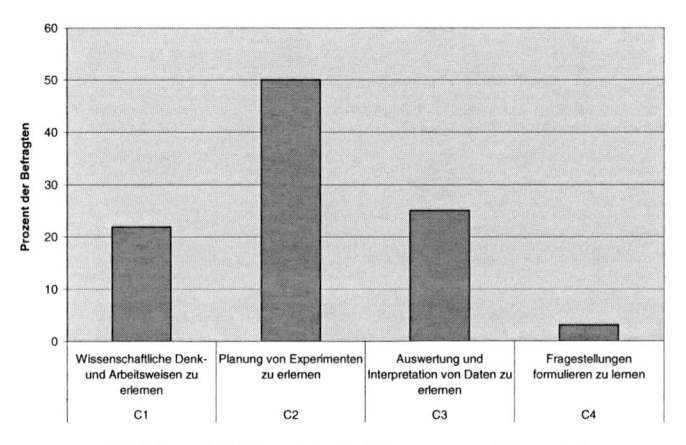

Abbildung 4.5: Unterziele der Experten zum Hauptziel „(C) Methoden wissenschaftlichen Denkens kennenlernen"

Ungefähr die Hälfte der Befragten gibt bei den Unterzielen zu „(C) Methoden wissenschaftlichen Denkens kennenlernen" die „(C2) Planung von Experimenten zu erlernen" an (Abbildung 4.5). Mit großem Abstand folgen die Ziele „(C1) Wissenschaftliche Denk- und Arbeitsweisen zu erlernen" sowie „(C3) Auswertung und Interpretation von Daten zu erlernen". Das Ziel „(C4) Fragestellungen formulieren zu lernen" kann aufgrund der niedrigen Zahl von Nennungen vernachlässigt werden. Unter den Methoden wissenschaftlichen Denkens kennenlernen verstehen die Experten in Düsseldorf also in erster Linie die Planung von Experimenten, sowie die Auswertung und wissenschaftliche Analyse der im Verlauf des Experiments erhaltenen Daten.

Von den meisten Befragten wird als Unterziel von „(D) Motivation, Persönlichkeitsentwicklung und soziale Kompetenz fördern" das Ziel „(D2) Zu motivieren" genannt (Abbildung 4.6). Die mit Abstand folgenden, gleichwertig eingeschätzten Ziele „(D1) Allgemeine Persönlichkeitsmerkmale zu entwickeln" und „(D4) Selbstständiges Denken und Arbeiten zu erlernen" zielen auf die Entwicklung persönlicher Fähigkeiten ab. Das letzte nicht zu vernachlässigende Unterziel „(D3) Interesse zu wecken" lässt sich wie das erste wieder im Bereich affektiver Aspekte einordnen. Damit ist das Hauptziel „(D) Motivation, Persönlich-

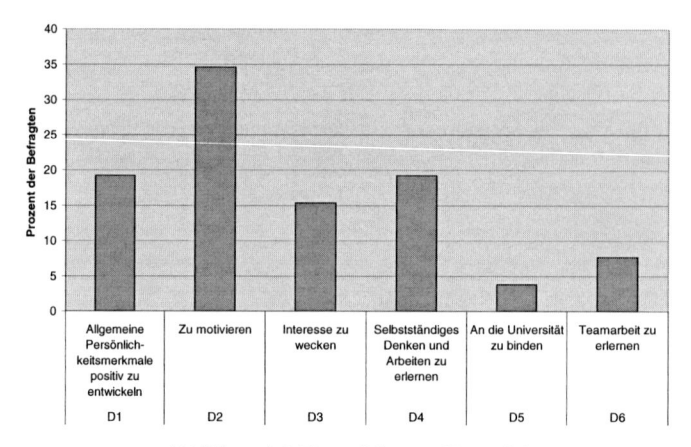

Abbildung 4.6: Unterziele zum Hauptziel
„(D) Motivation, Persönlichkeitsentwicklung und soziale Kompetenz fördern"

keitsentwicklung und soziale Kompetenz fördern" eher im Bereich der Begünstigung positiver, affektiver Aspekte als im Bereich der Entwicklung persönlicher Fähigkeiten anzusiedeln.

Zusammenfassend gesehen lässt sich als wichtigstes Hauptziel von Praktikum „(B) Experimentelle Fähigkeiten lernen" mit den Unterzielen „(B1) Experimentieren zu lernen" und „(B2) Messgeräte einsetzen zu lernen" identifizieren. Darauf folgen die Hauptziele „(C) Methoden wissenschaftlichen Denkens kennenlernen" und „(A) Theorie und Praxis verbinden" mit den Unterzielen „(C2) Planung von Experimenten" und „(A4) Theorie zu erwerben und zu vertiefen".

Bei der Interpretation dieser Ergebnisse bleiben aber zunächst die folgenden offenen Fragen:

1. Was verstehen die Experten unter „Experimentieren können"?
2. Wie weit sollte der Erwerb von Theorie im Praktikum gehen?

Zur Beantwortung dieser offenen Fragen wurden Interviews mit den an der Heinrich-Heine-Universität Düsseldorf lehrenden Professoren durchgeführt. Dabei wurden die Professoren gefragt:

1. Welche Fähigkeiten verstehen Sie unter dem Begriff „Experimentieren können"?
2. Es gibt die Vorstellung, dass Studenten im Anfängerpraktikum auch Theorie-Kenntnisse erlernen sollten; in welchem Umfang und wie würden Sie sich das vorstellen?

Insgesamt konnten 5 von 15 Professoren interviewt werden. Da die Befragten eine audiovisuelle Aufzeichnung der Gespräche abgelehnt haben, wurden die Interviews neben dem

4 FACHLICHE KLÄRUNG 61

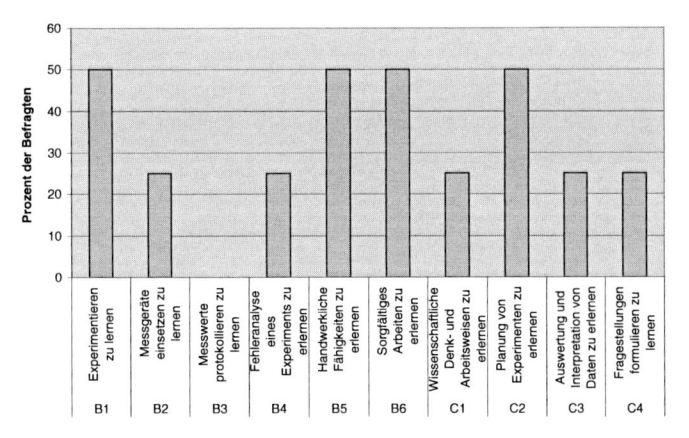

Abbildung 4.7: Auswertung zur Frage „Welche Fähigkeiten verstehen Sie unter dem Begriff „Experimentieren können"?"

Befragten und dem Interviewer mit einem Protokollanten durchgeführt, der die Interviews stichwortartig protokolliert hat.

Aus den Antworten zur ersten Frage wurden Items gebildet und diese nach den bisher verwendeten Unterzielen kategorisiert. Abbildung 4.7 zeigt, dass die Kategorisierung zwar auf die Unterziele von „(B) Experimentelle Fähigkeiten erlernen" und „(C) Methoden wissenschaftlichen Denkens kennenlernen" beschränkt ist, aber über diese Ziele weit gestreut ist. Offensichtlich kann die Fähigkeit „Experimentieren können" nicht näher spezifiziert werden.

P1	· Nicht über den Stoff hinaus gehend, der in den Vorlesungen vermittelt wird
	· Keine neuen Themen
P2	· Kein Bedarf, im Praktikum Theorie zu vermitteln
	· Theorie im Sinne physikalischen Hintergrundwissens sollte nur behandelt werden, um Physik zu verstehen, das heißt Zusammenhänge zu verstehen
P3	· Keine Instrumentalisierung
P4	· Theorie gehört nicht ins Praktikum
P5	· Praktikum darf nicht als Mittel zur Vermittlung von Theorie missbraucht werden

Tabelle 4.5: Items, die aus den Antworten zur Frage „Es gibt die Vorstellung, dass Studenten im Anfängerpraktikum auch Theorie-Kenntnisse erlernen sollten, in welchem Umfang und wie würden Sie sich das vorstellen?" gebildet wurden.

Auch für die zweite Frage wurden aus den Antworten Items gebildet und bezüglich der Befürwortung oder Ablehnung des Neuerwerbs von Theorie analysiert. Wie Tabelle 4.5 zeigt, haben sich alle befragten Professoren gegen einen Neuerwerb von Theorie ausgesprochen. Viele der befragten Professoren betonten, dass das Praktikum nicht zur Vermittlung von Theorie eingesetzt werden sollte. Demnach sollte die im Praktikum vorausgesetzte beziehungsweise behandelte Theorie den in den Grundvorlesungen behandelten Stoff nicht überschreiten.

4.4.2 Inhalte

Die Antworten zur Frage nach den Inhalten, die die Experten mit Praktikum verbinden, wurden in Items eingeteilt und anschließend kategorisiert. Als Kategorien wurden zunächst die in Abschnitt 4.2 ermittelten physikalischen Themenbereiche herangezogen. Für Items, die außerhalb dieser physikalischen Themenbereiche lagen, wurden neue Kategorien gebildet. Wegen der hohen Trennschärfe der Kategorien, die aus der Abgrenzung klassischer physikalischer Themenbereiche gegeneinander und gegen andere Themenbereiche resultiert, wurde auf ein Co-Rating verzichtet.

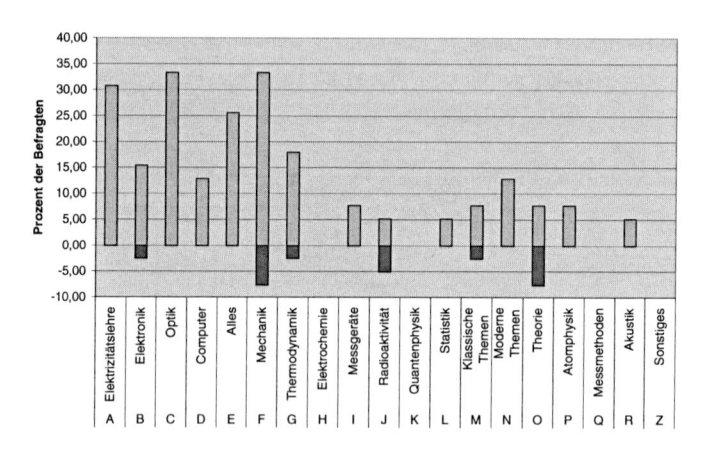

Abbildung 4.8: Auswertung der Befragung zu Inhalten von Praktikum

Abbildung 4.8 zeigt eine Übersicht über alle Kategorien und die dazugehörige Zahl an Nennungen. Im Gegensatz zur Ziele-Befragung traten hier auch Items auf, die bestimmte Themen explizit ablehnen. Diese Items wurden als negative Nennungen gewertet. Im wesentlichen werden solche Inhalte präferiert, die bereits in Abschnitt 4.2 als klassische Inhalte von Praktika ermittelt wurden. Auffallend viele Nennungen entfallen auf die Kategorie „(E) Alles", die Items mit Allaussagen enthält, wie zum Beispiel „Im Praktikum sollte ein Überblick über die ganze Physik gegeben werden". Daneben sind auch die Kategorien „(D) Computer"

4 FACHLICHE KLÄRUNG 63

und „(N) Moderne Themen" nicht zu vernachlässigen. Bei den negativen Nennungen fällt vor allem die Kategorie „(Q) Theorie" auf, die ebensoviele positive wie negative Nennungen aufweist. Außerdem fallen Negativnennungen in die Kategorien „(F) Mechanik", „(J) Radioaktivität", „(M) Klassische Themen", sowie „(B) Elektronik" und „(G) Thermodynamik". Sieht man von der Kategorie „(B) Elektronik" ab, dann entsprechen diese Kategorien physikalischen Themenbereichen, die als ausführlich erforscht gelten. Das ist zusammen mit den zahlreichen Nennungen zu „(N) Moderne Themen" ein Hinweis darauf, dass Praktika als überaltert empfunden werden.

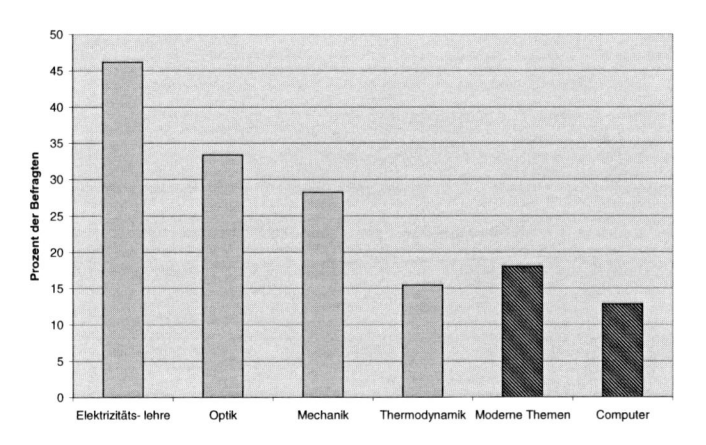

Abbildung 4.9: Details der Befragung zu Inhalten von Praktikum

In Abbildung 4.9 sind nur die Kategorien angegeben, die von mehr als 10 Prozent der Befragten genannt wurden. Die Bereiche „(A) Elektrizitätslehre" und „(B) Elektronik" sind hier in einem Bereich „Elektrizitätslehre" zusammengefasst worden. An dieser Abbildung wird deutlich, dass verschiedene Dimensionen von Inhalten für Praktikum gefordert werden: Während die linken vier Kategorien unter der Inhaltsdimension „Physikalische Inhalte" zusammengefasst werden können, stellen die Kategorien „Moderne Themen" und „Computer" jeweils eigene Inhaltsdimensionen dar. Ein Versuch im Praktikum entspricht in diesem Verständnis einem Punkt im Inhaltsdimensionsraum: Für jeden Versuch sind die Inhalte innerhalb jeder Inhaltsdimension festzulegen.

Neben den aus der Befragung gewonnenen Inhaltsdimensionen ergeben sich weitere Inhaltsdimensionen aus den für das physikalische Praktikum formulierten Zielen: Aus dem Ziel „(B) Experimentelle Fähigkeiten erwerben" beziehungsweise „(B2) Messgeräte einsetzen zu lernen" folgt die Inhaltsdimension „Geräte". Diese umfasst die Inhaltsdimension „Computer". Unter dem Ziel „(C) Methoden wissenschaftlichen Denkens kennenlernen" wurde im wesentlichen die „(C2) Planung von Experimenten" verstanden. Die Planung von Experimenten setzt neben wissenschaftstheoretischen Kenntnisse im wesentlichen Kenntnisse im Bereich Geräte und Methoden voraus. Damit sind inhaltlich zusätzlich Wissenschaftstheorie und Methoden zur Planung von Experimenten zu berücksichtigen. Aus den anderen Zielen folgen keine zusätzlichen fachlichen Inhalte beziehungsweise Inhaltsdimensionen. Damit ergeben sich aus der Befragung die folgenden Inhaltsdimensionen, die die Experten mit Praktikum verbinden:

- Physikalische Inhalte
- Moderne Themen
- Geräte
- Methoden
- Wissenschaftstheorie

Die Inhaltsdimension „Physikalischen Inhalte" umfasst dabei insbesondere die folgenden Elemente:

- Elektrizitätslehre und Elektronik
- Optik
- Mechanik
- Thermodynamik

Für die anderen Inhaltsdimensionen sind diese noch festzulegen. Die Elemente der Inhaltsdimension „Geräte" wurden anhand von Literatur zu physikalischen Praktika aus den letzten Jahren ermittelt (Walcher 1994; Geschke 1998; Eichler et al. 2001). Dazu wurde eine Liste der Geräte, die üblicherweise in physikalischen Praktika behandelt werden, erstellt. Diese Liste wurde nach physikalischen Teilbereichen gegliedert und die einzelnen Geräte wurden hinsichtlich ihrer Modernität überprüft. Dabei wurde als Kriterium die Häufigkeit, mit der diese Geräte in Forschungslabors eingesetzt werden, zugrunde gelegt. Geräte, wie zum Beispiel das physikalische Pendel, die bisher in physikalischen Praktika ausführlich behandelt wurden, fallen entsprechend weg. Aus der Bearbeitung ergibt sich die folgende Liste von Geräten, die bisher im Praktikum behandelt wurden und heute noch eine hinreichende Aktualität aufweisen:

- **Elektrizitätslehre und Elektronik**
  Multimeter, Oszilloskop, Speicheroszilloskop, Elektrische Bauelemente, Digitale Bauelemente, Spannungsquelle, Stromquelle, Halbleiter, Transformator
- **Optik**
  Lichtquellen, Linsen, Optische Bauelemente, Linsensysteme, Mikroskop, Fernrohr, Spektrometer, Interferometer, Refraktometer, Polarimeter

- **Mechanik**
  Schieblehre, Schraubenmikrometer, Kathetometer, Waage, Schallwandler, Viskosimeter
- **Thermodynamik**
  Thermometer, Kalorimeter

Der Inhaltsdimension „Wissenschaftstheorie" wird gegenüber den anderen Inhaltsdimensionen eine niedrigere Priorität eingeräumt, weil im Grundpraktikum vor allem grundlegende Kenntnisse vermittelt werden sollen. Das heißt in diesem Fall hinsichtlich der Planung von Experimenten, dass vor allem grundlegende Geräte und Methoden behandelt werden sollen. In der Inhaltsdimension „Methoden" sollen Methoden zur Planung von Experimenten, das heißt im weitesten Sinne Methoden zur Entwicklung und zum Aufbau von Experimenten, berücksichtigt werden. Das umfasst die Methoden der (modernen) Messtechnik. Nach (DIN 1319 1995) beziehen sich diese Methoden auf den Aufbau einer Messeinrichtung, die aus einer oder mehreren Messketten besteht. Eine Messkette umfasst

- Messaufnehmer (Sensor)
- Messumwandler (Signalerzeuger, Verstärker, A/D-Wandler)
- Ausgabe (Messwertanzeige, Computer)

Im Praktikum sollte jedes dieser Elemente der Messkette hinsichtlich der Methodik, aufgrund der dieses Element als Teil der Messeinrichtung eingesetzt wird, behandelt werden.

Grundsätzlich sollte jedem Versuch im physikalischen Praktikum, besser noch jeder Zeiteinheit des physikalischen Praktikums, jeweils ein Element oder Bereich jeder Inhaltsdimension zugeordnet werden.

Zusammenfassung

Die Fachliche Klärung dient der Erhebung fachwissenschaftlicher Vorstellungen bezüglich des physikalischen Praktikums für Physiker. Darunter werden die mit dem physikalischen Praktikum verbundenen Ziele und Inhalte der Experten verstanden.

Die Ziele, die mit dem physikalischen Praktikum verbunden werden, sind bereits seit den sechziger Jahren ausführlich untersucht. Einen vollständigen und konsensfähigen Satz von Zielen stellen die von Welzel et al. (1998) im Rahmen einer europaweiten Studie ermittelten dar:

(A) Theorie und Praxis verbinden

(B) Experimentelle Fähigkeiten erwerben

(C) Methoden wissenschaftlichen Denkens kennenlernen

(D) Motivation, Persönlichkeitsentwicklung und soziale Kompetenz fördern

(E) Wissen der Lernenden überprüfen

Sie wurden als Kategorien der Auswertung einer offenen Befragung von Experten der Heinrich-Heine-Universität in Düsseldorf zugrunde gelegt. Die Prioritäten, die den einzelnen Zielen beigemessen werden, wurden aus der Zahl der Befragten, die dieses Ziel genannt haben, abgeleitet. Für die Ziele, die die Experten an der Heinrich-Heine-Universität mit dem physikalischen Praktikum für Physiker verbinden, wurde die folgende Reihenfolge ermittelt:

(B) Experimentelle Fähigkeiten erwerben

(C) Methoden wissenschaftlichen Denkens kennenlernen

(A) Theorie und Praxis verbinden

Dabei werden unter dem Ziel „(B) Experimentelle Fähigkeiten erwerben" neben allgemeinen, experimentbezogenen Fähigkeiten die Fähigkeit zur Handhabung und Kenntnisse zu den Eigenschaften von Geräten, insbesondere Messgeräten, verstanden. Unter dem Ziel „(C) Methoden wissenschaftlichen Denkens kennenlernen" wird vor allem die Planung von Experimenten verstanden. Darüber hinaus aber auch die Auswertung und Interpretation experimenteller Daten. Unter dem Ziel „(A) Theorie und Praxis verbinden" wird ausschließlich der Bezug auf die bereits aus den Grundvorlesungen bekannte Theorie verstanden, nicht aber der Neuerwerb von Theorie. Neben diesen Zielen, die sich speziell auf Praktikum beziehen, werden mit dem vierten Ziel „(D) Motivation, Persönlichkeitsentwicklung und soziale Kompetenz fördern" auch allgemeine pädagogische Ziele verfolgt. Dabei soll das Praktikum vor allem im Hinblick auf die Ausbildung motivieren und Interesse wecken.

Die Analyse von Praktikumsbüchern hinsichtlich der Inhalte von Praktikum zeigt, dass im physikalischen Praktikum die Teilbereiche Elektrizitätslehre, Optik, Mechanik und Thermodynamik klassische Inhalte darstellen. Zusätzlich werden vereinzelt aktuelle Themen behandelt. Die so ermittelten Inhalte wurden analog zur Befragung nach den Zielen als Kategorien zur Auswertung einer offenen Befragung herangezogen. Zur Kategorisierung mussten jedoch noch weitere Kategorien hinzugefügt werden. Insgesamt konnten zusammen mit den Inhalten, die sich als Folge der für Praktikum formulierten Ziele ergeben, fünf unterschiedliche Inhaltsdimensionen ermittelt werden:

- Physikalische Themen
- Moderne Themen
- Geräte
- Methoden

4 FACHLICHE KLÄRUNG 67

- Wissenschaftstheorie

Für die einzelnen Inhaltsdimensionen wurden im Rahmen der fachlichen Klärung Elemente ermittelt. So konnten zum Beispiel für die Inhaltdimension „Physikalische Themen" die folgenden Elemente und die Prioritäten, die ihnen von den Experten beigemessen werden, aus der Befragung ermittelt werden:

- Elektrizitätslehre und Elektronik
- Optik
- Mechanik
- Thermodynamik

Für die anderen Inhaltsdimensionen wurden die einzelnen Elemente wie in Abschnitt 4.4.2 beschrieben, ermittelt.

Schlussfolgerungen aus der Fachlichen Klärung

Im Physikalischen Praktikum für Physiker sollen

FK 1.1 experimentelle Fähigkeiten erworben werden.

FK 1.2 als Teil experimenteller Fähigkeiten die Handhabung von Messgeräten erlernt werden.

FK 2.1 Methoden wissenschaftlichen Denkens kennengelernt werden.

FK 2.2 als Teil der Methoden wissenschaftlichen Denkens die Planung von Experimenten erlernt werden.

FK 3.1 Theorie und Praxis verbunden werden.

FK 3.2 als Teil der Verbindung von Theorie und Praxis vorhandene theoretische Kenntnisse vertieft werden.

FK 4.1 die Inhaltsdimensionen „Physikalische Themen", „Moderne Themen", „Geräte", „Methoden" und „Wissenschaftstheorie" berücksichtigt werden.

FK 4.2 die Elemente der Inhaltsdimensionen wie in Abschnitt 4.4.2 spezifiziert berücksichtigt werden.

Kapitel 5

Lernerperspektive

Im Modell der Didaktischen Rekonstruktion nach Kattmann et al. (1997) dient die Erhebung der Schülervorstellungen der Integration der auf den Unterrichtsgegenstand bezogenen Vorstellungen der Schüler bei der Rekonstruktion desselben (Abschnitt 3.1).

Neben den auf den Unterrichtsgegenstand bezogenen Schülervorstellungen sind hier, wie bei der Fachlichen Klärung, alle auf die Lernumgebung bezogenen Vorstellungen der Schüler zu erheben. Darüber hinaus sind nach Kattmann et al. (1997) die Änderungen in den Vorstellungen der Schüler und deren Verlauf über die Zeit relevant für die Gestaltung der Lernumgebung. Die Gesamtheit dieser Vorstellungen und Vorstellungsänderungen bildet die Lernerperspektive.

In Abschnitt 5.1 werden zunächst die Forschungsfragen zur Rekonstruktion der Lernerperspektive formuliert. Bezogen auf die Forschungsfragen wird in Abschnitt 5.2 der Stand der Forschung dargestellt. In Abschnitt 5.3 werden die Untersuchungsmethoden erläutert und in Abschnitt 5.4 die durchgeführten Untersuchungen beschrieben und hinsichtlich der Forschungsfragen ausgewertet.

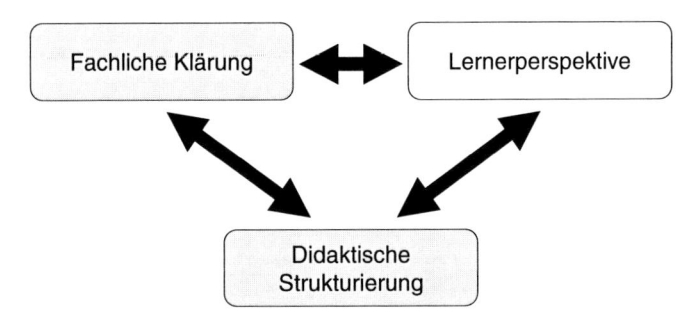

Abbildung 5.1: Lernerperspektive im Modell der Didaktischen Rekonstruktion

5.1 Forschungsfragen

Im Rahmen der Erhebung der Lernerperspektive sind die Vorstellungen der Lernenden zu erheben, die sich auf die Lernumgebung „Physikalisches Praktikum für Physiker" insgesamt und auf den jeweiligen Unterrichtsgegenstand im Detail beziehen. Da die Lernumgebung den Weg für Vorstellungsänderungen bereiten soll, muss darüber hinaus der Verlauf dieser Vorstellungsänderungen erhoben und untersucht werden; so können Informationen über den tatsächlichen im Vergleich zum intendierten Einfluss der Lernumgebung auf die Vorstellungen der Lernenden gewonnen werden.

Da Vorstellungen im Kontext dieser Arbeit ausschließlich als Konstruktionen des kognitiven Systems in persona des Lernenden aufgefasst werden, können die von Kattmann et al. (1997) betonten Vorstellungsänderungen als die Veränderungen kognitiver Strukturen und somit im Sinn des konsequent-konstruktivistischen Lernmodells als Lernprozess interpretiert werden (vergleiche Kapitel 2). Vorstellungen als Ausgangspunkt von Vorstellungsänderungen stellen einen Teil dieser Lernprozesse dar.

Lernprozesse unterliegen wie in Abschnitt 2.4 beschrieben einer Orientierung. Die Rekonstruktion einer stabilen Orientierung wird als Ziel aufgefasst. Die Ziele, die die Lernenden mit dem physikalischen Praktikum verbinden, nehmen damit eine zentrale Position bei der Erhebung der Lernerperspektive ein. Darüber hinaus ist der tatsächliche Verlauf von Lernprozessen zu erheben und zu analysieren.

Damit ergeben sich die folgenden Forschungsfragen zur Erhebung der Lernerperspektive:

- Welche **Ziele** verbinden die Lernenden mit dem physikalischen Praktikum für Physiker?

- Wie verlaufen die **Lernprozesse** der Lernenden im physikalischen Praktikum für Physiker?

5.2 Stand der Forschung

5.2.1 Ziele

Im Gegensatz zu den Zielen, die Experten mit dem Physikalischen Praktikum für Physiker verbinden, sind die Ziele der Lernenden bisher nicht so umfangreich untersucht worden. Allerdings zeigen die durchgeführten Untersuchungen, dass die von Studenten formulierten Ziele sich in der Aussage nicht von den von Experten formulierten Zielen unterscheiden. Im Vergleich sind jedoch unterschiedliche Prioritäten festzustellen. Das wird im Folgenden an

5 LERNERPERSPEKTIVE

zwei Untersuchungen beispielhaft verdeutlicht.

Eine der ersten Untersuchungen zu Zielen von Praktika, die auch Studenten mit einbezieht, wurde von Boud et al. (1980) durchgeführt. Dieser Studie liegt, wie in Abschnitt 4.2 beschrieben, ein Katalog von 22 Zielen zugrunde, die sich gemäß Tabelle 4.1 nach den Hauptzielen von Welzel et al. (1998) gruppieren lassen. Boud et al. (1980) lässt die befragten Studenten eine Ordnung der Ziele nach Wichtigkeit vornehmen. Dabei zeigt sich, daß die Studenten Ziele aus dem Bereich „(C) Methoden wissenschaftlichen Denkens kennenlernen" im Gegensatz zu den befragten Experten nicht unter den fünf wichtigsten Zielen einordnen. Umgekehrt werden, ebenfalls im Gegensatz zu den Experten, Ziele aus dem Bereich „(A) Theorie und Praxis verbinden" unter den fünf wichtigsten Zielen angegeben. Wie bei der Expertenbefragung auch wurden von den Studenten keine Ziele ergänzt, die nicht bereits im Katalog enthalten waren.

Eine von Haller (1999) im Rahmen der EU-Studie analog zur Befragung der Experten durchgeführte Befragung von Studenten des Faches Physik an der Universität Bremen ergab ebenfalls eine hohe Priorität für die Verbindung von Theorie und Praxis. Für die drei wichtigsten Ziele, die die Studenten mit Praktikum verbinden, ergab sich die folgende Reihenfolge:

(A) Theorie und Praxis verbinden
(B) Experimentelle Fähigkeiten erwerben
(C) Methoden wissenschaftlichen Denkens kennenlernen

Haller kommt zu dem Schluss, dass Studenten

> mit der Durchführung von Versuchen bei der Entwicklung eines ganzheitlichen Verständnisses von Physik unterstützt werden
>
> (Haller 1999, 71)

wollen, während Experten mit dem Praktikum im Wesentlichen den Erwerb experimenteller Fähigkeiten verbinden.

Während also festgehalten werden kann, dass die Ziele, die die Lernenden mit Praktikum verbinden, sich in der Gesamtheit nicht von den Zielen der Experten unterscheiden, so werden doch die Prioritäten bezüglich einzelner Ziele anders gesetzt. Insbesondere scheint für die Lernenden ein Bezug zwischen Theorie und Praxis von hoher Bedeutung zu sein. Eine Betrachtung der Bewertung der einzelnen Ziele bei Boud et al. (1980, 421) sowie der Unterziele bei Haller (1999) zeigt, dass dieser Bezug vor allem durch den Wunsch charakterisiert ist, den Erwerb und die Vertiefung von Theorie zu erleichtern.

5.2.2 Lernprozesse

Wie in Abschnitt 2.3 beschrieben liegt dieser Arbeit ein konsequent-konstruktivistisches Lernmodell zugrunde. Die Folgerungen, die sich aus der beschriebenen Modellierung von Lernen ergeben, sind in einer großen Zahl von Studien im Schul- und Hochschulbereich empirisch bestätigt worden (Fischer 1989; Welzel 1995; S. von Aufschnaiter & Welzel 1997a; S. von Aufschnaiter & Welzel 1997b; Schoster 1998; Lang 1998). Darüber hinaus konnten in weiteren Untersuchungen Informationen über den Verlauf von Lernprozessen insbesondere im Praktikum gewonnen werden (Haller 1999; Theyßen 1999; Saniter 2003).

Zur Analyse des Verlaufs von Lernprozessen werden im allgemeinen Prozessdaten in Form von Videoaufnahmen erhoben. Diese Prozessdaten sind im Kontext der theoretischen Modellierung nach Abschnitt 2.3 auszuwerten. Da kognitive Prozesse nicht direkt zugänglich sind, müssen sie als Ideen durch den Beobachter rekonstruiert werden. Für diese Rekonstruktion ist die Gruppierung von Handlungen und die Zuordnung zu kognitiven Prozessen notwendig und damit eine Einschätzung der Zeitskalen, auf denen die Prozesse ablaufen. Diese Zeitskalen konnten aufgrund der bei der Entwicklung des Lernmodells einbezogenen neurophysiologischen Forschungsergebnisse bereits theoretisch postuliert und in Untersuchungen der Lernprozessen von Schülern und Studenten bestätigt werden. Die Ergebnisse werden im Folgenden dargestellt.

Die in Abschnitt 2.3 beschriebenen zirkulären Prozesse entstehen gemäß der neurophysiologischen Forschungen im kognitiven System auf Zeitskalen unterhalb von 100 Millisekunden. Sie werden für dem kognitiven System vertraute Wahrnehmungen und Handlungen, wenn also keine Diskrepanzen auftreten, in weniger als 300 Millisekunden abgeschlossen. Zirkuläre Prozesse bestehen also in einem Zeitfenster zwischen 100 und 300 Millisekunden (Welzel 1995). Entstehen aus Diskrepanzen zwischen Wahrnehmung, Handlung und Erwartung „neue" Bedeutungskonstruktionen, so ist für eine Orientierung mindestens eine Größenordnung von 10 zirkulären Prozessen notwendig (Welzel 1995). Eine „neue" Bedeutungskonstruktion besteht also in einem Zeitfenster von 1 bis 3 Sekunden. Bedeutungskonstruktionen, die bereits in einem ähnlichen Kontext erzeugt wurden und damit nicht „neu" sind, werden in kürzerer Zeit erzeugt.

Für Bedeutungsentwicklungen konnte beobachtet werden, dass diese im Schnitt aus ungefähr 10 Bedeutungskonstruktionen bestehen (Welzel 1995). Das Zeitfenster für die Dauer von Bedeutungsentwicklungen beträgt damit 10 bis 30 Sekunden (C. von Aufschnaiter 1999). Kann innerhalb dieses Zeitrahmens keine viable Bedeutungskonstruktion entwickelt werden, beginnt das kognitive System mit einer neuen Bedeutungsentwicklung (C. von Aufschnaiter 1999, 17). Hinsichtlich dieses Ergebnisses ist die Modellierung der Lernprozesse, wie in Abschnitt 2.3 beschrieben, zu erweitern: Offensichtlich muss eine Bedeutungsentwicklung nicht notwendigerweise mit einer bezogen auf die Situation viablen Bedeutungskonstruktion enden. Vielmehr kann beobachtet werden, dass Lernende Bedeutungsentwicklungen abbrechen können. Aus konstruktivistischer Sicht können Bedeutungskonstruktionen, die zum Abbrechen einer Bedeutungsentwicklung führen, aber trotzdem als viabel erachtet werden. Sie dienen wie durch von Glasersfeld formuliert, der Aufrechterhaltung des kognitiven Systems. Durch eine solche Bedeutungskonstruktion wird die jeweilige Situation als nicht zu bewältigen bewertet.

Für die Komplexitäten von Bedeutungskonstruktionen (Abschnitt 2.3.4) konnte gezeigt werden, dass die Bedeutungskonstruktionen im Falle unbekannter Objekte fast ausschließlich auf den Ebenen Objekte und Fokussierungen einzuordnen sind. Die Ebene Operationen wird erst dann erreicht, wenn Bedeutungskonstruktionen auf den Ebenen Objekte und Fokussierungen sicher konstruiert werden können. Die Ebene Eigenschaften kann erst nach mehrfacher Wiederholung von Bedeutungskonstruktionen auf den darunter liegenden Ebenen konstruiert werden. Dasselbe gilt für höhere Komplexitäten: Erst nach einer gründlichen Ausdifferenzierung auf den unteren Ebenen werden Komplexitäten höherer Ebenen konstruierbar (Theyßen 1999).

Unabhängig von der speziellen Situation und der Person des Lernenden beginnen Bedeutungsentwicklungen also im Allgemeinen auf einer niedrigen und enden auf einer zunehmend höheren Komplexitätsebene; das heißt, Bedeutungsentwicklungen werden im Verlauf von Lernprozessen komplexer (S. von Aufschnaiter & Welzel 1997a). Es kann beobachtet werden, dass die erreichte Komplexitätsebene sich nicht nur allmählich erhöht, sondern auch insgesamt schneller erreicht wird. Auch spätere Wiederholungen, das heißt Bedeutungsentwicklungen in einem genügend ähnlichen Kontext, beginnen auf einer niedrigen Komplexitätsebene, unabhängig davon, wie oft sie bereits in ähnlicher Weise erzeugt wurden.

Bezüglich Orientierungen konnte festgestellt werden, dass sich Lernende zu Beginn einer neuen Situationen fast immer Rahmungen setzen (Haller 1999). Diesen Rahmungen können Komplexitäten zugeordnet werden. Auch für Bedeutungsentwicklungen können Rahmungen ermittelt werden (C. von Aufschnaiter 1999). Eine Bedeutungsentwicklung unter einer gegebenen Rahmung endet immer dann, wenn die Komplexität der Rahmung erreicht wurde oder wenn für den Lernenden deutlich wird, dass die gesetzte Rahmung beziehungsweise deren Komplexität nicht erreicht werden kann.

Neben Zeitfenstern für Bedeutungskonstruktionen und Bedeutungsentwicklungen kann C. von Aufschnaiter (1999) ein Zeitfenster für sogenannte Lernepisoden von 1 bis 10 Minuten ausmachen, in dem sich Handlungen gruppieren lassen. Diese Lernepisoden sind gekennzeichnet durch eine bezogen auf die den Bedeutungskonstruktionen und -entwicklungen übergeordnete Rahmung.

Neben diesen Ergebnissen konnten im Umfeld einer Lernumgebung die folgenden für die Entwicklung einer Lernumgebung relevanten Aspekte von Lernprozessen beobachtet werden:

- Nur wenn Lernende bereits häufig viable Bedeutungskonstruktionen zu einem Inhaltsbereich erzeugt haben, können sie Instruktionen und Informationen schnell erfassen. Entsprechend sind bei der Gestaltung einer Lernumgebung die Vorkenntnisse zu berücksichtigen. Darüber hinaus müssen neue Informationen genügend häufig in ähnlichem Kontext behandelt werden, bevor auf sie zurückgegriffen werden kann.

- Bevor Bedeutungskonstruktionen in neuen Inhaltsbereichen auf der Komplexitätsebene Eigenschaften konstruiert werden können, müssen zunächst mehrere ähnliche Bedeutungskonstruktionen der Ebene Operationen bezogen auf einzelne, enge inhaltliche Ausschnitte erzeugt werden. Die Verknüpfung von Eigenschaften gelingt nur dann, wenn diese bereits mehrfach sicher und schnell erzeugt wurden. Der Verlauf von Lernprozessen hin zu höherer Komplexität muss daher in einer Lernumgebung durch aufeinander aufbauende Aufgabenstellungen wachsender Kompliziertheit angepasst werden.

- Eine Aufgabe ist für die Lernenden dann zu schwierig, das heißt nicht zu lösen, wenn das Komplexitätsniveau, das zur Lösung benötigt wird, nicht in 5 Minuten erreicht wird. Eine geeignete Passung von Kompliziertheit der Aufgabe und Komplexität der Rahmung begünstigt umgekehrt die Entwicklung einer viablen Bedeutungskonstruktion und kann zu einer erfolgreichen Bearbeitung der Aufgabe innerhalb von 5 Minuten führen. Die Kompliziertheit der Aufgabe innerhalb einer Lernumgebung muss entsprechend an die den Lernenden in ihren Bedeutungskonstruktionen maximal möglichen Komplexitäten angepasst werden.

- Innerhalb von völlig offenen (Phasen in) Lernumgebungen, gelingt es den Lernenden häufig nicht, die Aufgaben innerhalb von fünf Minuten zu lösen, das heißt eine Bedeutungskonstruktion hinreichender Komplexität zu entwickeln. Eine geeignete Lernumgebung darf also nicht völlig offen sein; vielmehr sind die Aufgabenstellungen so anzupassen, dass sie durch Erzeugen geeigneter Rahmung eine Führung, aber keine Einschränkung, der Lernenden darstellen.

Auf Grundlage der bisher vorgestellten Ergebnisse zu Lernprozessen untersuchte C. von Aufschnaiter (1999) im Rahmen einer Laborstudie die Interaktionen zwischen Studenten und deren Einfluss auf die Lernprozesse.

5 LERNERPERSPEKTIVE 75

Dazu teilt C. von Aufschnaiter (1999) die Interaktionen in fruchtbare und nicht fruchtbare Interaktionen ein: Als fruchtbar werden solche bezeichnet, die entweder in intendierter oder nicht intendierter Weise zu einer Reaktion des Interaktionspartners führen; als nicht fruchtbar die, die zu keiner Reaktion führen. Dabei beobachtet C. von Aufschnaiter, dass Inhalt und Kompliziertheit des Interaktionsangebotes für eine fruchtbare Interaktion angepasst sein müssen. Durch Interaktionsangebote in Form von Fragen können Rahmungen beim Interaktionspartner initiiert werden. Diese Rahmungen sind meist direkt auf eine Aufgabe oder ein Problem bezogen. Im Kontext der Lernepisode erzeugte übergeordnete Rahmungen wirken nicht unmittelbar auf diese Rahmungen.

Allgemein kann gesagt werden, dass Interaktionsangebote durch einen Interaktionspartner oder die Lernumgebung, die in weniger als 30 Sekunden bearbeitet werde können, zu fruchtbaren Interaktionen führen. Damit sind solche Interaktionsangebote als wichtiges Hilfsmittel bei der Gestaltung einer Lernumgebung zur Initiierung von Rahmungen und Bedeutungskonstruktionen anzusehen.

Neben den bisher vorgestellten Arbeiten wurden auf Grundlage des konsequent-konstruktivistischen Lernmodells Untersuchungen speziell im physikalischen Praktikum durchgeführt. So untersuchte zum Beispiel Haller (1999) die Rahmungen von Studenten im physikalischen Praktikum. Die beobachteten Rahmungen lassen sich nach Haller strukturell durch drei Kategorien beschreiben:

- **Übergeordnete Rahmungen**, die sich auf eine vollständige Handlungsszene (einen Versuchsnachmittag) beziehen,

- **aufgaben- und problemorientierte Rahmungen**, die sich auf einen Handlungsabschnitt (1 bis 10 Minuten) beziehen und

- **wegorientierte Rahmungen**, die sich auf eine Handlungssequenz (10 bis 40 Sekunden) beziehen.

Dabei sind Handlungsabschnitte unter aufgabenbezogenen Rahmungen durch eine schrittweise sequentielle Abarbeitung einer Aufgabe und unter problemorientierten Rahmungen durch immer neue Lösungsversuche gekennzeichnet. Die Lösungsversuche zeigen jedoch alle einen gemeinsamen Bezug zum aufgetretenen Problem. Alle beobachteten Rahmungstypen treten nicht notwendigerweise in Form von stabilen Rahmungen auf.

Inhaltlich beziehen sich die im Praktikum beobachteten Rahmungen vor allem auf die Aufnahme von Messwerten. Haller (1999) schreibt den Lernenden diese übergeordnete Rahmung als Ziel zu. Andere inhaltliche Bezüge wurden dann beobachtet, wenn die Lernenden durch ein Problem am Erreichen der selbstgesetzten Rahmung, der Aufnahme von Messwerten, gehindert werden; sie beziehen sich inhaltlich auf das jeweilige Problem. Die Lösung dieser erkannten Probleme erfolgt durch Bedeutungskonstruktionen auf der den Lernenden maximal möglichen Komplexitätsebene oder durch Abbruch der Bedeutungsentwicklung. Interaktionen in Form von Gesprächen mit physikalischem Inhalt finden nur dann statt, wenn sie dem Erreichen des Ziels „Messwerte aufnehmen" dienen und ausschließlich auf dem den Lernenden maximal möglichen Komplexitätsniveau.

Haller beobachtet weiterhin, dass eine Anpassung der Kompliziertheit von Aufgabenstellungen Bedeutungskonstruktionen auf diversen Komplexitätsebenen ermöglicht. Außerdem sieht sie das Äußern von Erwartungen als eine Möglichkeit zur Anregung von Theorie und Praxis. Sie konstatiert, dass entsprechend veränderte Versuchsanleitungen eine Möglichkeit darstellen, die beiden vorgenannten Aspekte umzusetzen.

Dieser Gedanke wird von Theyßen (1999) aufgegriffen. Theyßen untersucht den Verlauf von Lernprozessen im herkömmlichen physikalischen Praktikum für Studenten der Medizin und entwickelt auf Grundlage dieser Ergebnisse ein neues Praktikum, das sie hinsichtlich seiner Effizienz evaluiert. Sie beobachtet im herkömmlichen Praktikum zunächst, dass trotz theoretischer Vorbereitung und Einführung in den Versuch durch den Betreuer ein hoher Anteil der Versuchdauer auf Anweisungen durch den Betreuer entfällt; wobei diesen jeweils Erklärungen des Betreuers unmittelbar am Versuchsplatz vorausgehen und zum Teil mehrfach wiederholt werden (Theyßen 1999, 69). Das lässt darauf schließen, dass eine hohe Diskrepanz zwischen der Kompliziertheit der Aufgabenstellungen und der von den Lernenden maximal zu erzeugenden Komplexität ihrer Bedeutungskonstruktionen beziehungsweise Rahmungen besteht. Theyßen (1999) konzipiert ein neues Praktikum, das sich im Wesentlichen durch einen expliziten medizinischen Bezug und eine speziell entwickelte, begleitende Anleitung auszeichnet. Die Anleitung bietet kleinschrittige aufeinander aufbauende Aufgabenstellungen. Sie wurde für jeden Versuch hinsichtlich der wachsenden Komplexität von Bedeutungsentwicklungen und der Anpassung der Kompliziertheit der Aufgabenstellungen an die Komplexität der Bedeutungskonstruktionen optimiert. Auswertephasen, die durch Fragen in der Anleitung initiiert werden, werden mit den Aufbau- und Messphasen verzahnt; so soll ein höherer Anteil an Verbalisierungen physikalischen und medizinisch relevanten Wissens erreicht werden. In der Evaluation kann Theyßen nachweisen, dass die für Anweisungen aufgewandte Zeit drastisch reduziert wurde; diese Zeit wird im Vergleich mehr für Messungen und Diskussion sowie Interpretation der Ergebnisse dieser Messungen genutzt. Auch der Anteil verbalisierten physikalischen und medizinischen Wissens hat deutlich zugenommen. Diese Ergebnisse sind vor allem auf den Einsatz der speziell an die Lernprozesse angepassten Anleitungen zurückzuführen.

Saniter (2003) untersucht die Lernprozesse und Verhaltensweisen fortgeschrittener Studenten der Physik im physikalischen Praktikum. Dabei können die Ergebnisse der grundlegen-

5 LERNERPERSPEKTIVE

den Untersuchungen zu Lernprozessen ebenfalls bestätigt werden: Auch bei fortgeschrittenen Studenten dauern einzelne Bedeutungskonstruktionen maximal 3 Sekunden. Für Bedeutungsentwicklungen werden Längen von maximal 12 Bedeutungskonstruktionen beobachtet, so dass auch Saniter auf eine durchschnittliche Dauer von ungefähr 10 bis 35 Sekunden für eine Bedeutungsentwicklung kommt. Für eine Lernepisode, zum Beispiel die Bearbeitung einer Aufgabe, wenden die Studenten maximal 5 Minuten auf. Kommen Sie in dieser Zeit nicht zu einer Lösung, wird die Bearbeitung abgebrochen.

Darüber hinaus kann Saniter (2003) feststellen, dass die Komplexität von Bedeutungskonstruktionen in über 75 Prozent aller Fälle höchstens der Kompliziertheit der Aufgaben entspricht. Rahmungen orientieren Bedeutungskonstruktionen nach Saniter (2003) bei theoretischen Aufgaben in ungefähr 20 Prozent, bei praktischen in ungefähr 30 Prozent aller Fälle. In einem Inhaltssegment verlaufen Bedeutungsentwicklungen fortgeschrittener Studenten in über 90 Prozent der Fälle auf einer Komplexitätsebene. Finden Ebenenwechsel statt, verlaufen diese im Wesentlichen hin zu höherer Komplexität. Auch eine Ausdifferenzierung auf unteren Komplexitätsebenen kann beobachtet werden; vor allem für verschiedene Inhaltssegmente: Es werden erst Bedeutungskonstruktionen gleicher Komplexität getrennt für das jeweilige Inhaltssegment erzeugt und dann miteinander verknüpft.

So kann Saniter (2003) mit der aktuell letzten Arbeit in einer Reihe von Arbeiten im konsequent-konstruktivistischen Lernmodell die grundlegenden Annahmen auch für fortgeschrittene Studenten im Praktikum bestätigen. Darüber hinaus kann er speziell für die Situation fortgeschrittener Studenten folgendes festhalten:

- Fortgeschrittene Studenten konstruieren zu Phänomenen und Formeln in über 90 Prozent der Fälle viable Bedeutungskonstruktionen. Demgegenüber können zu technischen Realisierungen nur seltener viable Bedeutungskonstruktionen erzeugt werden. Insbesondere treten Probleme dann auf, wenn ein technisches Gerät in der Lernumgebung erstmalig Verwendung findet oder es nicht gelingt, Bedeutungskonstruktionen zu unterschiedlichen Inhaltsbereichen zu Bedeutungskonstruktionen höherer Komplexität zu verknüpfen.

- Fortgeschrittene Studenten zeigen in Bereichen hoher Vorerfahrung ein sicheres Verhalten beim Abarbeiten von Aufgaben zum entsprechenden Inhaltsbereich. In Bereichen niedriger Vorerfahrung wird kein solches Verhalten gezeigt; mitgeteilte Nachrichten werden nicht als Hilfen genutzt.

Offensichtlich zeigen gerade fortgeschrittene Studenten noch Unsicherheiten speziell im Umgang mit Geräten; es ist davon auszugehen, dass Geräte im Gegensatz zu physikalischer Theorie in den vorhergehenden Praktika nicht ausreichend oft Inhalt von Bedeutungskonstruktionen waren. Der zweite Punkt weist darauf hin, dass insbesondere in Bereichen geringer Vorerfahrung, das heißt in Bereichen. in denen Neues gelernt wird, Instruktionen und Informationen nicht genutzt werden. Das ist bei der Entwicklung von Instruktionen und Informationsangeboten als Teil der Lernumgebung zu berücksichtigen.

Insgesamt kann der Stand der Forschung zur Modellierung von Lernprozessen als ausgesprochen ausführlich charakterisiert werden. Neben der Bestätigung der Hypothesen, die sich aus der theoretischen Modellierung (Abschnitt 2.3) ergeben, konnten zahlreiche weitere Erkenntnisse über das Zusammenspiel von Lernumgebung und Lernprozessen gewonnen werden. Diese Ergebnisse bilden eine wichtige Basis für die Entwicklung der Lernumgebung „Physikalisches Praktikum für Physiker".

5.3 Methoden der Untersuchung

Bereits in den Abschnitten 3.3 und 4.3 wurde darauf hingewiesen, dass im Rahmen der Didaktischen Rekonstruktion die Ergebnisse vorheriger Iterationsschritte beziehungsweise vorhergehender Forschung im jeweiligen Bereich berücksichtigt werden müssen. Sie sind hinsichtlich ihrer Validität zu bewerten und abhängig von dieser Bewertung zu berücksichtigen oder gegebenenfalls modifiziert oder gänzlich neu zu erheben. Entsprechend wird der im vorherigen Abschnitt vorgestellte Stand der Forschung im Folgenden hinsichtlich der Forschungsfragen analysiert; darauf aufbauend werden die Notwendigkeit zusätzlicher Untersuchungen und dazu gehörige methodische Überlegungen diskutiert.

5.3.1 Ziele

Da sich die Ziele, die die Lernenden mit dem Physikalischen Praktikum für Physiker verbinden, in ihrer Gesamtheit nicht von denen unterscheiden, die die Experten mit Praktikum verbinden, kann davon ausgegangen werden, dass die von Welzel et al. (1998) ermittelten Ziele auch für die Ziele der Lernenden einen vollständigen und vergleichsweise trennscharfen Satz darstellen. Allerdings fällt bei Welzel et al. (1998) nicht nur bei der Erhebung der Ziele der Lehrenden, sondern auch bei der Erhebung der Ziele der Lernenden die geringe Population von 25 Befragten auf. Im Vergleich dazu liegen die Anfängerzahlen an der Heinrich-Heine-Universität in Düsseldorf inzwischen bei ungefähr 40 Anfängern pro Semester. Daher sollen die Ziele der Lernenden an der Heinrich-Heine-Universität Düsseldorf zusätzlich erhoben und hinsichtlich der Prioritäten ausgewertet werden.

Wie bei Welzel et al. (1998) auch, soll das methodische Vorgehen bei der Erhebung der Ziele der Lernenden analog zur Erhebung der Ziele der Experten erfolgen: Das bietet hinsichtlich methodischer Aspekte eine bessere Vergleichbarkeit. Entsprechend erfolgt die Erhebung in Form eines offenen Fragebogens. Diese methodische Vorgehensweise wurde bereits in Abschnitt 4.3 ausführlich diskutiert und wird daher hier nicht weiter behandelt.

Die Auswertung erfolgt ebenfalls durch Kategorisierung in zwei Schritten; als Kategorien werden im ersten Schritt auch hier die Hauptziele von Welzel et al. (1998) verwendet. Im zweiten Schritt werden zur Konkretisierung der Hauptziele, die im Rahmen der Befragung der Experten konkreter formulierten Unterziele als Kategorien eingesetzt. Aus der Anzahl der Personen, die die jeweilige Kategorie genannt haben, bezogen auf die Gesamtzahl der Befragten kann die Priorität, die dem entsprechenden Ziel beigemessen wird, abgeleitet werden.

Bei der Auswahl der Population ist zu berücksichtigen, dass eine Veränderung der Ziele, die die Lernenden mit dem Praktikum verbinden, während des Praktikums und danach nicht ausgeschlossen werden kann. Daher sollten die Lernenden vor Beginn des Praktikums befragt werden. Da der erste Teil des Praktikums üblicherweise in der vorlesungsfreien Zeit nach dem ersten Semester beginnt, sind also Studenten kurz nach ihrem Eintritt in das zweite Semester vor Beginn der Teilnahme am Praktikum zu befragen.

5.3.2 Lernprozesse

Wie in Abschnitt 5.2 dargestellt wurde, beruht die Forschung zu Lernprozessen im Rahmen des konsequent-konstruktivistischen Lernmodells auf einer langen Tradition von Untersuchungen. In diesen Untersuchungen konnte die grundlegende Modellierung des Verlaufs von Lernprozessen wiederholt für unterschiedliche Lernumgebungen und Populationen bestätigt werden. Eine erneute Bestätigung ist daher nicht notwendig.

Die Ergebnisse, die in speziellen Untersuchungen zu Praktika erarbeitet wurden, werden in dieser Arbeit als Grundlage für die Gestaltung einer Lernumgebung zur geeigneten Förderung von Lernprozessen verwertet. Sie sind daher eher im Rahmen einer Evaluation der Lernumgebung per se zu überprüfen.

5.4 Untersuchung

Die Erhebung der Ziele, die die Lernenden mit Praktikum verbinden, wurde erstmalig im Rahmen einer Voruntersuchung im Wintersemester 2000/2001 durchgeführt. Befragt wurden die Studenten des (noch) ersten Semesters unmittelbar vor Beginn der Teilnahme am physikalischen Praktikum.

Im Rahmen dieser Voruntersuchung, die in Anlehnung an die Befragung der Experten als offene Befragung ausgelegt war, wurden die Lernenden gefragt:

1. Was wollen Sie im physikalischen Praktikum lernen?
2. Welche Erwartungen haben Sie an das physikalische Praktikum?

Die Unterteilung der Fragen wurde vorgenommen, um die persönliche Zielsetzung der Lernenden von den Erwartungen, die die Lernenden bezüglich des Praktikums haben, unterscheiden zu können. Allerdings hat sich bei der Auswertung der Items gezeigt, dass die Lernenden selbst keine strikte Trennung zwischen Zielsetzung und Erwartungen vollzogen haben: So konnten inhaltlich identische Items sowohl aus den Antworten zur Frage 1 wie auch aus denen zur Frage 2 ermittelt werden. Beispiele dafür sind in Tabelle 5.1 angegeben. Dabei sind in der linken Hälfte der Tabelle die Items dargestellt, die aus den Antworten auf die Frage 1 ermittelt wurden, in der rechten die aus den Antworten zu Frage 2. Die Items, deren Bedeutung als identisch eingeschätzt wird, sind jeweils mit dem gleichen Buchstaben codiert.

F1	Was wollen Sie im physikalischen Praktikum lernen?	F2	Welche Erwartungen haben Sie an das physikalische Praktikum?
A	Einfaches Lernen durch praktische Vertiefung	A	Komplexe Zusammenhänge während des Praktikums endlich begreifen
B	Experimentieren lernen	B	Einblick in experimentelle Tätigkeiten gewinnen
C	In erster Linie bin ich daran interessiert, einen Einblick in das wissenschaftliche Arbeiten zu lernen	C	Einblick in physikalische Arbeitsweisen
D	Spaß an der Physik zurückgewinnen	D	Vielleicht kommt meine Begeisterung für die Physik wieder zurück
E	Ich wollte eigentlich nur den Schein	E	Schein bekommen

Tabelle 5.1: Ausgewählte Items der Voruntersuchung zu den Zielen, die Lernende mit Praktikum verbinden

Zur Auswertung der Befragung wurden daher die Items zusammengefasst und hinsichtlich der persönlichen Zielsetzung, die die Lernenden mit dem Praktikum verbinden, ausgewertet. In den beiden darauf folgenden Befragungen der Lernenden wurde entsprechend nur eine Frage gestellt und diese wie folgt formuliert:

1. Mit welcher persönlichen Zielsetzung gehen Sie in das physikalische Praktikum?

Insgesamt wurden einschließlich der Voruntersuchung drei Befragungen durchgeführt; und zwar in den Wintersemestern 2000/2001, 2001/2002 und 2002/2003. Befragt wurden jeweils Studenten unmittelbar vor ihrer Teilnahme am physikalischen Praktikum. Insgesamt wurden 97 Personen befragt, die sich wie folgt auf die einzelnen Populationen aufteilen:

P1 Population 1 (WS 2000/2001): 22 Personen

P2 Population 2 (WS 2001/2002): 34 Personen

P3 Population 3 (WS 2002/2003): 41 Personen

Der Rücklauf betrug 100 Prozent. Eine Auswahl dieser Items zeigt Tabelle 5.2. Die vollständige Liste aller Items gruppiert nach Populationen findet sich in Anhang C. Insgesamt wurden 331 Items ermittelt.

Auswertung der Kategorisierung nach Hauptzielen

Analog zur Befragung der Experten wurden die Items in einem ersten Schritt nach den Hauptzielen von Welzel et al. (1998) kategorisiert. Um auch hier eine Verfälschung durch die mehrfache Nennung eines Ziels durch dieselbe Person zu vermeiden, werden mehrere Nennungen als eine Nennung gewertet. Eine Nennung entspricht damit einem Befragten, der das entsprechende Ziel mindestens einmal genannt hat.

Für die als Beispiel in Tabelle 5.2 ausgewählten Items sind jeweils die Hauptziele und Unterziele angegeben, die den Items im Rahmen der Kategorisierung zugeordnet wurden. Eine vollständige Liste der Items einschließlich der vorgenommenen Kategorisierungen findet sich in Anhang C.

Student	Item	Hauptziel	Unterziel
21	Neues Wissen erlangen	A	A4
19	Experimentieren lernen	B	B1
14	Umgang mit Geräte zu erlernen	B	B2
9	Erlernen von Methoden	C	C1
25	Spaß	D	D2
12	Den Schein erhalten	E	E1

Tabelle 5.2: Beispiele für Items zur Befragung der Lernenden nach den Zielen, die sie mit Praktikum verbinden

Die Auswertung der Kategorisierung nach Hauptzielen für alle Populationen zusammen zeigt Abbildung 5.2. Dabei zeigt sich, dass auf die Hauptziele „(B) Experimentelle Fähigkeiten erwerben" und „(A) Theorie und Praxis verbinden" im Vergleich zu den anderen Zielen die meisten Nennungen entfallen. Von den verbleibenden Hauptzielen wird das Hauptziel „(E) Wissen der Lernenden überprüfen" am häufigsten genannt. Diese Betonung des Prüfungscharakters des Praktikums ist auffällig, ebenso wie die im Vergleich zu den Experten niedrige Zahl von Nennungen zum Hauptziel „(C) Methoden wissenschaftlichen Denkens kennenlernen". Diese Auffälligkeiten sind jedoch möglicherweise mit der besonderen Situation der Studenten vor Beginn des Praktikums zu erklären: Während nach dem ersten Semester noch keine ausreichende Möglichkeit bestanden hat, sich mit den wissenschaftlichen Arbeitsabläufen beziehungsweise Denkweisen zu beschäftigen, ist der formale Abschluss einer Lehrveranstaltung durch Bestehen einer Wissensüberprüfung sehr wohl bekannt. Diese

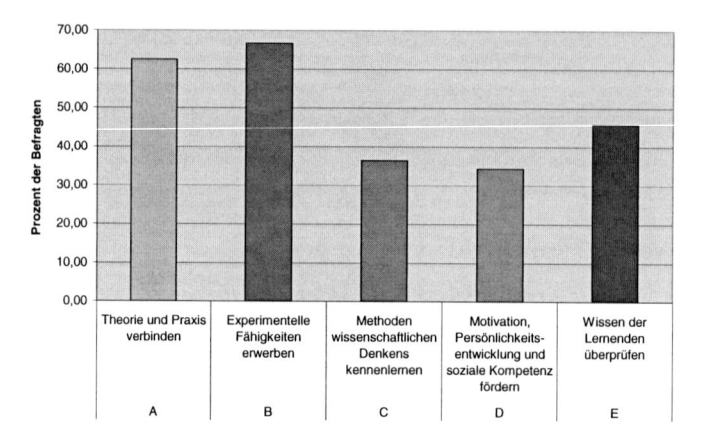

Abbildung 5.2: Hauptziele der Lernenden

Auffälligkeiten sind im Rahmen der Kategorisierung nach Unterzielen detaillierter zu untersuchen.

Auswertung der Kategorisierung nach Unterzielen

Zwecks Konkretisierung wurden die Items zu jedem Hauptziel in einer zweiten Kategorisierung analog zur Vorgehensweise bei der Auswertung der Befragung der Experten nach den dort ermittelten Unterzielen kategorisiert.

Die Auswertung dieser Kategorisierung für das Hauptziel „(A) Theorie und Praxis verbin-

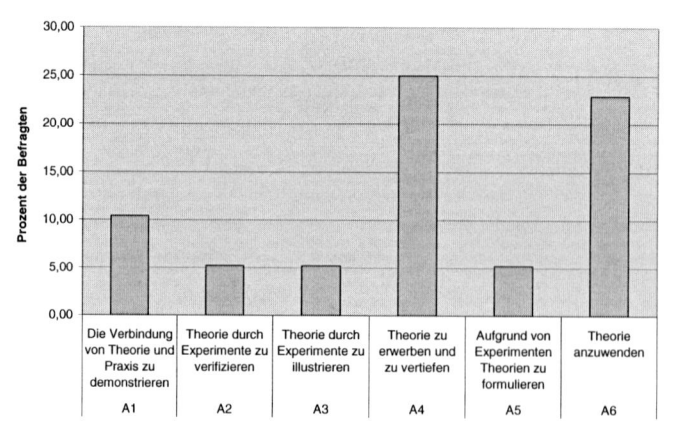

Abbildung 5.3: Unterziele der Lernenden zum Hauptziel
„(A) Theorie und Praxis verbinden"

A4-1	**Vertiefung von Theorie**
·	Komplexe Zusammenhänge während des Praktikums endlich begreifen
·	Eine erweiterte und tiefergehende Kenntnis der Thematik
·	Vertiefung des Stoffes zum besseren Verständnis
·	Meine physikalischen Kenntnisse zu verbessern
·	Einfaches Lernen durch praktische Vertiefung
·	Tieferes Verständnis der physikalischen Gegebenheiten
·	Durch eigenständiges Experimentieren [..] physikalische Sachverhalte besser klar werden
·	Unklarheiten dabei geklärt werden
·	Kenntnisse des letzten Semesters aufzufrischen
·	Den gelernten Stoff in Experimente vertiefen
·	Besseres Verständnis
·	Verfestigung der theoretischen Grundlagen
·	Mein Wissen aus EX1 festigen
·	Stoff vertiefen
·	Besser Physik verstehen
·	Größeres Verständnis
·	Physikalische Kenntnisse vertiefen
·	Vertiefung der erworbenen Kenntnisse
A4-2	**Erwerb von Theorie**
·	Theoretische Hintergründe physikalisch grundlegender Erkenntnisse/Experimente
·	Hoffnung auf eine spätere Verwendung des Stoffes
·	Neues Wissen erlangen
·	Das Wissen erweitern
·	Vielleicht Neues dazu zu lernen
·	Wissenserwerb
·	Alle Versuche verstehen und selber nachvollziehen
·	Wäre gut, wenn mir das für die Physik-Klausur helfen würde
·	Was Neues kennenlernen

Tabelle 5.3: Items der Lernenden zum Unterziel „(A4) Theorie zu erwerben und zu vertiefen"

den" zeigt Abbildung 5.3. Mit Abstand die meisten Nennungen entfallen auf die beiden Unterziele „(A4) Theorie zu erwerben und zu vertiefen" und „(A6) Theorie anzuwenden". Von den verbleibenden Unterzielen weist nur das allgemeine Unterziel „(A1) Die Verbindung von Theorie und Praxis zu demonstrieren" mehr als 10 Prozent der Nennungen auf; die anderen Unterziele werden entsprechend nicht weiter berücksichtigt.

Unter dem Hauptziel „(A) Theorie und Praxis verbinden" verstehen die Lernenden also vor allem den Erwerb und die Vertiefung sowie die Anwendung von Theorie im Rahmen praktischer Tätigkeiten. Dabei ist zunächst die Gewichtung zwischen dem Erwerb von neuem und der Vertiefung von bestehendem theoretischen Wissen nicht geklärt. Eine Analyse der Items, die dem Unterziel „(A4) Theorie zu erwerben und zu vertiefen" zugeordnet sind, zeigt, dass die Zahl der Items, in denen sich für die Vertiefung von Theorie ausgesprochen wird, im Verhältnis zwei zu eins überwiegt (vergleiche Tabelle 5.3). Entsprechend wird im Folgenden davon ausgegangen, dass die Prioritäten hauptsächlich auf der Vertiefung und auf der Anwendung von Theorie und erst dann auf dem Erwerb von Theorie liegen.

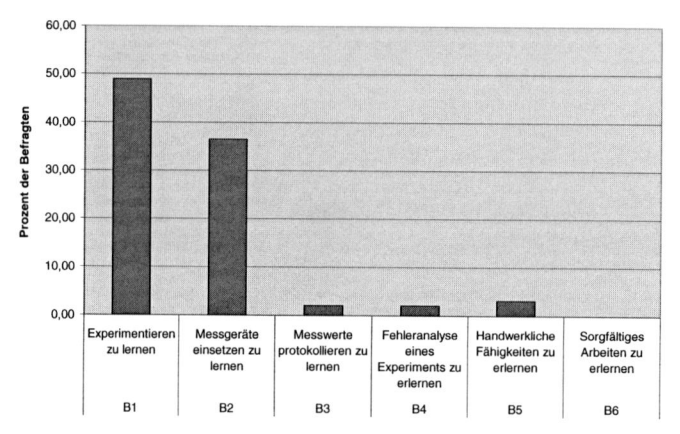

Abbildung 5.4: Unterziele der Lernenden zum Hauptziel „(B) Experimentelle Fähigkeiten erwerben"

Als Unterziele zum Hauptziel „(B) Experimentelle Fähigkeiten erwerben" werden fast ausschließlich das allgemeine Unterziel „(B1) Experimentieren zu lernen" und das Unterziel „(B2) Messgeräte einsetzen zu lernen" von ungefähr der Hälfte beziehungsweise einem Drittel der Befragten genannt. Die anderen Unterziele sind mit jeweils unter fünf Prozent als vernachlässigbar anzusehen.

Wie bei den Experten weist die hohe Zahl von Nennungen des allgemeinen Unterziels „(B1) Experimentieren zu lernen" auf ein sehr allgemeines und breites Verständnis von experimentellen Fähigkeiten hin. Ebenfalls wie bei den Experten wird den Fähigkeiten im Umgang mit Geräten als Teil der experimentellen Umgebung ein hoher Stellenwert beigemessen.

In Abbildung 5.5 ist die Kategorisierung nach Unterzielen der Items zum Hauptziel „(C) Methoden wissenschaftlichen Denkens kennenlernen" dargestellt. Auch hier zeigt sich, dass die Hauptziele im Wesentlichen durch zwei Unterziele charakterisiert werden können. Das allgemeine Unterziel „(C1) Wissenschaftliche Denk- und Arbeitsweisen zu erlernen" und das Unterziel „(C3) Auswertung und Interpretation von Daten zu erlernen" weisen die mit Abstand meisten Nennungen auf. Das Unterziel „(C2) Planung von Experimenten zu erlernen" fällt auf etwas unter zehn Prozent zurück; dem verbleibenden Unterziel „(D4) Fragestellun-

5 LERNERPERSPEKTIVE

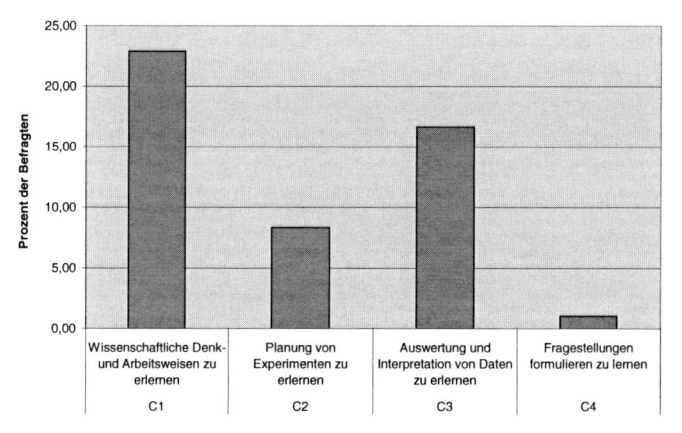

Abbildung 5.5: Unterziele der Lernenden zum Hauptziel „(C) Methoden wissenschaftlichen Denkens kennenlernen"

gen formulieren zu lernen" wird mit deutlich unter fünf Prozent keine besondere Bedeutung beigemessen. Damit zeichnet sich für das Verständnis des Hauptziels „(C) Methoden wissenschaftlichen Denkens kennenlernen" ein ähnliches Bild ab, wie für das Hauptziel „(B) Experimentelle Fähigkeiten erwerben". Die meisten Lernenden besitzen ein sehr allgemeines Verständnis von den Methoden wissenschaftlichen Denkens. Im Gegensatz zu den Experten schätzen sie wohl auch deshalb die Planung von Experimenten als deutlich weniger wichtig ein als die Auswertung derselben.

Auch die in Abbildung 5.6 dargestellte Auswertung des Hauptziels „(D) Motivation, Per-

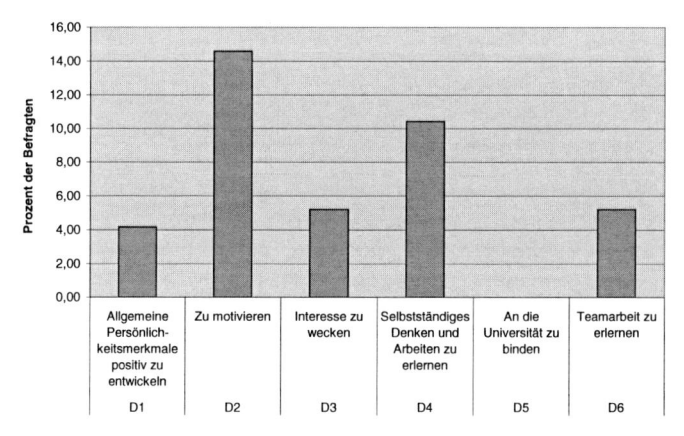

Abbildung 5.6: Unterziele der Lernenden zum Hauptziel „(D) Motivation, Persönlichkeitsentwicklung und soziale Kompetenz fördern"

sönlichkeitsentwicklung und soziale Kompetenz fördern" nach Unterzielen folgt dem festgestellten Trend: Die meisten Nennungen weisen die zwei Unterziele „(D2) Zu motivieren" und „(D4) Selbständiges Denken und Arbeiten zu erlernen"; auf die andern Unterziele entfallen nur jeweils maximal fünf Prozent aller Nennungen.

Damit betonen die Lernenden vor allem den motivationalen Charakter des Hauptziels und an zweiter Stelle den der persönlichen Entwicklung.

Die Aufschlüsselung der Items zum Hauptziel „(E) Wissen der Lernenden überprüfen" zeigt den erwarteten Perspektivenwechsel: Die Items entfallen fast ausschließlich auf das Unterziel „(E1) Schein bekommen". Die verbleibenden Unterziele beziehen sich hauptsächlich auf die Negation möglicher Nachteile, die mit der Überprüfung des Wissens der Lernenden verbunden sein könnten; sie weisen jeweils aber keine zehn Prozent der Nennungen auf und werden entsprechend vernachlässigt.

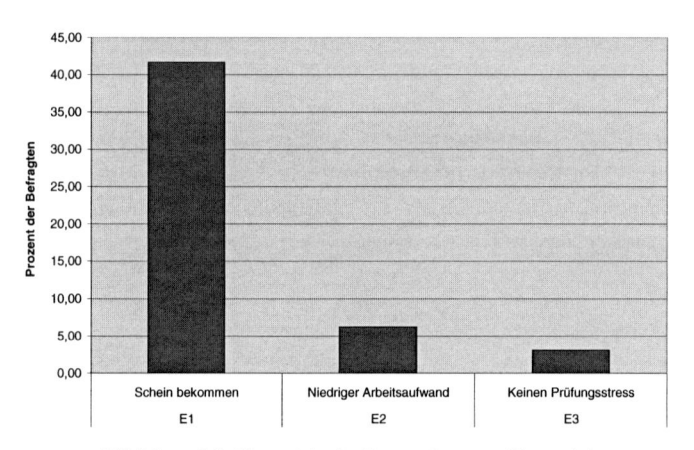

Abbildung 5.7: Unterziele der Lernenden zum Hauptziel „(E) Wissen der Lernenden überprüfen"

Die Lernenden gehen also ungefähr zur Hälfte davon aus, dass das Praktikum zur Überprüfung ihres Wissens dient und formulieren in der Folge als persönliche Zielsetzung den Wunsch nach erfolgreichem Bestehen der Prüfung.

Zusammenfassung

Die Erhebung der Lernerperspektive dient der Erhebung und Untersuchung der Vorstellungen und Vorstellungsänderungen der Lernenden, die sich auf das physikalische Praktikum beziehen respektive im physikalischen Praktikum stattfinden. Darunter werden die mit dem physikalischen Praktikum verbundenen Ziele und die im physikalischen Praktikum ablaufenden Lernprozesse verstanden.

Die Ziele, die mit dem physikalischen Praktikum verbunden werden, sind in der Literatur auch für Lernende erhoben worden, wenn auch nicht so ausführlich wie für die Experten. Auch im Rahmen der EU-Studie wurden die Ziele der Lernenden untersucht. Dabei konnte die folgende Reihenfolge für die Ziele, die Lernende mit dem physikalischen Praktikum verbinden, ermittelt werden:

(A) Theorie und Praxis verbinden

(B) Experimentelle Fähigkeiten erwerben

(C) Methoden wissenschaftlichen Denkens kennenlernen

Die im Rahmen der EU-Studie befragten Lernenden sehen das Praktikum vor allem als eine Möglichkeit, physikalische Inhalte in einer praktischen Arbeitsumgebung zu erwerben und zu vertiefen.

Diese Ziele wurden, wie schon bei der Befragung der Experten, als Kategorien zur Auswertung einer offenen Befragung der Lernenden an der Heinrich-Heine-Universität in Düsseldorf verwendet. Die Prioritäten, die den einzelnen Zielen beigemessen werden, entsprechen der Zahl der Lernenden, die dieses Ziel genannt haben. Dabei ergab sich die folgende Reihenfolge:

(B) Experimentelle Fähigkeiten erwerben

(A) Theorie und Praxis verbinden

(E) Wissen der Lernenden überprüfen

Dabei liegen die ersten beiden Ziele in der Zahl der Nennungen relativ dicht beieinander und in relativ großem Abstand vor dem dritten Ziel. Sie sind in diesem Sinn als gleichwertig einzuschätzen.

Unter dem Ziel „(B) Experimentelle Fähigkeiten erwerben" wird neben allgemeinen, experimentellen Fähigkeiten die Fähigkeit zum Umgang mit Messgeräten verstanden. Unter dem Ziel „(A) Theorie und Praxis verbinden" wird vor allem die Vertiefung und Anwendung bereits erlernter Theorie verstanden, darüber hinaus wird aber auch der Neuerwerb theoretischer Kenntnisse von einer nicht zu vernachlässigenden Zahl von Lernenden gewünscht. Das dritte Ziel „(E) Wissen der Lernenden überprüfen" besteht ausschließlich aus dem Verständnis des Praktikums als Pflichtveranstaltung im Rahmen des Studiums und dem Wunsch nach erfolgreichem Abschluss dieser Pflichtveranstaltung.

In zahlreichen vorausgehenden Untersuchungen zu Lernprozessen konnte die in 2.3 beschriebene theoretische Modellierung ausreichend verifiziert werden. Damit kann davon ausgegangen werden, dass Lernprozesse durch das Modell geeignet beschrieben werden. Das heißt in der Folge:

- Lernprozesse verlaufen individuell
- Lernprozesse verlaufen situativ
- Lernprozesse verlaufen bottom-up

Darauf basierend konnten in den Untersuchungen weitere allgemeine Erkenntnisse über Lernprozesse und deren Auswirkungen auf die Gestaltung einer Lernumgebung gewonnen werden. Das sind insbesondere:

- Für den Verlauf der Lernprozesse sind die Vorkenntnisse immanent. Neue Kenntnisse können erst dann vorausgesetzt werden, wenn sie hinreichend oft in ähnlichem Kontext erzeugt wurden.
- Auf einander aufbauende Aufgabenstellungen mit wachsender Kompliziertheit unterstützen den bottom-up-Verlauf von Lernprozessen.
- Die Kompliziertheit der jeweiligen Aufgaben muss an die maximalen Komplexitäten der Bedeutungskonstruktionen, die die Lernenden dazu konstruieren können, angepasst werden.
- Die Aufgabenstellungen sind so zu konstruieren, dass sie jeweils geeignete Rahmungen bei den Studenten initiieren.

In einer Untersuchung der Interaktionen innerhalb einer Lernumgebung zwischen Lernenden einerseits und den Lernenden mit Instruktionen beziehungsweise Informationen andererseits konnten Interaktionen, in denen Inhalt, sowie Kompliziertheit des Interaktionsangebotes und Inhalt, sowie maximale Komplexität der Bedeutungskonstruktionen des Empfängers übereinstimmten, als lernfördernd beobachtet werden. Sie stellen daher ein wichtiges Hilfsmittel zur Initiierung und Unterstützung erwünschter Lernprozesse dar.

In speziell im physikalischen Praktikum durchgeführten Untersuchungen konnte gezeigt werden, dass Rahmungen im Praktikum strukturell in drei unterschiedlichen Formen auftreten, die aufeinander aufbauen: Rahmungen die sich auf eine Handlungsszene, einen Handlungsabschnitt und eine Handlungssequenz beziehen. Inhaltlich beziehen sich Rahmungen im Praktikum ausschließlich auf die Aufnahme von Messwerten. Es konnte gezeigt werden, dass speziell entwickelte Versuchsanleitungen zum Auftreten von Rahmungen anderer Inhalte, wie zum Beispiel physikalischer Themen, beitragen. Dies wurde durch eine Verzahnung von Aufbau-, Mess- und Auswertephasen erreicht.

5 LERNERPERSPEKTIVE

Aufgrund der bereits zahlreich und in geeigneter Breite vorliegenden Forschungsergebnissen zu Lernprozessen wurde auf eine wiederholte Untersuchung von Lernprozessen im Praktikum zunächst verzichtet.

Schlussfolgerungen aus der Erhebung der Lernerperspektive

Im physikalischen Praktikum für Physiker sollen

LP 1.1 experimentelle Fähigkeiten erworben werden.
LP 1.1.1 als Teil experimenteller Fähigkeiten die Handhabung von Messgeräten erlernt werden.
LP 1.2 Theorie und Praxis verbunden werden.
LP 1.2.1 als Teil der Verbindung von Theorie und Praxis vorhandene theoretische Kenntnisse vertieft und angewandt werden.
LP 1.3 Prüfungen als Teil der Überprüfung des Wissens der Lernenden erfolgreich absolviert werden können.

Im physikalischen Praktikum für Physiker

LP 2.1 soll die Individualität und Situativität von Lernprozessen berücksichtigt werden.
LP 2.2 sollen neue Bedeutungskonstruktionen in ähnlichen Kontexten hinreichend oft wiederholt werden können.
LP 2.3 sollen aufeinander aufbauende Aufgabenstellungen mit wachsender Kompliziertheit den bottom-up Verlauf von Lernprozessen unterstützen.
LP 2.4 soll die Kompliziertheit der Aufgabenstellungen an die Komplexität der Bedeutungskonstruktionen der Lernenden angepasst sein.
LP 2.5 sollen die Aufgabenstellungen so konstruiert sein, dass sie geeignete Rahmungen bei den Lernenden initiieren.
LP 2.5.1 soll insbesondere die Struktur und Hierarchie von Rahmungen berücksichtigt werden.
LP 2.5.2 sollen insbesondere Rahmungen unterschiedlicher Inhalte durch eine Verzahnung von Aufbau-, Mess- und Auswertephasen erreicht werden.
LP 2.6 sollen die Interaktionen zwischen der Lernumgebung und den Lernenden einerseits und zwischen den Lernenden andererseits gefördert werden.

Kapitel 6

Didaktische Strukturierung

Den dritten Bereich Didaktischer Rekonstruktion stellt die Didaktische Strukturierung dar. Bei Kattmann et al. (1997) dient sie der Entwicklung eines Unterrichtsgegenstands durch Integration der Ergebnisse von Fachlicher Klärung und der Erhebung der Schülervorstellungen (Abschnitt 3.1).

Für Theyßen (1999) ist das Ziel der Didaktischen Strukturierung die Entwicklung einer mehrere Unterrichtsgegenstände umfassenden Lernumgebung. Außerdem versteht sie das Resultat der Entwicklung als Forschungsgegenstand: es ist hinsichtlich der Umsetzung der aus Fachlicher Klärung und Erhebung der Lernerperspektive resultierenden Forderungen zu evaluieren (Abschnitt 3.2).

In der vorliegenden Arbeit wird die Didaktische Strukturierung im Sinne von Theyßen (1999) interpretiert. Das heißt, die Didaktische Strukturierung wird als aus zwei gleichwertigen Bereichen bestehend aufgefasst: der Entwicklung und der Evaluation der Lernumgebung „Physikalisches Praktikum für Physiker".

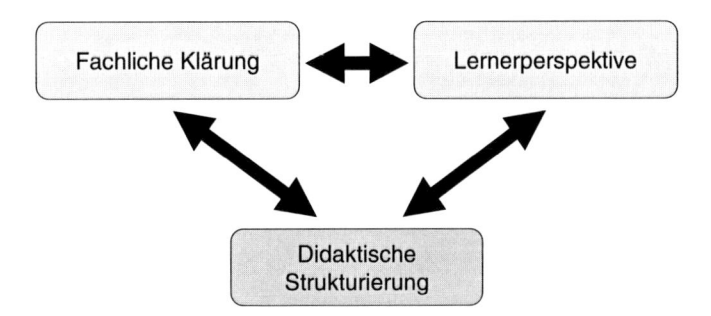

Abbildung 6.1: Didaktische Strukturierung im Modell der Didaktischen Rekonstruktion

Im folgenden Abschnitt 6.1 werden die Voraussetzungen für die Didaktische Strukturierung aufgeführt. Die Entwicklung der Lernumgebung auf Grundlage dieser Voraussetzungen wird in Abschnitt 6.2 beschrieben, die Evaluation der Lernumgebung hinsichtlich der an sie gestellten Forderungen in Abschnitt 6.3.

6.1 Voraussetzungen

Voraussetzungen für die Didaktische Strukturierung sind neben den Ergebnissen von Fachlicher Klärung und Erhebung der Lernerperspektive auch zu berücksichtigende Rahmenbedingungen, sowie die Ergebnisse vorhergehender Didaktischer Strukturierungen.

Die Beschreibung der Voraussetzungen beginnt mit den Rahmenbedingungen, die zwingende Vorgaben darstellen. Anschließend werden die Forderungen der beiden vorhergehenden Bereiche Didaktischer Rekonstruktion zusammengeführt, und zuletzt werden bestehende Praktikumsformen im Kontext dieser Forderungen erörtert.

6.1.1 Rahmenbedingungen

Die Rahmenbedingungen für die Lernumgebung „Physikalisches Praktikum für Physiker" setzen sich zusammen aus Rahmenbedingungen, die durch die Einbettung in den Studiengang gegeben sind, wie zum Beispiel dem zeitlichen Umfang der Lehrveranstaltung, und organisatorischen Rahmenbedingungen, wie zum Beispiel der Zahl der Studenten oder der für die Betreuung zur Verfügung stehenden Mitarbeiter.

Die Einbettung von Lehrveranstaltungen in den Studiengang wird durch die Studienordnung (1998) und die Diplomprüfungsordnung (1996) festgelegt. Der Studienordnung sind Art und Umfang der Lehrveranstaltungen zu entnehmen:

Einführung in das Physikalische Anfänger(innen)praktikum I und II	Pf	V	2x2 SWS
Physikalisches Anfänger(innen)praktikum für Physiker(innen) I und II	Pf	P	2x4 SWS

(Studienordnung 1998, §7)

Für das Praktikum ist demnach ein zeitlicher Umfang von 8 Semesterwochenstunden (SWS) vorgesehen. Diese entfallen auf zwei Praktikumsteile zu je 4 SWS. Darüber hinaus stehen jeweils 2 SWS für eine praktikumsbezogene Vorlesung zur Verfügung. Beide Lehrveranstaltungen sind Pflichtlehrveranstaltungen. Eine Beschränkung des Zeitraums, in dem das Praktikum stattzufinden hat, liegt nicht vor.

6 DIDAKTISCHE STRUKTURIERUNG

Darüber hinaus legt die Studienordnung (1998) Richtlinien für die Bestätigung der erfolgreichen Teilnahme an Lehrveranstaltungen fest. Allgemein gilt für Lehrveranstaltungen, dass die Leistungen, die zur erfolgreichen Teilnahme zu erbringen sind, von den jeweils zuständigen Lehrenden festgelegt werden (Studienordnung 1998, §8(2)); das wird für das Praktikum durch die zusätzliche Forderung eingeschränkt, dass die Bearbeitung der im Praktikum gestellten experimentellen Aufgaben einschließlich Vorbereitung, Durchführung und Auswertung Voraussetzung für Erlangen des Leistungsnachweises sein soll (Studienordnung 1998, §8(3)).

In der Diplomprüfungsordnung werden für die Zulassung zur Diplomvorprüfung Leistungsnachweise in den Lehrveranstaltungen „Physikalisches Anfängerpraktikum für Physiker I" und „Physikalisches Anfängerpraktikum für Physiker II" (Diplomprüfungsordnung 1996, §9)[1] vorgeschrieben. Für jeden Teil des Praktikums muss demnach ein Leistungsnachweis vergeben werden.

Organisatorische Rahmenbedingungen ergeben sich aus dem Verhältnis von benötigten zu verfügbaren Ressourcen: In den letzten Jahren stieg die Zahl der am physikalischen Praktikum teilnehmenden Studenten von ungefähr 22 auf 41 (vergleiche Tabelle 6.1).

Semester	Teilnehmerzahl
WS 2000/2001	22
WS 2001/2002	34
WS 2002/2003	41

Tabelle 6.1: Teilnehmerzahlen des physikalischen Praktikums für Physiker

Zur Betreuung stehen je Gruppe von maximal 24 Personen ein wissenschaftlicher Mitarbeiter und ein studentischer Mitarbeiter zur Verfügung. Die bestehende Ausstattung im physikalischen Praktikum liegt im Allgemeinen in 12-facher Ausführung vor. Als Räumlichkeit steht eine abgeschlossene Einheit zur Verfügung; diese verfügt über 6 Versuchsräume mit Versuchsplätzen für jeweils 8 Personen. Finanzielle Ressourcen stehen für die Ausstattung der neuen Lernumgebung „Physikalisches Praktikum für Physiker" nur im Rahmen des jährlichen Etats der Physikalischen Grundpraktika sowie des Etats für Ersatzbeschaffungen des Faches Physik zur Verfügung.

Wegen der beschränkten finanziellen Ressourcen ist eine vollständige Neuausstattung der Lernumgebung ausgeschlossen. Entsprechend ist ein Rückgriff auf die bestehende Ausstattung und damit eine Praktikumskonzeption, die höchstens eine gleichzeitige Nutzung von 12

---

[1] Die Diplomprüfungsordnung (1996) bezieht sich dabei auf Lehrveranstaltungen wie in der Studienordnung (1998) bezeichnet.

Arbeitsplätzen vorsieht, zwingend.

6.1.2 Forderungen

Aufgrund der Ergebnisse von Fachlicher Klärung und Erhebung der Lernerperspektive, dargestellt in Kapitel 4 und 5, konnten Forderungen an die Lernumgebung „Physikalisches Praktikum für Physiker" formuliert werden. Diese Forderungen stellen den Ausgangspunkt für die Entwicklung dar. Aus ihnen sind die Struktur des Praktikums, die Inhalte des Praktikums und die Vorgehensweise im Praktikum abzuleiten. In diesem Abschnitt sollen die Forderungen nach ihrem Bezug auf einen oder mehrere dieser Punkte zusammengestellt und subsumiert werden.

Struktur

Auf die Struktur des Praktikums beziehen sich vor allem die Forderungen, die aus der Befragung von Experten und Lernenden nach den Zielen des Praktikums ermittelt werden konnten. Dabei räumen sowohl Experten wie auch Lernende dem Ziel „Experimentelle Fähigkeiten erwerben" den höchsten Stellenwert ein. Unter experimentellen Fähigkeiten werden neben dem Erwerb von Fähigkeiten im Umgang mit Messgeräten vor allem allgemeine Fähigkeiten des Experimentierens, darunter auch handwerkliche Fähigkeiten, sorgfältiges Arbeiten, die Protokollierung von Messwerten und die Fehleranalyse am Experiment, verstanden. An zweiter Stelle wird von den Experten das Ziel „Methoden wissenschaftlichen Denkens kennenlernen" genannt; von den Lernenden jedoch nur an vierter Stelle. Diese Diskrepanz lässt sich darauf zurückführen, dass die Lernenden vor Beginn des Praktikums befragt wurden und sich zu diesem Zeitpunkt nur eingeschränkt der Notwendigkeit spezifischer Denk- und Arbeitsweisen im Wissenschaftsprozess bewusst sind. Infolgedessen wird an dieser Stelle die Einschätzung der Experten höher gewichtet. Bei der Umsetzung dieser Ziele ist zu beachten, dass Lernprozesse individuell und situativ entstehen und verlaufen. Das bedeutet, dass die Lernumgebung der späteren Anwendungssituation des Gelernten möglichst ähnlich sein sollte. Die Situation Praktikum ist demnach an der Situation Labor zu orientieren. Die erste Forderung an die Didaktische Strukturierung lautet:

> DS 1 Authentische Arbeitssituation
> Im Praktikum sollen allgemeine experimentelle Fähigkeiten sowie wissenschaftliche Denk- und Arbeitsweisen in einer Situation erlernt werden können, die der alltäglichen Arbeitssituation eines Physikers entspricht.

Zur Unterstützung der Entwicklung von Lernprozessen wird nach Kapitel 5 gefordert, dass die Kompliziertheit der Aufgaben an die Komplexitäten der Bedeutungskonstruktionen der Lernenden anzupassen ist. Es ist aber davon auszugehen, dass die Anforderungen einer

6 DIDAKTISCHE STRUKTURIERUNG

Laborsituation und damit einer daran orientierten Lernumgebung für die vorhandenen experimentellen Vorkenntnisse der Studenten im obigem Sinn zu kompliziert sind. Aus diesem Grund müssen die Studenten auf eine solche Lernumgebung vorbereitet werden. Diese Vorbereitung kann durch eine gesonderte Behandlung zentraler Teilaspekte experimenteller Fähigkeiten und wissenschaftlicher Denk- und Arbeitsweisen erfolgen. Diese Teilaspekte können aus den für die Ziele ermittelten Unterzielen gewonnen werden: Unter experimentellen Fähigkeiten wird vor allem der entsprechende Umgang mit Messgeräten verstanden; das bezieht auch nicht unmittelbar zur Messung eingesetzte Geräte, wie Messverstärker oder Lichtquellen, mit ein. Wissenschaftliche Denk- und Arbeitsweisen werden insbesondere als Methoden zur Planung und Auswertung von Experimenten interpretiert. Diese Teilaspekte experimenteller Fähigkeiten und wissenschaftlicher Denk- und Arbeitsweisen sind bei der Entwicklung der Praktikumsstruktur gesondert in Betracht zu ziehen und einer offenen, authentischen Lernumgebung, wie in *DS 1* gefordert, vorzuschalten:

DS 2   Kenntnisse über Geräte und Methoden
Im Verlauf des Praktikums sollen zur Unterstützung des Erwerbs experimenteller Fähigkeiten die Handhabung von Geräten erlernt und zur Unterstützung des Erwerbs wissenschaftlicher Denk- und Arbeitsweisen Methoden zur Planung und Auswertung von Experimenten erworben werden können.

Zwei weitere Ziele, denen von den Experten respektive den Lernenden ein hoher Stellenwert eingeräumt wurde, nämlich „Theorie und Praxis verbinden" und „Überprüfen des Wissens der Lernenden", beziehen sich nicht direkt auf die Struktur des Praktikums: Wegen der Situativität von Lernprozessen kann eine geeignete Verbindung von Theorie und Praxis nur am konkreten praktischen Beispiel erfolgen. Die Verbindung von Theorie und Praxis kann deswegen nur bei der Entwicklung der Aufgabenstellungen umgesetzt werden; diese Forderung bezieht sich daher auf die Vorgehensweise und nicht auf die Struktur. Mit dem Ziel „Überprüfung des Wissens der Lernenden" verbinden die Lernenden vor allem den Wunsch nach erfolgreicher Bewältigung der Prüfung. Eine geeignete Vorbereitung ist Aufgabe und Ziel jeder Lernumgebung und wird hier daher nicht gesondert berücksichtigt.

Inhalte

Für die Inhalte des Praktikums konnten in der Fachlichen Klärung unterschiedliche Dimensionen ermittelt werden: Einerseits wurden in der durchgeführten Befragung physikalische Inhalte wie zum Beispiel Elektrizitätslehre oder Optik genannt, andererseits wurden einzelne Geräte wie der Computer und ganz allgemein moderne Themen als Inhalte gefordert. Zusammen mit den Inhalten, die sich aus den Zielen ableiten lassen, ergaben sich die Inhaltsdimensionen „Physikalische Themen", „Moderne Themen", „Geräte", „Methoden" und „Wissenschaftstheorie". Ein Versuch im physikalischen Praktikum umfasst grundsätzlich Aspekte jeder der genannten Inhaltsdimensionen. Bei der Entwicklung der Praktikumsversuche ist daher für jede Inhaltsdimension festzulegen, welche Bereiche vom jeweiligen Praktikumsversuch abgedeckt werden:

> DS 3   Auswahl der Inhalte
> Für jeden Praktikumsversuch sind Inhalte aus jeder der Inhaltsdimensionen „Physikalische Themen", „Moderne Themen", „Geräte", „Methoden" und „Wissenschaftstheorie" festzulegen.

Vorgehensweise

Die Vorgehensweise im Praktikum wird durch die konkrete Implementation der Aufgabenstellungen gebildet. Wie oben bereits erläutert kann das Ziel „Theorie und Praxis verbinden" nur im Rahmen der Aufgabenstellungen erreicht werden. Sowohl von den Experten wie auch von den Lernenden wurde dabei die Anwendung und Vertiefung bereits in der Vorlesung erworbener theoretischer Kenntnisse dem Neuerwerb vorgezogen. Entsprechend ist für die Aufgabenstellungen zu fordern:

> DS 4   Vertiefung und Anwendung von Theorie
> Die Aufgabenstellungen im Praktikum sollen die Anwendung und Vertiefung theoretischer Kenntnisse ermöglichen.

Darauf aufbauend können die Erkenntnisse über Entstehung und Verlauf von Lernprozessen genutzt werden: Gemäß der in Kapitel 5 beschriebenen empirischen Untersuchung können Lernprozesse vor allem durch Interaktion der Studenten mit der Lernumgebung und untereinander initiiert werden:

> DS 5   Förderung von Interaktionen
> Die Aufgabenstellungen sollen die Interaktionen von Studenten mit der Lernumgebung einerseits und der Studenten untereinander andererseits fördern.

Die Berücksichtigung der Individualität, der Situativität und der Entwicklung von Lernprozessen wurde bereits für die Struktur des Praktikums gefordert und ist auch für die Aufgabenstellungen zu verlangen. Zur Unterstützung des Verlaufs der Lernprozesse muss die Kompliziertheit der Aufgabenstellungen an die Komplexitätsentwicklung der Lernenden angepasst werden. Da höhere Komplexitätsebenen von Lernenden erst dann erreicht werden, wenn sie die vorhergehenden Komplexitätsebenen stabil konstruieren können, müssen mehrfach Aufgabenstellungen gleicher Kompliziertheit angeboten werden. Die Aufgabenstellungen müssen also mit langsam wachsender Kompliziertheit, aufeinander aufbauend konzipiert werden:

6 DIDAKTISCHE STRUKTURIERUNG

> DS 6   Angepasste Aufgabenstellungen
> Die Kompliziertheit der Aufgabenstellungen muss an die Komplexitätsentwicklung der Studenten angepasst werden; das heißt, sich langsam bottom-up entwickeln.

Bei empirischen Untersuchungen von Lernprozessen konnte beobachtet werden, dass sich Lernende zu Beginn neuer Situationen fast immer Rahmungen setzen, die die in der Situation folgenden Lernprozesse orientieren. Es ist daher davon auszugehen, dass die Initiierung geeigneter Rahmungen wiederum zur Initiierung erwünschter Lernprozesse führt. Nach Haller (1999) lassen sich strukturell drei Arten von Rahmungen unterscheiden, die sich jeweils auf unterschiedliche Zeitskalen beziehen und einer entsprechenden Hierarchie unterliegen. Inhaltlich bezieht sich ein Großteil der Rahmungen in herkömmlichen Praktika auf die Aufnahme von Messwerten. Im Hinblick auf die geforderten unterschiedlichen Inhaltsdimensionen erscheint es daher notwendig, Rahmungen unterschiedlicher Inhalte jeweils für die entsprechenden Zeitskalen und mit der richtigen Hierarchie durch die Aufgabenstellung zu initiieren:

> DS 7   Initiierung geeigneter Rahmungen
> Die Aufgabenstellungen im Praktikum sollen so konstruiert sein, dass sie hinsichtlich Struktur und Inhalt förderliche Rahmungen bei den Studenten initiieren.

Die in diesem Abschnitt entwickelten Forderungen sind je nach Bezug in der Entwicklung von Struktur, Inhalt und Vorgehensweise des Praktikums umzusetzen. Eine Gewichtung der Forderungen liegt nicht vor; alle Forderungen sind gleichberechtigt.

6.1.3 Praktikumstypen

Mit bereits bestehenden Praktika liegen Ergebnisse einer Didaktischer Strukturierung einer vorhergehenden Stufe Didaktischer Rekonstruktion vor. In dieser Arbeit steht zwar explizit die Neuentwicklung der Lernumgebung „Physikalisches Praktikum für Physiker" im Gegensatz zur Weiterentwicklung oder Verbesserung im Vordergrund (vergleiche Kapitel 1), die Ergebnisse vorhergehender Didaktischer Strukturierungen können aber dennoch einen Bestandteil der Neuentwicklung darstellen. Dazu ist zu untersuchen, ob und wenn ja, welche bestehenden Praktika den im vorherigen Abschnitt diskutierten Forderungen ganz oder teilweise entsprechen könnten.

Praktikum herkömmlicher Art

Grundlage der überwiegenden Zahl der Implementationen physikalischer Praktika, insbesondere für Physiker, ist die bereits in Kapitel 1.1 geschilderte Konzeption nach Westphal

(1937). Dort wurde auch das an der Heinrich-Heine-Universität Düsseldorf bestehende Praktikum bereits beschrieben. Daher sollen an dieser Stelle nur die wichtigsten Aspekte bezogen auf Struktur, Inhalt und Vorgehensweise zusammengefasst werden. Das Praktikum besteht aus zwei Praktikumsteilen, die im zweiten und dritten Semester angeboten werden. Im Gegensatz zur ursprünglichen Konzeption nach Westphal (1937) besteht kein direkter inhaltlicher Bezug zu den Grundvorlesungen in Experimentalphysik mehr. Die Versuche bestehen aus Vorbereitung, Durchführung und Auswertung. Zur Vorbereitung erhalten die Studenten eine Aufgabenstellung, die in kurzen Zügen den durchzuführenden Versuch skizziert sowie eine Liste vorausgesetzter Kenntnisse und Literaturangaben enthält. Anhand dieser Angaben werden die theoretischen Grundlagen des Versuchs vor Beginn der Durchführung erarbeitet. Die Durchführung beginnt mit einer Einführung des Assistenten, die eine Überprüfung der vorausgesetzten Kenntnisse und eine Besprechung des Versuchsablaufs umfasst. In Anlehnung an den beschriebenen Ablauf bearbeiten die Studenten die vorgegebenen Aufgaben. Die Auswertung erfolgt in der Regel zu Hause. Der Assistent bestätigt die erfolgreiche Vorbereitung und Durchführung mit dem An-, die korrekte Auswertung mit dem Abtestat.

Die Versuchsdurchführung besteht also neben der Bearbeitung der Aufgabenstellung aus einer theoretischen Einführung und einer Kontrolle von Bearbeitung und Nachbereitung, den Testaten. Um genauere Informationen über die Zeiten zu erhalten, die auf die jeweiligen Phasen entfallen, wurde das bestehende Praktikum diesbezüglich untersucht. Diese Untersuchung wurde im Wintersemester 2000/2001 durchgeführt. Dabei wurden zunächst zwei Gruppen zu je zwei Studenten über den Verlauf des bestehenden Praktikums bei der Versuchsdurchführung videographiert. Die erhaltenen Videodaten wurden in zusammenhängende Phasen eingeteilt: Einführung, Bearbeitung, Kontrolle sowie Sonstiges. Die Kategorie Sonstiges beschreibt dabei Handlungen der Studenten, die nicht praktikumsbezogen sind. Anschließend wurden für jede Kategorie die Dauer aller auf den Videodaten ermittelten zugehörigen Phasen summiert. Insgesamt wurden für die zwei Gruppen sieben Versuche mit einer Gesamtzeit von fast 19 Stunden ausgewertet. Dabei ergab sich die in Abbildung 6.2 dargestellte Verteilung der Zeiten bezogen auf die Gesamtzeit.

Der überwiegende Teil der Zeit im bestehenden Praktikum entfällt auf die Bearbeitung der Aufgabenstellung. Allerdings besteht die Bearbeitung im Wesentlichen aus dem Aufbau der Experimente aus vorgegebenen Komponenten und der Ausführung vorgegebener Messaufgaben. Die theoretische Einführung nimmt ungefähr 20 Prozent der Gesamtzeit, die die Studenten sich im Praktikum aufhalten ein, die Testate ungefähr 10 Prozent. Das Praktikum ist gemäß Abschnitt 6.1 pro Praktikumsteil mit einem Umfang von 4 SWS angesetzt. Da 1 SWS gerade 45 Minuten entspricht, ergibt sich eine Versuchsdauer von 3 Stunden oder 180 Minuten. Damit dauert jedes Testat ungefähr 18 Minuten. Das entspricht 60 Prozent der Dauer einer Teilprüfung der Diplomvorprüfung.

6 DIDAKTISCHE STRUKTURIERUNG 99

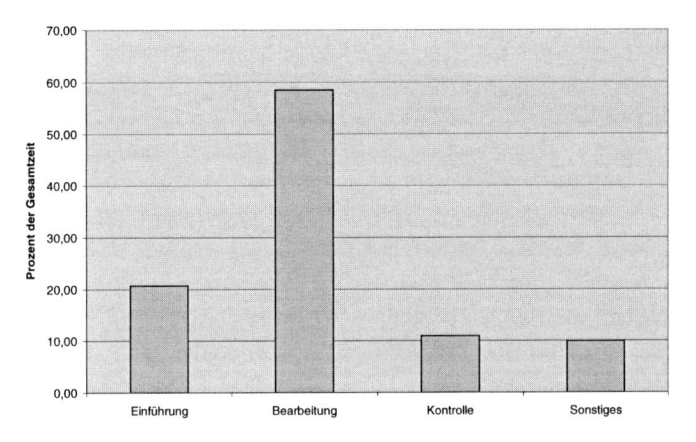

Abbildung 6.2: Zeitstruktur des herkömmlichen Praktikums

Dieser Praktikumstyp ist in seiner Struktur vor allem gekennzeichnet durch die Verbindung von Theorie und Praxis im Sinne der Demonstration und Verifikation von Theorie am experimentellen Beispiel. Wie die Analyse der Zeitstruktur zeigt, entfällt ungefähr ein Drittel der Praktikumszeit auf die Überprüfung theoretischer Kenntnisse; obwohl das nicht zu den Zielen gehört, die Experten mit dem Praktikum verbinden (vergleiche Abschnitt 4.4). Die Inhalte des Praktikums bestehen aus einer Auswahl für klassische physikalische Themen repräsentativer Experimente; seltener werden Geräte oder Methoden behandelt. Die Vorgehensweise in der Versuchsdurchführung ist stark abhängig vom jeweiligen Assistenten, da dieser sowohl die auch zur Strukturierung der Durchführung dienende Einführung wie auch die Betreuung im Praktikum vorbereitet und durchführt. Von den an die Lernumgebung „Physikalisches Praktikum für Physiker" gestellten Forderungen wird also höchstens die Forderung $DS\,4$ nach der Vertiefung und Anwendung von Theorie erfüllt. Eine Unterstützung der Lernprozesse im Sinne der Forderungen $DS\,5$ bis $DS\,7$ besteht ebensowenig wie eine Umsetzung der Forderungen $DS\,1$ bis $DS\,3$ in der Praktikumsstruktur. Diese Einschätzung drückt sich auch in der vielfältigen Kritik dieses Praktikumstyps aus (vergleiche Abschnitt 1.2).

Praktikum „Physik für Mediziner" an der Heinrich-Heine-Universität Düsseldorf

Im Allgemeinen wird auch das physikalische Praktikum für Studenten anderer Fachrichtungen, wie zum Beispiel Medizin, in einer auf Westphal (1937) zurückgehenden Implementation angeboten. Dabei wird üblicherweise die Zahl der Versuche zur Einhaltung zeitlicher Vorgaben reduziert und die Aufgabenstellung vereinfacht. Das von Theyßen (1999) entwickelte Physikpraktikum für Studenten der Medizin stellt einen neuen Ansatz dar: Es erstreckt sich zwar weiterhin über ein Semester und umfasst 12 Versuche, die im wöchentlichen Abstand durchzuführen sind, aber Didaktik und Methodik sind grundlegend neu gestaltet worden. So wählt Theyßen die Inhalte des Praktikums so aus, dass in jedem Versuch ein physikalisches Thema mit einem medizinischen Thema verknüpft wird; zum Beispiel das physikalische Thema „Geometrische Optik" mit dem medizinischen Thema „Das menschliche Auge".

Der Ablauf der einzelnen Versuche gliedert sich auch im neu entwickelten Praktikum für Mediziner in die drei Phasen Vorbereitung, Durchführung und Nachbereitung. Allerdings verändert Theyßen die Methodik dieser drei Phasen grundlegend. Die Bearbeitung jeder Phase wird durch eine ausführliche schriftliche Anleitung (Schumacher & Theyßen 2003) begleitet und strukturiert. Diese gliedert sich analog zu den Phasen des Versuchs in drei Teile:

1. Medizinischer Bezug und Ziel des Versuchs

2. Versuchsdurchführung

3. Physikalische Grundlagen

Dabei ist der erste Teil im Rahmen der Vorbereitung, der zweite begleitend zur Versuchsdurchführung und der dritte zur Nachbereitung zu bearbeiten.

Der erste Teil gibt einen einführenden Überblick über Ziel, Inhalt und Ablauf des Versuchs. Er stellt außerdem den medizinischen Bezug her. Der Umfang dieser Einführung beträgt maximal eine DIN A4 Seite. Sie wurde bewusst kurz gewählt, da eine ausführliche Vorbereitung wegen der geringen experimentellen Vorkenntnisse aus lerntheoretischen Gründen nicht sinnvoll ist[2]. Ziel dieser Einleitung ist es, das Interesse an der Beschäftigung mit der physikalischen Fragestellung zu wecken, indem diese gleich zu Beginn in einen medizinischen Kontext eingebettet wird (Theyßen 1999, 73).

Der zweite Teil der Anleitung ersetzt die übliche theoretische Einführung einschließlich der Anweisungen zur Bearbeitung der Aufgabenstellung ebenso wie die zusätzlichen Anweisungen des Assistenten im Verlauf der Versuchsdurchführung. Dieser Teil der Anleitung besteht aus Teilaufgaben, die jeweils wie folgt aufgebaut sind:

1. Erläuterungen zur folgenden experimentellen Aufgabe bereiten diese zum Beispiel durch die Bezeichnung von Objekten mit Fachbegriffen und durch zusätzliche Hinweise vor:

---

[2]Der Arbeit von Theyßen (1999) liegt ebenfalls das in Abschnitt 2.3 beschriebene konsequent-konstruktivistische Lernmodell zugrunde. Demnach kann eine theoretische Vorbereitung von den Studenten nicht gefordert werden, sofern sie nicht bereits die im Praktikum eingesetzten Geräte und deren Eigenschaften kennen. Denn Bedeutungskonstruktionen auf der Komplexitätsebene Programme oder höher sind erst dann möglich, wenn die Komplexitätsebene Eigenschaften zu verschiedenen Objektklassen stabil konstruiert werden kann.

6 DIDAKTISCHE STRUKTURIERUNG

Um die Erzeugung von Bildern genauer zu Untersuchen stehen Ihnen am Versuchsplatz folgende Hilfsmittel zur Verfügung:
- ein Gegenstand, der sich aus fünf Leuchtdioden zusammensetzt,
- ein Schirm,
- (..)

Der Gegenstand soll zunächst mit Linse 1 auf den Schirm abgebildet werden. Gegenstand, Linse und Schirm werden dazu in den Reitern festgeschraubt und können auf der optischen Bank verschoben werden.
(Schumacher & Theyßen 1999, 90)

2. Die experimentelle Aufgabe besteht aus einer einfachen und deutlichen Anweisung, die die eingeführten Bezeichnungen respektive Fachbegriffe verwendet:

Versuchen Sie, durch Verschieben von Linse und/oder Schirm das Bild des Gegenstands auf dem Schirm scharf zu stellen.
(Schumacher & Theyßen 1999, 90)

3. Fragen oder Anweisungen, die zur Formulierung von Beobachtungen auffordern:

Hat dieses Bild die gleichen Eigenschaften wie die Bilder, die sie vorher erzeugt haben?
(Schumacher & Theyßen 1999, 90)

4. Fragen oder Anweisungen, die zur Interpretation von Messergebnissen auffordern:

Können Sie diese Brennweiten in Zusammenhang bringen mit den Gegenstands- und Bildweiten, bei denen Bild und Gegenstand jeweils gleich groß sind?
(Schumacher & Theyßen 1999, 91)

Durch diese Verzahnung von Experiment und Auswertung sollen Interpretation und Diskussion als wesentliche Aspekte wissenschaftlicher Arbeitsweise gefördert werden.

5. Fragen oder Anweisungen, die zum Herstellen des medizinischen Bezugs auffordern:

Beschreiben Sie für die Nahakkomodation den Zustand von „Ziliarmuskel" und Linse.
(Schumacher & Theyßen 1999, 93)

Durch Herstellen des medizinischen Bezugs sollen die medizinischen Bezüge für die Studenten transparent gemacht und ihre Motivation aufgefrischt werden.

Durch die beschriebene Anordnung unterschiedlicher Handlungselemente entsteht eine Teilaufgabe als ein zusammenhängender Block aus Durchführung von Anweisungen, Beobachtung von Phänomenen, Auswertung der Messungen und Diskussion der Ergebnisse. Das ermöglicht aufeinander aufbauende Teilaufgaben: Die Ergebnisse einer Teilaufgabe dienen der Vorbereitung nachfolgender Teilaufgaben. Dadurch muss die Vorbereitung komplizierterer Versuchteile nicht mehr vor dem Praktikum erfolgen; eine Vorbereitung außerhalb des Praktikums, die über den ersten Teil hinausgeht, ist tatsächlich hinfällig. Die Anordnung der Teilaufgaben erfolgt nach der medizinischen Relevanz der physikalischen Begriffe und Zusammenhänge: Ausgehend vom medizinischen Aspekt des Versuchs werden die zum Verständnis benötigten physikalischen Begriffe und Zusammenhänge ausgewählt. Zu den Begriffen und Zusammenhängen werden Teilaufgaben so konstruiert, dass diese entsprechend den Begriffen und Zusammenhängen aufeinander aufbauen. Bei dieser Anordnung der Aufgabenfolge ist berücksichtigt, dass nicht auf physikalische Vorkenntnisse zurückgegriffen werden kann. Diese werden erst im Rahmen von Teilaufgaben gebildet. Im Gegensatz zum herkömmlichen Praktikum werden Experimente also nicht zur Überprüfung physikalischer Gesetze eingesetzt, sondern zur systematischen Beobachtung und Untersuchung von Phänomenen, so dass die Grundlage für eine theoretische Beschreibung gebildet wird (Theyßen 1999, 80).

Der Bildung theoretischer Beschreibungen beziehungsweise Zusammenhänge dient der dritte Teil der Anleitung, der zur Nachbereitung zu Hause bearbeitet werden soll. Die Anbindung an die Versuchsdurchführung erfolgt implizit durch das Anknüpfen an Inhalte und die Verwendung einheitlicher Begriffe oder explizit durch Verweise. Dieser Teil beinhaltet Erläuterungen zur physikalischen Theorie ergänzt durch Aufgaben, die zur Formulierung oder Anwendung physikalischer Zusammenhänge auffordern.

Dieser neu entwickelte Praktikumstyp beruht auf der herkömmlichen Praktikumsstruktur. Doch bereits in der Auswahl der Inhalte des Praktikums schlägt sich deutlich die Forderung nach medizinischem Bezug nieder. Die Vorgehensweise während des Versuchsablaufs wird durch die schriftliche, begleitende Anleitung grundlegend verändert: Dadurch gelingt nicht nur eine geeignete Verzahnung von Theorie und Praxis, sondern auch die Verknüpfung physikalischer und medizinischer Inhalte. Außerdem bietet sie durch die ausführliche schriftliche Form eine geeignete Möglichkeit zur Unterstützung der Lernprozesse. Da die Anleitung ebenfalls auf Basis des konsequent-konstruktivistischen Lernmodells entstanden ist, berücksichtigt sie bereits alle wesentlichen lernprozessbezogenen Forderungen. So wird zum Beispiel die bottom-up Entwicklung von Lernprozessen durch die gewählte Aufgabenfolge oder die Initiierung von Rahmungen durch die der experimentellen Aufgabe vorgeschalteten Erläuterungen unterstützt. Diese neue Form der Vorgehensweise wurde von Theyßen (1999) einerseits hinsichtlich des beabsichtigten Verlaufs von Lernprozessen und andererseits hin-

6 DIDAKTISCHE STRUKTURIERUNG

sichtlich der Einschätzung durch die Studenten evaluiert. Dabei kann Theyßen (1999, 116 ff) im Vergleich zum herkömmlichen Praktikum sowohl einen optimierten Verlauf der Lernprozesse, als auch eine positivere Einschätzung der Studenten feststellen. Damit erfüllt diese Praktikumsform insbesondere durch die begleitende Anleitung bereits die auf die Lernprozesse bezogenen Forderungen *DS 5 Förderung von Interaktionen*, *DS 6 Angepasste Aufgabenstellungen* und die aus den Zielen resultierende Forderung *DS 4 Vertiefung und Anwendung von Theorie* (Theyßen 1999, 70 ff).

Projektpraktikum

Eine ebenfalls deutliche Veränderung des physikalischen Praktikums wurde an der Universität Erlangen-Nürnberg vorgenommen. Dort wird seit dem Sommersemester 1999 als Alternative zum dritten Teil des dreiteiligen Anfängerpraktikums ein sogenanntes Projektpraktikum angeboten. Diese Alternative geht zurück auf das sogenannte Projektlabor, das an der TU Berlin bereits seit 1971 angeboten wird. Die Idee dieser Praktikumsform ist, dass die Studenten, in kleinen Gruppen organisiert, eigenständig ein Thema auswählen und dazu ein oder mehrere Experimente planen, aufbauen, durchführen und auswerten. Ziel ist der Erwerb experimenteller Fähigkeiten und die Befähigung zu wissenschaftlichem Denken und Arbeiten (Projeklabor Berlin 2003).

Voraussetzung für die Teilnahme am Projektpraktikum der Universität Erlangen-Nürnberg ist der erfolgreiche Abschluss der beiden vorhergehenden Praktikumsteile, die in den Grundzügen eine Implementation nach Westphal (1937) darstellen. In diesen Praktikumsteilen und im parallel zum Projektpraktikum weiterhin angebotenen dritten Teil des herkömmlichen Praktikums werden die Inhalte jeweils im Verlauf des Semesters in insgesamt 12 Versuchen, jeweils einer pro Woche, bearbeitet. Im gleichen Zeitraum sollen Studenten, die sich für die Durchführung des Projektpraktikums entscheiden, vier Projekte durchführen. Dabei sollen zwei dieser Projekte einführenden und zwei vertiefenden beziehungsweise aufbauenden Charakter haben. Für die einführenden Projekte ist eine Bearbeitungsdauer von zwei Wochen für die weiterführenden Projekte von vier Wochen angesetzt. Die wöchentliche Arbeitszeit ist einschließlich der Nachbereitung mit zwei Nachmittagen pro Woche zu je vier Stunden, also insgesamt 8 Stunden, kalkuliert.

Die Wahl der Projektthemen ist grundsätzlich freigestellt, jedoch sind drei der vier Projekte aus unterschiedlichen Inhaltsbereichen der Physik auszuwählen. Beispiele für im Projektpraktikum von Studenten selbständig bearbeiteten Themen sind:

- Feldverlauf einer (Haushalts-)Mikrowelle
- Entfernungsmessung per Dopplereffekt
- Holographie

- Operationsverstärker
- Physik der Wasserrakete
- Nachweis der Sonolumineszenz
- Schallausbreitung in Medien

Die Projekte beginnen im Gegensatz zu den Versuchen im herkömmlichen Praktikum mit „leeren Tischen". Die Studenten arbeiten in Gruppen von sechs Personen zusammen. Sie schlagen selbst ein Thema vor, konzipieren ein Experiment und führen es einschließlich Interpretation und Dokumentation durch (Projektpraktikum Erlangen 2003a). Die Dokumentation erfolgt in Form eines Protokolls mit dem folgenden Inhalt (Projektpraktikum Erlangen 2003b):

- Beschreibung der Versuchsidee
- Kurze Zusammenfassung der zugrundeliegenden Theorie
- Beschreibung des Versuchsaufbaus einschließlich Begründung
- Beschreibung der Versuchsdurchführung einschließlich Messwerten
- Auswertung der Ergebnisse mit Fehlerdiskussion

Zusätzlich können die Studenten auf freiwilliger Basis ein Poster zur Dokumentation des Projektes anfertigen. Unterstützt werden sie im Verlauf des ganzen Projekts von einem Tutor in Person eines wissenschaftlichen Mitarbeiters. Die Vergabe der Leistungsnachweise erfolgt durch die Praktikumsleitung aufgrund der angefertigten Protokolle.

Das Projektpraktikum verfolgt den Ansatz selbstständigen wissenschaftlichen Arbeitens am Experiment in einer Umgebung, die der typischen Arbeitssituation des Physikers möglichst ähnlich ist. Nach (Projektpraktikum Erlangen 2003b) können die Studenten in dieser Umgebung die Fähigkeit zu wissenschaftlichem Arbeiten und der Gestaltung eigener Experimente erwerben. Darüber hinaus wird vermutet, dass sich das eigenständige Arbeiten positiv auf die Motivation der Studenten auswirkt (Projektpraktikum Erlangen 2003a). Eine Evaluation dieser Annahmen wurde bisher nicht durchgeführt. Daher kann im Hinblick auf Forderung *DS 1* nur die folgende Hypothese formuliert werden:

> H 1   Authentizität
> In einem projektorientierten Praktikum können Studenten experimentelle Fähigkeiten und wissenschaftliche Denk- und Arbeitsweisen, die in der alltäglichen Arbeitssituation eines Physikers benötigt werden, in einer Situation erwerben, die dieser Arbeitssituation ähnlich ist.

6.2 Entwicklung

Aufgabe der Entwicklung ist die Konzeption und Implementation der Lernumgebung „Physikalisches Praktikum für Physiker" auf Grundlage der im vorherigen Abschnitt vorgestellten Voraussetzungen. Dazu sind ausgehend von den an die Lernumgebung gestellten Forderungen die Struktur, die Inhalte und die Vorgehensweise im Praktikum von Grund auf neu zu konzipieren.

6.2.1 Struktur

Die erste Forderung an die Struktur des Praktikums lautet gemäß Abschnitt 6.1.2:

> DS 1 Authentische Arbeitssituation
> Im Praktikum sollen allgemeine experimentelle Fähigkeiten sowie wissenschaftliche Denk- und Arbeitsweisen in einer Situation erlernt werden können, die der alltäglichen Arbeitssituation eines Physikers entspricht.

Nach dieser Forderung ist also die Lernumgebung „Physikalisches Praktikum für Physiker" an der alltäglichen Arbeitsituation eines Physikers zu orientieren. Da die Lernumgebung praktischen Charakter haben soll, kommt hier nur die Arbeitssituation eines Experimentalphysikers in Frage, also die wissenschaftliche Arbeit an einem experimentellen Forschungsprojekt. Gemäß Hypothese *H 1* entspricht ein Projektpraktikum, wie in Abschnitt 6.1.3 beschrieben, genau einer solchen Situation.

Offene Lernumgebungen in Projektform stellen aber bereits hohe Anforderungen an die Fähigkeiten von Lernenden; sie weisen für die Lernenden eine hohe Kompliziertheit auf. Außerdem ergibt sich aus den Erkenntnissen der modernen Lernprozessforschung zum Verlauf von Lernprozessen die Forderung nach einer langsam anwachsenden Kompliziertheit. Deshalb lautet die zweite Forderung an die Struktur des Praktikums:

> DS 2 Kenntnisse über Geräte und Methoden
> Im Verlauf des Praktikums sollen zur Unterstützung des Erwerbs experimenteller Fähigkeiten die Handhabung von Geräten erlernt und zur Unterstützung des Erwerbs wissenschaftlicher Denk- und Arbeitsweisen Methoden zur Planung und Auswertung von Experimenten erworben werden können.

Die Studenten sollen also in den Bereichen ihrer experimentellen Fähigkeiten und wissenschaftlichen Denk- und Arbeitsweisen vorbereitet werden. Dazu werden dem Projektteil des Praktikums zwei weitere Teile vorgeschaltet in denen Geräte sowie Methoden zur Planung und Auswertung von Experimenten gesondert und vorbereitend im Hinblick auf den Projektteil behandelt werden. Da zur Behandlung der Methoden bereits Kenntnisse über Geräte benötigt werden, die Behandlung von Geräten aber ohne besondere Kenntnisse in der Planung und Auswertung von Experimenten realisiert werden kann, sind die Geräte im ersten und die Methoden im zweiten Teil zu behandeln. Damit ergibt sich die in Abbildung 6.3 gezeigte Praktikumsstruktur aus drei aufeinander aufbauenden Praktikumsteilen.

Teil 1	Praktikumsteil Geräte
Teil 2	Praktikumsteil Methoden
Teil 3	Praktikumsteil Projekt

Abbildung 6.3: Struktur des Praktikums

Der Praktikumsteil Projekt wird ähnlich wie das in Abschnitt 6.1.3 beschriebene Projektpraktikum der Universität Erlangen (Projektpraktikum Erlangen 2003a) implementiert: Die Studenten sollen im Rahmen dieses Praktikumsteils in Gruppen ein oder mehrere Projekte durchführen, deren Umfang insgesamt 4 SWS nicht überschreiten soll. Mindestens vier und maximal sechs Studenten bilden dabei eine Gruppe. Die Gruppen wählen das jeweilige Projektthema selbstständig aus und erarbeiten in dessen Rahmen eine Forschungsfrage, die von der Praktikumsleitung abgenommen wird. Nach erfolgreicher Abnahme steht den Studenten für den Bearbeitungszeitraum ein eigener Praktikumsraum für die Durchführung des Projektes zur Verfügung; darüber hinaus haben sie Zugang zur Gerätesammlung. Zur Dokumentation des Projektes fertigen die Studenten ein Poster an. Eine solche Dokumentation der durchgeführten Arbeiten entspricht der typischen Darstellung im Rahmen einer Diplomarbeit oder Promotion. Die Planung, Durchführung, Auswertung und Dokumentation des Projektes wird von einem Praktikumsmitarbeiter als Tutor begleitet. Das Poster wird im Rahmen einer Vorabpräsentation von der Praktikumsleitung abgenommen. Den Abschluss des Projektpraktikums bildet eine öffentliche Posterpräsentation, in der die Studenten anhand des Posters Interessierten ihr Projekt vorstellen.

Die Praktikumsteile Geräte und Methoden gliedern sich in einzelne Versuche. Unter einem Versuch ist in diesem Sinn die Bearbeitung eines aus den Inhaltsdimensionen gewählten Inhalts in einem beschränkten Zeitraum zu verstehen. Gemäß der Lernprozessforschung ist zu berücksichtigen, dass die Versuche längs dieser Praktikumsteile inhaltlich und strukturell aufeinander aufbauen. Im ersten Praktikumsteil sind die Geräte zu behandeln, die im zweiten Praktikumsteil zur Erarbeitung der Methoden benötigt werden. Innerhalb eines Praktikumsteils sind zuerst die Inhalte zu erarbeiten, auf denen im weiteren Verlauf des Praktikumsteils aufgebaut wird. Das heißt zum Beispiel für den Praktikumsteil Geräte, dass zuerst die

6 DIDAKTISCHE STRUKTURIERUNG

Geräte einzuführen sind, die in späteren Versuchen für den Einsatz komplizierterer Geräte benötigt werden. Da die ersten beiden Praktikumsteile gleichzeitig der Vorbereitung auf die selbstorganisationsoffene Lernumgebung des Praktikumsteils Projekte dienen soll, müssen die Versuche im Verlauf des Praktikums in ihrer Vorgehensweise offener werden. Dazu bietet insbesondere der Praktikumsteil Methoden entsprechenden Raum; der Geräteteil kann von einer gewissen Führung der Studenten aufgrund der geringen Vorkenntnisse, die diese im Bereich Geräte und Messgeräte aufweisen, nicht absehen. Der zeitliche Rahmen für die Projekte ist, wie bereits erwähnt, mit 4 SWS angesetzt, so dass für die ersten beiden Teile des Praktikums 4 SWS übrigbleiben, was je 2 SWS pro Teil entspricht.

Damit besteht das Praktikum - wie durch die Rahmenbedingungen gefordert - aus zwei gleichwertigen Lehrveranstaltungen:

1. Geräte und Methoden
2. Projekte

Beide besitzen entsprechend einen Umfang von 4 SWS. Die erfolgreiche Teilnahme wird durch die Vergabe eines Leistungsnachweises bestätigt. Die Vergabe erfolgt für die erste Lehrveranstaltung aufgrund eines Kolloquiums und für die zweite Lehrveranstaltung aufgrund der Vorabpräsentation des zur Dokumentation des Projektes angefertigten Posters.

Die Versuche im Rahmen der ersten Lehrveranstaltung werden im Block angeboten. Dafür ist der vorlesungsfreie Zeitraum nach dem ersten Semester vorgesehen. Für die Projekte, die im Rahmen der zweiten Lehrveranstaltung durchgeführt werden sollen, steht im Anschluss der Zeitraum des zweiten Semesters (einschließlich der vorlesungsfreien Zeit) zur Verfügung. Abbildung 6.4 gibt einen Überblick über die Einbettung des Praktikums in den zeitlichen Ablauf des Grundstudiums.

1. Semester (WS)			2. Semester (SS)		
Jan	Feb	Mär	Apr	Mai	Jun
Geräte und Methoden (4 SWS)			**Projekte (2 SWS)**		

2. Semester (SS)			3. Semester (WS)		
Jul	Aug	Sep	Okt	Nov	Dez
Projekte (2 SWS)					

Abbildung 6.4: Zeitliche Einbettung des Praktikums in den Studiengang

Die Anzahl der Versuche pro Praktikumsteil ergibt sich aus dem zeitlichen Umfang der ersten Lehrveranstaltung von 4 SWS. Das entspricht bei durch die Rahmenbedingungen festgelegten 14 Versuchstagen pro Semester und 3 Zeitstunden pro Versuchsnachmittag einem

Gesamtumfang pro Lehrveranstaltung von 42 Stunden. Um eine größere Anzahl von Versuchen zu erhalten, wird für jeden Versuch nur eine Dauer von zwei Stunden angesetzt. Das Praktikum ist darüber hinaus pro Versuchstag für den Zeitraum von insgesamt vier Stunden geöffnet, um Studenten mit nur geringen Vorkenntnissen eine intensive Beschäftigung mit dem Versuch zu ermöglichen. Für den Praktikumsteil Geräte werden 14 Versuche, für den Praktikumsteil Methoden 7 Versuche angesetzt. Bei einem Zeitumfang von 2 Stunden je Versuch werden damit gerade die 42 Stunden erreicht, die 4 SWS entsprechen.

6.2.2 Inhalte

Im nächsten Schritt sind die Inhalte für die Praktikumsteile Geräte, Methoden und Projekte, sowie der Prüfungen auszuwählen. Für die Auswahl der Inhalte wurde gefordert:

DS 3   Auswahl der Inhalte

Für jeden Praktikumsversuch sind Inhalte aus jeder der Inhaltsdimensionen „Physikalische Themen", „Moderne Themen", „Geräte", „Methoden" und „Wissenschaftstheorie" festzulegen.

Jeder Versuch und jedes Projekt im Praktikum enthalten immer Aspekte aus jeder der genannten Inhaltsdimensionen: so können Methoden praktisch nicht ohne den Einsatz von Geräten behandelt werden; außerdem sind die ausgewählten Geräte und Methoden auf der Skala ihrer Aktualität einzuordnen. Der Einsatz der Geräte und Methoden erfolgt im Rahmen spezifischer Anwendungssituationen, das heißt ausgewählten physikalischen Themen. Demnach sind für die Versuche Aspekte aus jeder der geforderten Inhaltsdimensionen auszuwählen.

Inhalte der Praktikumsteile

Für die drei Teile des Praktikums werden jedoch jeweils Schwerpunkte festgelegt, die sich aus den Betrachtungen zur Struktur des Praktikums ableiten lassen: Im Praktikumsteil Geräte soll die Handhabung von Geräten und Messgeräten als wesentlicher Teil experimenteller Fähigkeiten erlernt werden können. In der Folge wird die Inhaltsdimension „Geräte" in diesem Praktikumsteil höher gewichtet als die anderen Inhaltsdimensionen; insbesondere werden die Inhaltsdimensionen „Methoden" und „Wissenschaftstheorie" bei der Auswahl der Inhalte für diesen Praktikumsteil nicht weiter berücksichtigt. Diese werden dagegen im Praktikumsteil Methoden am höchsten gewertet, während die Inhaltsdimension „Geräte" an dieser Stelle in den Hintergrund tritt.

Im Praktikumsteil Geräte liegt der Schwerpunkt in der Folge auf den Inhaltsdimensionen „Geräte", „Physikalische Themen" und „Moderne Themen". Die Auswahl der zu behandelnden Geräte erfolgt repräsentativ für jeden physikalischen Themenbereich unter dem Kriterium der Aktualität. Zu dieser Einteilung wurde in der Fachlichen Klärung auf Grundlage einer

6 DIDAKTISCHE STRUKTURIERUNG

Literaturrecherche bereits ein Katalog von Vorschlägen erarbeitet, aus denen die Versuche zu bilden sind:

- **Elektrizitätslehre und Elektronik**
  Multimeter, Oszilloskop, Speicheroszilloskop, Elektrische Bauelemente, Digitale Bauelemente, Spannungsquelle, Stromquelle, Halbleiter, Transformator
- **Optik**
  Lichtquellen, Linsen, Optische Bauelemente, Linsensysteme, Mikroskop, Fernrohr, Spektrometer, Interferometer, Refraktometer, Polarimeter
- **Mechanik**
  Schieblehre, Schraubenmikrometer, Kathetometer, Waage, Schallwandler, Viskosimeter
- **Thermodynamik**
  Thermometer, Kalorimeter

Der Schwerpunkt im Praktikumsteil Methoden liegt auf den Inhaltsdimensionen „Methoden" „Wissenschaftstheorie", „Physikalische Themen" und „Moderne Themen".

Wie bereits bei der Erarbeitung der Inhaltsdimensionen in der Fachlichen Klärung erläutert, werden unter Methoden die Methoden der modernen Messtechnik verstanden, da diese als Teil der Konzeption einer Messeinrichtung eine wichtige Grundlage für die Planung von Experimenten darstellen. Wissenschaftstheorie wird hier als die Theorie des physikalischen Experiments interpretiert. Da sich die Methoden der modernen Messtechnik ebenso wie die Theorie physikalischen Experiments für beliebige physikalische Themen behandeln lassen, wird in diesem Praktikumsteil auf eine breite Auswahl physikalischer Themen verzichtet.

Bezüglich der Methoden der modernen Messtechnik wurden in der Fachlichen Klärung die folgenden Inhalte vorgeschlagen; jeweils in Klammern sind die Elemente der Messeinrichtung angegeben, die der Methode zuzuordnen sind:
- Wandlung (Messaufnehmer: Sensor)
- Signalerzeugung (Messumwandler: Signalerzeuger)
- Verstärkung (Messumwandler: Verstärker)
- A/D-Wandlung (Messumwandler: A/D-Wandler)
- Auswertung (Messwertanzeige: Computer)

Für die Auswahl der Inhalte aus der Inhaltsdimension „Wissenschaftstheorie" wird sich an der obigen Interpretation orientiert. Berücksichtigt werden die Komponenten eines physikalischen Experiments, die üblicherweise im Rahmen von wissenschaftlichen Arbeiten beschrieben werden:

- Fragestellung des Experiments
- Theorie des Experiments
- Konzeption der experimentellen Anordnung
- Messung
- Auswertung der Messung
- Dokumentation

Die Auswahl der physikalischen Themen für die Projekte obliegt den Studenten. Eine festgelegte Beschränkung der Auswahl, wie zum Beispiel im Projektpraktikum der Universität Erlangen-Nürnberg durch die Pflicht unterschiedliche physikalische Themen zu behandeln, besteht nicht. Allerdings sollen die Studenten bei der Auswahl der Themen und Forschungsfragen für die jeweiligen Projekte von den Tutoren dazu motiviert werden, verschiedene Themengebiete zu bearbeiten; möglicherweise sogar innerhalb eines Projekts.

Inhalte des Praktikumsteils Geräte am Beispiel der Elektrizitätslehre

Die Aspekte der jeweiligen Inhaltsdimensionen, die sich für die Bearbeitung im Praktikum anbieten, wurden bereits im Rahmen der Fachlichen Klärung (Kapitel 4) erarbeitet. Im Folgenden wird die Auswahl der Inhalte für die Versuche des Praktikumsteils Geräte beispielhaft am physikalischen Thema „Elektrizitätslehre" vorgestellt. Dieses Thema wird aus zwei Gründen gewählt: Einerseits ist es möglich, die Geräte der Elektrizitätslehre ohne den Einsatz von Geräten aus anderen physikalischen Themenbereichen zu behandeln, und andererseits werden in modernen Labors häufig elektronische Geräte eingesetzt. Eine vollständige Liste aller Praktikumsversuche und deren Inhalte findet sich in Anhang A.

Im Rahmen der Fachlichen Klärung wurde bereits eine Liste von Geräten für den Inhaltsbereich „Elektrizitätslehre" aus der gängigen Literatur erarbeitet (vergleiche auch Seite 109): Die dort zuerst aufgeführten Geräte, das Multimeter und das Oszilloskop, gehören zu den gängigsten Messgeräten, die an physikalischen Experimenten eingesetzt werden; sie sind notwendige Bestandteile eines modernen Labors. Entsprechend sollen sie jeweils in einem Versuch behandelt werden. Das Speicher- beziehungsweise Digitaloszilloskop bietet im Vergleich zum Oszilloskop einen deutlich erweiterten Funktionsumfang und wird daher gesondert behandelt. Unter elektrischen Bauelementen sind Widerstände, Spulen und Kondensatoren und die Kombinationen dieser Elemente, wie zum Beispiel der Schwingkreis, zusammengefasst. Digitale Bauelemente wiederum sind Kombinationen von Halbleitern. Daher werden Widerstände, Spulen, Kondensatoren und Halbleiter als Elemente des Stromkreises in einem Versuch und die Kombinationen dieser Elemente als Kombinationen von Elementen des Stromkreises in einem weiteren Versuch behandelt. Die verbleibenden Geräte bilden alleine keine Grundlage für den Inhalt eines weiteren Versuchs. Außerdem werden gerade

6 DIDAKTISCHE STRUKTURIERUNG

Spannungs- und Stromquellen bereits für den Einsatz von Multimetern im entsprechenden Versuch benötigt; sie werden daher als Teil des Versuchs zum Multimeter behandelt. Analog wird zum Beispiel der Funktionsgenerator als Teil des Versuchs zum Oszilloskop behandelt.

Da zur Untersuchung der genannten Elemente des elektrischen Stromkreises bereits das Multimeter und das Oszilloskop eingesetzt werden müssen, sollte der Versuch zu den Elementen des elektrischen Stromkreises als letzter behandelt werden. Das Multimeter wiederum stellt im Vergleich zum Oszilloskop einen besseren Anfangsversuch dar, weil davon auszugehen ist, dass die Studenten in der Schule eher Umgang mit Multimetern (oder im einfacheren Fall Volt- und Amperemetern) als mit dem Oszilloskop hatten. Aus diesen Überlegungen ergeben sich die Versuche für den Themenbereich Elektrizitätslehre und deren Reihenfolge wie in Tabelle 6.2 gezeigt.

	Geräte
G-E1	Multimeter
G-E2	Oszilloskop
G-E3	Digitaloszilloskop
G-E4	Elemente des Stromkreises
G-E5	Kombinationen von Elementen des Stromkreises

Tabelle 6.2: Versuche zu Geräten im Themenbereich Elektrizitätslehre

Inhalte eines Versuchs am Beispiel des Versuchs „G-E1 Multimeter"

Die Auswahl der Inhalte, die innerhalb eines Versuchs behandelt werden sollen, wird im Folgenden am Beispiel des Versuchs „G-E1 Multimeter" beschrieben.

Multimeter lassen sich in zwei Klassen einteilen: die sogenannten Analogmultimeter mit analogem Messwerk und analoger Messwertanzeige und die sogenannten Digitalmultimeter mit Analog/Digital-Wandler und digitaler Messwertanzeige. Da heutzutage bis auf Sonderfälle fast ausschließlich Digitalmultimeter wegen ihrer hohen Präzision und ihres extensiven Funktionsumfangs eingesetzt werden, sollen im Versuch nur Digitalmultimeter verwendet werden. Diese werden der Einfachheit halber im weiteren Verlauf kurz als Multimeter bezeichnet; ein Beispiel für ein solches Gerät zeigt Abbildung 6.5.
Bereits einfache Multimeter, wie sie handelsüblich zu niedrigen Preisen zu erwerben sind, weisen die Funktionen

- Spannungsmessung,
- Strommessung und
- Widerstandsmessung

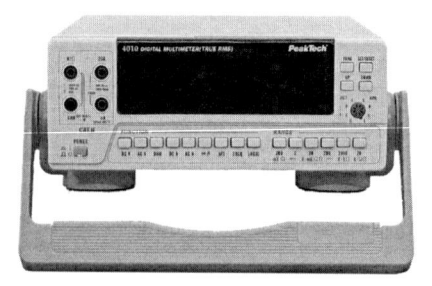

Abbildung 6.5: Beispiel für ein Multimeter

auf, die daher als Grundfunktionen bezeichnet werden und als solche im Versuch untersucht werden sollen. eitere Funktionen, wie die Durchgangsprüfung oder der Batterietest, sind zwar meistens auch in einfachen Multimetern vorhanden, können jedoch auf eine der obigen Funktionen zurückgeführt beziehungsweise durch diese ersetzt werden. Sie sind außerdem für die Arbeit eines Physikers nicht von unmittelbarer Relevanz und werden daher nicht behandelt.

Höherwertige Multimeter weisen einen erweiterten beziehungsweise verbesserten Funktionsumfang auf. Unter verbesserter Funktionalität ist vor allem die automatische Bereichswahl aufzuführen. Zu den zusätzlichen Funktionen zählen Messfunktionen für weitere elektrische Größen wie die Kapazität und die Frequenz. Darüber hinaus sind viele Multimeter in der Lage in Verbindung mit Sensoren auch nicht elektrische Größen, wie zum Beispiel die Temperatur, zu messen. Selbstverständlich stellen die beschriebenen Funktionen nur einen Ausschnitt des angebotenen erweiterten Funktionsumfangs bei Multimetern dar. Je nach Ausführung und vorgesehenem Einsatzgebiet des Multimeters kann dieses zahlreiche weitere Funktionen beinhalten; das sollte im Verlauf des Versuchs zum Gegenstand der Untersuchung gemacht werden. Für die Erarbeitung von erweiterten Funktionen von Multimetern ergeben sich demnach die Aspekte:

- Automatische Bereichswahl
- Kapazitätsmessung
- Frequenzmessung
- Temperaturmessung
- Weitere Funktionen

Als Kriterium für die Auswahl eines Multimeters in einer gegebenen Messsituation dienen dessen Eigenschaften. In diesem Sinn ist die erste relevante Eigenschaft eines Multimeters der Umfang an zur Verfügung stehenden Messfunktionen. Das zweite Kriterium sind die für die jeweils benötigte Messfunktion zur Verfügung stehenden Messbereiche. Weitere wichtige Eigenschaften von Multimetern beziehen sich auf die Verlässlichkeit des angezeigten Werts. Darunter ist zuvorderst die Messunsicherheit des Multimeters zu nennen. Zusätzlich hat das Messgerät einen Einfluss auf die Messung und kann selber dem Einfluss einer physikalischen Größe unterliegen, die nicht die Messgröße ist. Ein Beispiel für ersteres ist die Eingangsimpedanz, für zweiteres der Frequenzgang des Multimeters. Diese beiden Beispiele sollen exemplarisch für die Behandlung der angesprochenen Einflüsse dienen. Damit ergibt sich für die Behandlung der Eigenschaften von Multimeter die folgende Liste:

- Messfunktionen
- Messbereiche
- Messunsicherheit
- Eingangsimpedanz
- Frequenzgang

6.2.3 Vorgehensweise

Die Vorgehensweise im Praktikum äußert sich in der konkreten Implementation der einzelnen Versuche und den Aufgabenstellungen zu diesen Versuchen. Die Forderungen, die an die Vorgehensweise gestellt wurden, sind vor allem Forderungen, die aus den Erkenntnissen über den Verlauf von Lernprozessen resultieren; zuvorderst die Forderung, Lernprozesse durch geeignete Interaktionen sowohl zwischen den Lernenden und der Lernumgebung als auch den Lernenden untereinander zu erzeugen:

> DS 5   Förderung von Interaktionen
> Die Aufgabenstellungen sollen die Interaktionen von Studenten mit der Lernumgebung einerseits und der Studenten untereinander andererseits fördern.

Dieser Forderung kann durch eine die Durchführung der Versuche begleitende Anleitung, die wie bei Theyßen (1999) kleinschritte Anweisungen, Aufgaben und Fragen enthält, nachgekommen werden. Durch Anweisungen und Aufgaben sowie deren Bearbeitung besteht eine kontinuierliche Interaktion zwischen den Lernenden und der Lernumgebung; durch die Fragen kann eine Interaktion zwischen den Lernenden in Form einer Diskussion angeregt werden. Dabei ist unter kleinschrittig nicht zwangsläufig die Zerlegung in Aufgaben niedriger Kompliziertheit zu verstehen. Vielmehr sind die Aufgabenstellungen entsprechend Forderung *DS 6* in ihrer Kompliziertheit an den Verlauf der Lernprozesse anzupassen (siehe unten).

Die Anleitung ist zur Begleitung der Praktikumsteile Geräte und Methoden vorgesehen. Im Praktikumsteil Projekt wird sie durch ein von den Studenten zu führendes Laborbuch ersetzt.

In der Folge besteht die Anleitung aus zwei Teilen, einem zu jedem Praktikumsteil, sowie einer Einführung in das Konzept der Anleitung. Jeder Teil der Anleitung enthält pro Versuch ein eigenes Kapitel, das die Durchführung begleitet.

Die Durchführung eines Versuchs besteht aus der Bearbeitung der begleitenden Anleitung. Die vollständig bearbeitete Anleitung wird vom Tutor kontrolliert und die Richtigkeit durch das Antestat bestätigt. Zur Unterstützung der Studenten bei der Prüfungsvorbereitung ist eine Besprechung der Inhalte des Versuchs am folgenden Versuchstag vorgesehen. Die Tutoren sollen im Rahmen dieser Besprechungen den Studenten eine Einschätzung ihrer Kenntnisse und Fähigkeiten im Hinblick auf die Prüfungen geben. Das durchgeführte Gespräch bestätigt der Tutor mit dem Abtestat.

Der Aufbau der begleitenden Anleitung wird an dieser Stelle exemplarisch am Beispiel des Versuchs „G-E1 Multimeter" dargestellt. Dazu wird an Beispielen aus der Anleitung gezeigt, dass diese die Forderungen an die Vorgehensweise geeignet umsetzt. Die vollständige Anleitung findet sich in Anhang D.1.

Eine wichtige Aufgabe der Anleitungen besteht darin, Lernprozesse zu initiieren und zu orientieren. Dazu wurde gefordert:

> DS 7 Initiierung geeigneter Rahmungen
> Die Aufgabenstellungen im Praktikum sollen so konstruiert sein, dass sie hinsichtlich Struktur und Inhalt förderliche Rahmungen bei den Studenten initiieren.

Wie in Kapitel 5 beschrieben, können nach Haller (1999) Rahmungen in drei Varianten auftreten: Rahmungen die sich auf einen ganzen Versuchsnachmittag (Handlungsszene), auf eine konkrete (Teil-)aufgabe (Handlungsabschnitt) oder eine Anweisung beziehungsweise Frage (Handlungssequenz) beziehen.

Die Initiierung von Rahmungen, die sich auf den ganzen Versuchsnachmittag beziehen, wird durch einen eigenen Abschnitt in der Anleitung zu Beginn jedes Versuchs erreicht. Der Abschnitt ist mit „Über diesen Versuch" betitelt und führt zunächst allgemein in die Thematik des Versuchs ein:

Beispiel aus Abschnitt 1 der Anleitung zum Versuch G-E1 Multimeter
Das Multimeter ist ein Gerät, das verschiedene Messverfahren der Elektrizitätslehre, wie zum Beispiel die **Spannungs-** und die **Strommessung**, in einem Gerät zusammenfasst. Es gibt **Analog-** und **Digitalmultimeter**, die sich durch die Art der Messwertanzeige unterscheiden. Da in modernen Forschungsumgebungen im Wesentlichen **Digitalmultimeter** eingesetzt werden, werden Sie in diesem

6 DIDAKTISCHE STRUKTURIERUNG

Versuch ausschließlich solche kennenlernen; der Einfachheit halber wird daher im weiteren Verlauf, wenn nicht anders angegeben, mit Multimeter ein **Digitalmultimeter** bezeichnet.

Zusätzlich wird ein Überblick über die Aufgabenstellungen gegeben, die im Verlauf der Versuchsdurchführung bearbeitet werden sollen:

> *Beispiel aus Abschnitt 1 der Anleitung zum Versuch G-E1 Multimeter*
> Zu den Grundfunktionen eines Multimeters, die selbst bei den einfachsten Ausführungen zu finden sind, zählen die **Spannungs-** und **Strommessung** sowie die **Widerstandsmessung**. Diese werden Sie im ersten Teil des Versuchs mit einem einfachen Multimeter an verschiedenen Beispielen durchführen.

Das Erzeugen von Rahmungen, die sich auf eine (Teil-)Aufgabe beziehen, wird ebenfalls durch eine kurze Einführung zu Beginn der Aufgabe gefördert. Bevor die Studenten mit der Bearbeitung der Aufgabenstellung anhand von Anweisungen, Aufgaben und Fragen beginnen, wird das Ziel der Aufgabe formuliert. Dabei werden benötigte Geräte und Komponenten von Geräten bezeichnet, so zum Beispiel bei der Bestimmung der Wechselspannung eines Netzgeräts:

> *Beispiel aus Abschnitt 2.1 der Anleitung zum Versuch G-E1 Multimeter*
> In diesem Schritt sollen Sie die Wechselspannung am Wechselspannungsausgang **„AC-Output"** des Netzgerätes **„EA-3048A"** bestimmen.

Innerhalb einer Aufgabenstellung sollen Rahmungen, die sich auf eine unmittelbar folgende Handlungssequenz beziehen, durch die Folge von Anweisungen erzielt werden, entlang der die Studenten die Aufgabenstellungen schrittweise bearbeiten, zum Beispiel nachdem die Studenten zur Messung notwendigen Schritte aufgelistet haben:

> *Beispiel aus Abschnitt 2.1 der Anleitung zum Versuch G-E1 Multimeter*
> Führen Sie die Arbeitsschritte nun durch und notieren Sie Messwert, Messfunktion und Messbereich.

Inhaltlich unterschiedliche Rahmungen werden wie von Haller (1999) vorgeschlagen durch eine Verzahnung von Aufbau-, Mess- und Auswertephasen erzeugt. Dazu werden Anweisungen, die wie im obigen Beispiel bereits Aufbau- und Messphasen initiieren, durch Aufgaben zur Einleitung von Auswertephasen ergänzt. Beispiele dafür sind die angesprochene Auflistung der Arbeitsschritte oder Fragen wie:

> *Beispiel aus Abschnitt 2.1 der Anleitung zum Versuch G-E1 Multimeter*
> Welche Kenngröße der Wechselspannung messen Sie hier?

Wie oben bereits angesprochen, entsteht die Kleinschrittigkeit der Anleitungen nicht durch Zerlegung in Aufgaben minimaler Kompliziertheit, sondern in der Anpassung der Aufgabenstellungen an die Komplexitätsentwicklung der Studenten. Dazu wird gefordert:

DS 6   Angepasste Aufgabenstellungen
Die Kompliziertheit der Aufgabenstellungen muss an die Komplexitätsentwicklung der Studenten angepasst werden; das heißt, sich langsam bottom-up entwickeln.

Zur Konstruktion der Aufgabenstellungen werden daher die zuvor für den Versuch ausgewählten Inhalte nach ihrer Kompliziertheit sortiert. Zum Beispiel wurden für den Versuch zum Multimeter dessen grundlegende und erweiterte Funktionen sowie Eigenschaften ausgewählt. Da das Multimeter in diesem Kontext als das Objekt aufzufassen ist, sind die Funktionen Objektmerkmale. Deren Untersuchung erfolgt auf der Komplexitätsebene Fokussierungen. Für die Behandlung der grundlegenden Funktionen wird ein einfaches Multimeter und für die erweiterten Funktionen ein Multimeter mit größerem Funktionsumfang verwendet. Das Objekt wird also beim Wechsel zum zweiten Multimeter im Hinblick auf Objektmerkmale variiert. Daher findet die Behandlung der erweiterten Funktionen auf der Ebene Operationen statt. Die Erarbeitung der Eigenschaften beruht offensichtlich mindestens auf der Ebene Eigenschaften; da hier aber bereits mehrere Eigenschaften des Multimeters beziehungsweise der Multimeter miteinander verknüpft werden, zum Beispiel die vorhandenen Messfunktionen mit den jeweils zur Verfügung stehenden Messbereichen, treten auch Aufgaben der Kompliziertheit Ereignisse auf. Einen Überblick über die Abschnitte des Versuchs und die Kompliziertheiten gibt Tabelle 6.3.

Abschnitt	Titel	Kompliziertheit
1	Über diesen Versuch	
2	Grundfunktionen	Fokussierungen
3	Erweiterte Funktionen	Operationen
4	Eigenschaften	Ereignisse

Tabelle 6.3: (Maximale) Kompliziertheit der Abschnitte der Anleitung zum Versuch „G-E1 Multimeter"

Innerhalb jedes dieser Abschnitte, ausgenommen der Einführung, werden die Inhalte bei gleichbleibender Kompliziertheit der Aufgabenstellung variiert; beispielsweise werden im Abschnitt zu den Grundfunktionen unterschiedliche Messfunktionen als Objektmerkmal identifiziert:

1. Spannungsmessung
2. Strommessung

6 DIDAKTISCHE STRUKTURIERUNG

3. Widerstandsmessung

Die jeweiligen Messfunktionen werden wiederholt in unterschiedlichen Kontexten eingesetzt; dadurch sollen stabile Bedeutungskonstruktionen zum Einsatz der jeweiligen Messfunktion erreicht werden. So wird zum Beispiel die Gleichspannung an einer Batterie, einem Netzgerät und einer Glühlampe gemessen. Die Kompliziertheit der Aufgabenstellung innerhalb dieses Praktikumsversuches ist zu Beginn sehr niedrig angesetzt und wird auch nur langsam gesteigert. Das ist in der Intention des Versuchs begründet: er bildet den Einstieg in das Praktikum. Da die Studenten im Allgemeinen nur wenig und teilweise sogar keine Vorkenntnisse im Umgang insbesondere mit Messgeräten besitzen, sollen auf diese Art und Weise alle Studenten bezüglich des Multimeters zu stabilen Kenntnissen auf der Komplexitätsebene Eigenschaften geführt werden.

Die letzte verbleibende Forderung bezieht sich auf die Einbettung der Theorie in den Praktikumsverlauf:

> DS 4   Vertiefung und Anwendung von Theorie
> Die Aufgabenstellungen im Praktikum sollen die Anwendung und Vertiefung theoretischer Kenntnisse ermöglichen.

Unter Theorie sind hier zum Einen physikalische Themen zu verstehen, wie sie in der Vorlesung Experimentalphysik behandelt wurden. Diese theoretischen Inhalte sollen im Praktikum angewandt und vertieft, nicht aber neu erworben werden. Zum Anderen bezieht sich Theorie aber auch auf den Erwerb von Theorie zu den Geräten und Methoden, die im Praktikum behandelt werden. Diese Theorie kann nur im Praktikum erworben werden.

In der Anleitung kann die Verbindung von Theorie und Praxis dadurch realisiert werden, dass die Theorie an der entsprechenden Stelle des Versuchablaufs präsentiert beziehungsweise darauf Bezug genommen wird.

Zum Beispiel sollen die Studenten als Aufgabe zunächst die Spannung an einer mit einem Netzgerät verbundenen Glühlampe messen, nachdem sie die Spannung am Netzgerät so eingestellt haben, dass die Glühlampe leuchtet. In den nächsten Schritten sollen sie die Gesamtspannung und die Teilspannungen an einer Reihenschaltung aus zwei Glühlampen untersuchen. Abschließend folgt ein Textabschnitt, der die Verbindung zur Theorie, hier dem Ohmschen Gesetz, herstellt:

Abschnitt 2.1 der Anleitung zum Versuch G-E1 Multimeter
Eine Spannungsquelle hält also die Gesamtspannung, die gleich der Summe der Spannungen über allen in Reihe geschalteten Verbrauchern ist, in einem Stromkreis konstant. Der Strom in diesem Stromkreis wird damit nach dem **Ohmschen Gesetz** durch den Gesamtwiderstand des Stromkreises festgelegt.

Zur Wiederholung wird in einer der folgenden Aufgabenstellungen erneut auf der gleichen Komplexitätsebene Bezug zum gleichen Inhalt, dem Ohmschen Gesetz, hergestellt: Dazu untersuchen die Studenten den Gesamtstrom und die Teilströme an einer Reihenschaltung und einer Parallelschaltung aus zwei Glühlampen, die an einer Konstantstromquelle betrieben werden. Wieder wird der Bezug durch einen entsprechenden Textabschnitt hergestellt:

Abschnitt 2.2 der Anleitung zum Versuch G-E1 Multimeter
Eine Stromquelle hält den Gesamtstrom in einem Stromkreis konstant. Die Gesamtspannung wird nach dem **Ohmschen Gesetz** durch den Gesamtwiderstand des Stromkreises festgelegt.

Auf Grundlage der auf diese Art hergestellten Verbindung zur Theorie kann diese herangezogen werden, um Theoretisches spezifisch für Geräte oder Methoden anzubieten; basierend auf den obigen Beispielen zum Beispiel für das Multimeter:

Abschnitt 4.2 der Anleitung zum Versuch G-E1 Multimeter
Eine Messung, die Sie mit einem Multimeter in einem elektrischen Stromkreis durchführen, verändert immer auch den Stromkreis, da das Multimeter einen **Innenwiderstand**, auch als **Eingangsimpedanz** bezeichnet, besitzt. Diese Eingangsimpedanz hängt von der gewählten Messfunktion und dem gewählten Messbereich ab.

Nach Haller (1999, 167) kann durch die Aufforderung zur Äußerung von Vermutungen, also zur Bildung von Hypothesen, ebenfalls eine Verbindung von Theorie und Praxis ermöglicht werden. Das kann mit der bisherigen Vorbereitung als Basis erreicht werden: An den ersten beiden obigen Beispielen wurde bereits am praktischen Beispiel eine Vertiefung der Theorie, in diesem Fall zum Ohmschen Gesetz, ermöglicht. Der Bezug zum Multimeter wurde durch das letzte Beispiel hergestellt. Im Anschluss an den Textabschnitt des letzten Beispiels werden nun die Studenten zur Formulierung einer Vermutung auf Basis der bisher erarbeiteten theoretischen Zusammenhänge durch die folgende Aufgabe angeregt:

Abschnitt 4.2 der Anleitung zum Versuch G-E1 Multimeter
In welchen Bereichen vermuten Sie günstige Eingangsimpedanzen für die Spannungsmessung und für die Strommessung? Begründen Sie Ihre Überlegung!

Die Lernumgebung „Physikalisches Praktikum für Physiker" wurde an der Heinrich-Heine-Universität Düsseldorf in der beschriebenen Form, das heißt bestehend aus den Praktikumsteilen Geräte, Methoden und Projekte, strukturiert. Dazu wurden zunächst die Versuche für den Inhaltsbereich Elektrizitätslehre und die Methoden moderner Messtechnik exemplarisch entwickelt, im Wintersemester 2001/2002 durchgeführt und evaluiert. Die Ergebnisse der Evaluation werden im nächsten Abschnitt beschrieben.

6.3 Evaluation

Aufgabe der Evaluation ist es, zu überprüfen, ob die in Abschnitt 6.1.2 an die Lernumgebung gestellten Forderungen von der im vorherigen Abschnitt beschriebenen Implementation erfüllt werden. Dazu werden zunächst aus den Forderungen an die Lernumgebung Hypothesen und dann Forschungsfragen abgeleitet.

6.3.1 Forschungsfragen

Die Forderungen an die Lernumgebung, die aus den Ergebnissen von Fachlicher Klärung und Erhebung der Lernerperspektive abgeleitet wurden, beziehen sich auf drei unterschiedliche Bereiche des Praktikums: die Struktur, die Inhalte und die Vorgehensweise.

Die Forderung *DS 1 Authentische Arbeitssituation* wurde durch Implementation eines Praktikumsteils Projekte in der Praktikumsstruktur nach dem Projektpraktikum Erlangen (2003a) realisiert. Dieses Vorgehen stützt sich auf die bereits in Abschnitt 6.1.3 formulierte Hypothese:

> H 1   Authentizität
> In einem projektorientierten Praktikum können Studenten experimentelle Fähigkeiten und wissenschaftliche Denk- und Arbeitsweisen, die in der alltäglichen Arbeitssituation eines Physikers benötigt werden, in einer Situation erwerben, die dieser Arbeitssituation ähnlich ist.

Die offene Form des Praktikumsteils Projekte wird aufgrund von Forderung *DS 2 Kenntnisse über Geräte und Methoden* durch zwei weiteren Praktikumsteile vorbereitet, in denen die Handhabung von Geräten und die Methoden zur Planung und Durchführung von Experimenten erlernt werden sollen. Die Auswahl der Inhalte und die Vorgehensweise ergab sich aus den Forderungen *DS 3* beziehungsweise *DS 4* bis *DS 7*. Die Umsetzung dieser Forderungen in Versuche, die durch kleinschrittige und ausführliche Anleitungen begleitet werden, dient vor allem dazu, der Forderung *DS 2 Kenntnisse über Geräte und Methoden* zu genügen. Daraus ergeben sich die Hypothesen:

> H 2   Praktikumsteil Geräte
> Durch die Implementation des Praktikumsteils Geräte lernen die Studenten die Handhabung von Geräten.

> H 3   Praktikumsteil Methoden
> Durch die Implementation des Praktikumsteils Methoden erlernen die Studenten Methoden zur Planung und Auswertung von Experimenten.

Diese Hypothesen *H2* und *H3* sowie die Hypothese *H1* sind durch die Evaluation der drei Praktikumsteile zu bestätigen oder zu widerlegen. Da die Praktikumsteile Geräte und Methoden aber der Vorbereitung der Studenten auf den Praktikumsteil Projekt dienen, ist eine Evaluation des letzteren nur dann sinnvoll, wenn die beiden ersten Praktikumsteile und damit die Hypothesen *H2* und *H3* bestätigt werden konnten. Daher wird die Überprüfung der Hypothese *H1* in dieser Arbeit zunächst zugunsten der Überprüfung der Hypothesen *H2* und *H3* zurückgestellt.

Für die Evaluation des Praktikumsteils Geräte ist also zu untersuchen, ob die Studenten die Handhabung von Geräten erlernen. Das betrifft bezogen auf eine Anwendungssituation erstens die Auswahl geeigneter Geräte und zweitens den Einsatz der Geräte. Die Auswahl der Geräte erfolgt aufgrund der Kenntnisse der Studenten über Funktionen und Eigenschaften der zur Verfügung stehenden Geräte. Die Forschungsfragen für die Evaluation des Praktikumsteils Geräte ergeben sich damit wie folgt:

1. **Kennen** die Studenten **Funktionen und Eigenschaften** der im physikalischen Praktikum für Physiker behandelten **Geräte**?

2. **Können** die Studenten die im physikalischen Praktikum für Physiker behandelten **Geräte einsetzen**?

Die Forschungsfragen zur Evaluation des Praktikumsteils Methoden leiten sich analog ab:

3. **Kennen** die Studenten die im physikalischen Praktikum für Physiker behandelten **Methoden**?

4. **Können** die Studenten die im physikalischen Praktikum für Physiker behandelten **Methoden einsetzen**?

6.3.2 Methoden der Untersuchung

Den Forschungsfragen ist zu entnehmen, dass die Evaluation der Praktikumsteile sich jeweils auf zwei unterschiedliche Aspekte bezieht: Die Kenntnisse der Studenten über Geräte beziehungsweise Methoden auf der einen und den Einsatz derselben auf der anderen Seite. Beide sind mit unterschiedlichen Untersuchungsmethoden zu erheben.

Die Kenntnisse der Studenten über Geräte und Methoden werden in schriftlichen Tests, im folgenden als Wissenstests bezeichnet, abgefragt. Die Untersuchung der Fähigkeiten der Studenten beim Einsatz von Geräten und Methoden kann durch Wissenstests nicht gelingen: Dazu ist der Einsatz der Geräte und Methoden bei der Bearbeitung vorgegebener Aufgaben zu bewerten; auf diese wird im folgenden als Experimentaltests Bezug genommen.

6 DIDAKTISCHE STRUKTURIERUNG 121

Wissens- und Experimentaltests werden jeweils einmal unmittelbar vor dem Praktikum (Vortest) und einmal nach dem Praktikum (Nachtest) durchgeführt. Die Differenz der Ergebnisse aus Vor- und Nachtest wird dem jeweiligen Praktikumsteil als Effekt zugeschrieben. In den beiden folgenden Abschnitten werden die methodischen Details der beiden Testformen besprochen.

Wissenstests

Die Wissenstests werden als Fragebögen mit einem gebundenen Antwortformat konzipiert, da diese eine relativ hohe Auswerteobjektivität bieten. Zwar können die vorgegebenen Antwortalternativen zu Lasten der Validität der Tests gehen; das bedeutet aber in der vorliegenden Untersuchung keine Schwierigkeit: Untersucht werden soll, ob die Studenten für ein vorliegendes Multimeter Funktionen und Eigenschaften so einschätzen können, dass sie für eine Anwendungssituation eine geeignete Auswahl treffen können. Wollen die Studenten zum Beispiel die Frequenz einer hochfrequenten Wechselspannung messen, so müssen Sie zunächst entscheiden ob die Geräteklasse Multimeter allgemein dazu geeignet ist und wenn ja, ob eines der konkret vorliegenden Geräte die geeignete Messfunktion und Frequenzmessung und einen entsprechend hochfrequenten Messbereich aufweist. Demnach entspricht die Entscheidung in der gegebenen Anwendungsituation der Entscheidung zwischen verschiedenen Antwortmöglichkeiten in einem schriftlichen Test. Hier werden Multiple-Select-Tests verwendet, da diese im Gegensatz zu Multiple-Choice-Tests eine deutlich niedrigere Ratewahrscheinlichkeit aufweisen. Während die Ratewahrscheinlichkeit bei Multiple-Choice-Tests mit n Antwortmöglichkeiten $R_{MC}(n) = \frac{1}{n}$ beträgt, ergibt sich für Multiple-Select-Tests mit bis zu n richtigen Antworten lediglich eine Ratewahrscheinlichkeit von

$$R_{MS}(n) = \frac{1}{\sum_{k=1}^{n} \binom{n}{k} + 1}.$$

Bei $n = 5$ Antwortmöglichkeiten bedeutet das gerade eine Ratewahrscheinlichkeit von 3 Prozent. Eine Mustererkennung beziehungsweise Erinnerung von Antwortmustern wird durch Variation der Reihenfolge der Antwortmöglichkeiten zwischen Vor- und Nachtest vermieden.

Wie bereits angesprochen erfolgt in einer gegebenen Anwendungssituation die Auswahl eines konkreten Gerätes in zwei Schritten: Zunächst wird die Entscheidung für eine Geräteklasse anhand derer Eigenschaften und Funktionen getroffen und dann wird innerhalb dieser Geräteklasse ein konkretes Gerät anhand dessen Funktionen und Eigenschaften ausgewählt. Für den Praktikumsteil Geräte ist der Wissenstest daher zunächst zweiteilig konzipiert: ein Teil mit allgemeinen Fragen, die sich auf die Geräteklasse beziehen und ein Teil mit Fragen, die sich auf ein konkretes Gerät beziehen. Hierzu wird ein Gerät ausgewählt, das auch im Praktikum behandelt wurde. Um zusätzlich zu untersuchen, inwieweit unbekannte

Geräte hinsichtlich ihrer Funktionen und Eigenschaften eingeschätzt werden können, wird der Nachtest um einen dritten Teil ergänzt, in dem ein nicht im Praktikum behandeltes Gerät abgefragt wird.

Der Wissenstest zur Untersuchung des Praktikumsteils Methoden ist in Anlehnung hieran konstruiert, besteht jedoch in Vor- und Nachtest jeweils nur aus zwei Teilen: ein Teil beschäftigt sich mit dem Aufbau eines physikalischen Experiments und ein Teil bezieht sich auf die Methoden der modernen Messtechnik. Die Behandlung unbekannter Methoden erfolgt nicht, weil sich Methoden nicht in Klassen einteilen lassen und daher nicht von den Funktionen und Eigenschaften bekannter Methoden auf die unbekannter geschlossen werden kann.

Experimentaltests

Die Exerimentaltests dienen zur Untersuchung der Frage, ob die Studenten die im Praktikum behandelten Geräte und Methoden in einer gegebenen Anwendungssituation selbstständig einsetzen können. Da die Fähigkeit zur Auswahl der Geräte beziehungsweise Methoden bereits im Rahmen der Wissenstests erhoben wurde, wird hier eine Anwendungssituation geschaffen, in der eine vorgegebene Aufgabe mit vorgegebenem Material durch den Einsatz eines spezifischen Gerätes beziehungsweise einer spezifischen Methode bearbeitet werden soll. Diese Bearbeitung soll - der typischen Anwendungssituation ähnlich - offen, das heißt ohne die Unterstützung zum Beispiel einer schriftlichen Anleitung oder eines Tutors erfolgen. Entsprechend enthalten die Aufgaben neben der Bezeichnung der Materialien und der Formulierung der Messaufgabe keine weiteren Anweisungen. Die Bearbeitung der Tests durch die Studenten wird videographiert. Die Auswertung der Tests erfolgt anhand der Videoaufnahmen.

Gemäß dem der Lernumgebung zugrundeliegenden Verständnis von Lernen (Kapitel 2) wurde der Einsatz von Geräten respektive Methoden dann erlernt, wenn eine bereits einmal bearbeitete Aufgabe bei wiederholter Bearbeitung in höchstens der gleichen Zeit auf qualitativ höherem Niveau gelöst wird. Damit ergeben sich drei Kriterien für die Bewertung der Experimentaltests:

- die Zeit,

- die Zahl der gelösten Aufgaben und

- die Qualität der Bearbeitung der Aufgaben

Die Zeit wird vom Erhalten der Aufgabenstellung bis zum Ende der Bearbeitung gerechnet; für die Teilaufgaben ab Beschäftigung mit der Aufgabenstellung bis zum Ende der Bearbeitung dieser Teilaufgabe. Um eine ausufernde Bearbeitung zu unterbinden, wird die zur Verfügung stehende Gesamtzeit beschränkt. Die Beschränkung wird so kalkuliert, dass im

6 DIDAKTISCHE STRUKTURIERUNG

Nachtest die vollständige Bearbeitung aller Aufgaben innerhalb des Zeitlimits möglich ist.

Eine im Sinn der Aufgabe vollständig und richtig bearbeitete Aufgabe wird als gelöst angesehen. Die Zahl der gelösten Aufgaben bezogen auf die Gesamtzahl der Aufgaben wird als Lösungsquote definiert.

Für das letzte Kriterium wird eine Skala benötigt. Mit dem Komplexitätsmodell und dem Konzeptualisierungsmodell (vergleiche Abschnitt 2.3 und Abschnitt 2.5) liegen zwei Skalen vor. Erstere dient einer Beschreibung der Entwicklung von Lernprozessen; sie bezieht sich auf die Quantisierung von Unterschieden in den Bedeutungskonstruktionen von Lernenden, die sich auf einen Inhalt beziehen. Im Gegensatz dazu stellt das Konzeptualisierungsmodell von C. von Aufschnaiter (2002) eine Skala zur Ordnung von Vorgehensweisen und deren Entwicklung bei der Bearbeitung von Aufgaben dar. Es ist zur qualitativen Bewertung des Einsatzes von Geräten beziehungsweise Methoden bei der Bearbeitung experimenteller Aufgaben besser geeignet. Die Kategorien sind jedoch spezifisch für die Vorgehensweise beim Einsatz von Geräten beziehungsweise Methoden zu interpretieren.

Für die Bewertung des Einsatzes von Geräten sind vor allem Handlungen, die an den Geräten vorgenommen werden, wie zum Beispiel Handlungen zur Inbetriebnahme oder Justage, relevant; das schließt die auf die jeweiligen Geräte bezogenen Sprechhandlungen mit ein. Die Interpretation der Kategorien hinsichtlich der an Geräten vorgenommen Handlungen zur qualitativen Einschätzung des Einsatzes von Geräten ist in Tabelle 6.4 dargestellt. Dabei werden jeweils die Abkürzung und Bezeichnung der Kategorie, die auf den Einsatz von Geräten bezogene Beschreibung und ein dazugehöriges Beispiel angegeben.

Die Kategorisierung sollte im günstigsten Fall bezogen auf einzelne Handlungen erfolgen. Eine solche Auswertung ist technisch aber nur unter sehr hohem Aufwand realisierbar: die Videodaten müssten transskribiert und die Transskripte entsprechend ausgewertet werden. Dafür wird üblicherweise die zwanzigfache Zeit der Rohdaten angesetzt. Ein solches Verfahren eignet sich für Fallstudien, nicht aber für eine breiter angelegte Evaluation. Darüberhinaus könnte Einzelhandlungen, sofern es keine Sprechhandlungen sind, im verwendeten Kategoriensystem immer nur die Kategorie Experiment zugeschrieben werden, so dass systembedingte Verfälschungen aufträten. Handlungen sollen daher im Kontext der jeweiligen Situation, in der sie durchgeführt, werden bewertet werden. Die Dauer dieses Bewertungskontextes wurde mit 10 Sekunden der kürzesten Dauer einer Bedeutungsentwicklung entsprechend gewählt; in diesem Raster werden beobachtete Handlungen zu einer Einheit zusammengefasst. Die Zuschreibung der Kategorien erfolgt also im Abstand von 10 Sekunden auf den vorliegenden Videodaten.

EX	**Explorativ**
EXP	Experiment
	Handlungen werden durchgeführt. Eventuell werden die durchgeführten Handlungen und/oder Beobachtungen begleitend benannt.
	Student: (nimmt Kabel) Nehmen wir doch ein rotes und ein schwarzes!
GE	Gedankenexperiment
	Handlungen und/oder Beobachtungen werden beschrieben aber nicht durchgeführt.
	Student: Wollen wir erstmal das [Multimeter] starten bevor wir das machen?
BE	Beschreibung
	Zur Beschreibung von Handlungen oder Beobachtungen werden beliebige sprachliche Elemente eingesetzt.
	Student: Da kannst Du Input, nein Output. Also das wo's rauskommt
IR	**Intuitiv Regelbasiert**
EB	Erfahrungsbasiert
	Handlungen erfolgen erwartungsorientiert. Eventuell werden begleitend erwartete Ergebnisse formuliert.
	Student: (versucht den Funktionswahlschalter zu drehen) Das muss man doch drehen können.
AB	Aussagenbasiert
	Handlungen basieren auf als relevant aufgefassten externen Aussagen.
	Student: Wir sollten aber vorher immer fragen!
ZU	Zuordnung
	Zur Beschreibung von (möglichen) Handlungen oder Beobachtungen werden systematisch fachspezifische sprachliche Elemente (Fachbegriffe) eingesetzt.
	Student: (zeigt auf das Multimeter) Damit können wir Strom messen.
ER	**Explizit Regelbasiert**
VG	Verallgemeinerung
	(Mögliche) Handlungen oder Beobachtungen werden auf Klassen von Objekten bezogen.
	Student: Spannung misst Du parallel und Strom in Reihe.
ERK	Erklärung
	Zwei Verallgemeinerungen (VG) werden zu einer Regel kombiniert.
	Student: Ein Multimeter muss zur Strommessung in Reihe geschaltet werden, weil man Strom in Reihe misst
HYP	Hypothese
	Das Ergebnis einer Handlung wird auf Basis einer Erklärung (ERK) prognostiziert.
	Student: Müsste egal sein, ob vor oder hinter dem Widerstand Strom gemessen wird. Der Strom ist ja überall gleich.

Tabelle 6.4: Kategorien zur Bewertung von Handlungen beim Einsatz von Geräten

Für die Untersuchung der Fähigkeiten der Studenten beim Einsatz von Methoden kann eine Zuschreibung auf einem Raster von 10 Sekunden nicht verwendet werden, weil die in dieser Zeit zu beobachtende Anzahl von Handlungen nicht zum Erkennen methodischen Vorgehens ausreicht. Entsprechend wird für die Experimentaltests Methoden eine andere Beurteilung gewählt: Nach Haller (1999) zerlegen Lernende komplexe Aufgaben in mehrere Teilaufgaben, deren maximale Bearbeitungszeit zwischen einer und zehn Minuten liegt. Diese Folgen von Teilaufgaben werden anhand der vorliegenden Videodaten identifiziert und die Vorgehensweise zur Lösung jeder Teilaufgabe bewertet. Dazu wurden die im Rahmen der Experimentaltests Geräte eingesetzten Kategorien entsprechend adaptiert (siehe Tabelle 6.5). Auf Beispiele wurde in dieser Tabelle verzichtet, da die Bewertung nur an einer längeren Folge von Handlungen und Verbalisierungen verdeutlicht werden kann; Beispiele für in den Videoaufnahmen beobachtete Lösungen von Teilaufgaben und die Zuschreibung der Kategorien

EX	**Explorativ**
EXP	Experiment Die Vorgehensweise wird beliebig ohne konkrete Erwartung gewählt. Eventuell werden begleitend Handlungen oder Beobachtungen beschrieben.
GE	Gedankenexperiment Handlungen oder Beobachtungen einer Vorgehensweise werden benannt, die Vorgehensweise wird aber nicht umgesetzt.
BE	Beschreibung Zur Beschreibung der Vorgehensweise werden beliebige sprachliche Elemente eingesetzt.
IR	**Intuitiv Regelbasiert**
EB	Erfahrungsbasiert Die Vorgehensweise zur Lösung der Aufgabe ist offensichtlich erwartungsorientiert. Eventuell wird formuliert, welches Ergebnis erreicht werden soll.
AB	Aussagenbasiert Die Vorgehensweise bei der Lösung der Aufgabe basiert auf einer als relevant aufgefassten externen Aussage.
ZU	Zuschreibung Zur Beschreibung von (möglichen) Handlungen oder Beobachtungen werden systematisch fachspezifische sprachliche Elemente (Fachbegriffe) eingesetzt.
ER	**Explizit Regelbasiert**
VG	Verallgemeinerung (Mögliche) Vorgehensweisen werden auf Klassen von Objekten bezogen.
ERK	Erklärung Zwei Verallgemeinerungen (VG) werden zu einer Regel kombiniert.
HYP	Hypothese Das Ergebnis einer Vorgehensweise wird auf Basis einer Erklärung (ERK) prognostiziert.

Tabelle 6.5: Kategorien zur Bewertung der Vorgehensweise bei der Lösung von experimentellen Aufgaben

werden in der Darstellung der Untersuchung im folgenden Abschnitt gegeben.

6.3.3 Untersuchung

Die Untersuchungen zur Evaluation des Praktikums wurden wie das Praktikum im Wintersemester 2001/2002 durchgeführt. Die Wissens- und Experimentaltests Geräte beziehungsweise Methoden wurden jeweils unmittelbar vor und unmittelbar nach dem entsprechenden Praktikumsteil in der Reihenfolge Wissenstest und Experimentaltest durchgeführt. In dieser Reihenfolge ist die Beeinflussung des einen Tests durch den anderen niedrig: Aus Beantwortung von Fragen zur Auswahl von Geräten, das heißt Funktionen und Eigenschaften, können keine Fähigkeiten bezüglich des Einsatz erworben werden. Bei umgekehrter Reihenfolge kann – insbesondere im Vortest – beim Einsatz der Geräte Wissen über Funktionen und Eigenschaften erworben werden. Bei größeren zeitlichen Abständen zwischen den Tests besteht die Gefahr, dass die Studenten sich untereinander austauschen oder externe Informationsquellen heranziehen.

Praktikumsteil Geräte

Für den Praktikumsteil Geräte wurden stellvertretend das Multimeter und das Oszilloskop für die Untersuchung ausgewählt. Zu jedem Gerät wurde ein Wissenstest gemäß der methodischen Überlegungen in Abschnitt 6.3.2 konstruiert. Der Aufbau wird im Folgenden am Beispiel des Multimeters beschrieben. Die vollständigen Tests für beide Geräte finden sich in Anhang E.

Der allgemeine Teil des Wissenstests Multimeter besteht aus Fragen zu den im Praktikum behandelten Eigenschaften des Multimeters (Messunsicherheit, Eingangsimpedanz und Frequenzgang). Zum Beispiel wird zur Eingangsimpedanz gefragt:

Beispielfrage aus dem allgemeinen Teil des Wissenstests Multimeter

2. In welcher Größenordnung liegt die Eingangsimpedanz eines Multimeters bei der Spannungsmessung?

    (a) $1\,\Omega$

    (b) $1\,G\Omega$

    (c) $1\,k\Omega$

    (d) $1\,m\Omega$

    (e) $1\,M\Omega$

Der spezifische Teil der Tests bezieht sich vor allem auf den Funktionsumfang der Geräte, wie zum Beispiel in der folgenden Frage:

6 DIDAKTISCHE STRUKTURIERUNG 127

Beispielfrage aus dem spezifischen Teil des Wissenstests Multimeter
1. Welche der folgenden elektrischen Größen können Sie mit diesem [dem abgebildeten] Gerät messen?

   (a) Gleichspannung

   (b) Frequenz

   (c) Induktivität

   (d) Kapazität

   (e) Feldstärke

Die beiden Wissenstests Multimeter und Oszilloskop wurden im Wintersemester 2001/2002 unmittelbar vor Beginn des Praktikums und nach dem Praktikumsteil Geräte durchgeführt. Sie umfassten im Vortest 9 beziehungsweise 12 und im Nachtest 12 beziehungsweise 15 Aufgaben[3]. Für beide Tests standen jeweils 20 Minuten zur Verfügung, die aber von keinem der Befragten vollständig ausgenutzt wurden. Insgesamt wurden im Vortest 35 Studenten befragt. Aufgrund von Krankheit und Abbruch waren von den 35 Studenten im Nachtest nur noch 32 anwesend. Die im Nachtest fehlenden Studenten wurden auch bei der Auswertung des Vortests nicht berücksichtigt, um eine Verfälschung der Ergebnisse zu vermeiden. Somit beziehen sich die folgenden Ergebnisse auf eine Gesamtzahl von $n=32$.

Bei der Auswertung der Tests wurde jede vollständig richtig beantwortete Frage, das heißt bei Multiple-Select insgesamt fünf richtig beantwortete Items, mit einem Punkt bewertet; jede falsch beantwortete mit Null Punkten. Die im Mittel von den Studenten im Vor- und Nachtest erreichten Punkte sowie der entsprechende Zuwachs sind jeweils zusammen mit der Streuung in Abbildung 6.6 dargestellt: jeweils für das Multimeter (links) und das Oszilloskop (rechts).

Wie der Abbildung zu entnehmen ist liegen die mittleren Ergebnisse von Vor- und Nachtest für das Multimeter höher als für das Oszilloskop. Diese Beobachtung kann darauf zurückgeführt werden, dass die Studenten das Multimeter im allgemeinen im Rahmen des Physikunterrichts an der Schule kennenlernen, das Oszilloskop jedoch erst an der Universität. Der jeweils erzielte mittlere Zuwachs ist unabhängig vom Gerät und beträgt durchschnittlich ungefähr 30 Prozent. Das entspricht zwar im Mittel einer Verbesserung bei den Kenntnissen der Eigenschaften und Funktionen von Geräten um mehr als das doppelte, allerdings wurden die Wissenstests – wie beschrieben – inhaltlich an die Anleitungen angepasst konzipiert, so dass eine deutlich größere Verbesserung zu erwarten wäre; im Idealfall sollten die Studenten im Nachtest 100 Prozent erreichen. Die hohen Streuungen weisen darauf hin, dass auch ein

---

[3]Die unterschiedliche Zahl der Aufgaben zwischen Vor- und Nachtest resultiert aus zusätzlichen Fragen im Nachtest zu einem nicht im Praktikum behandelten Gerät.

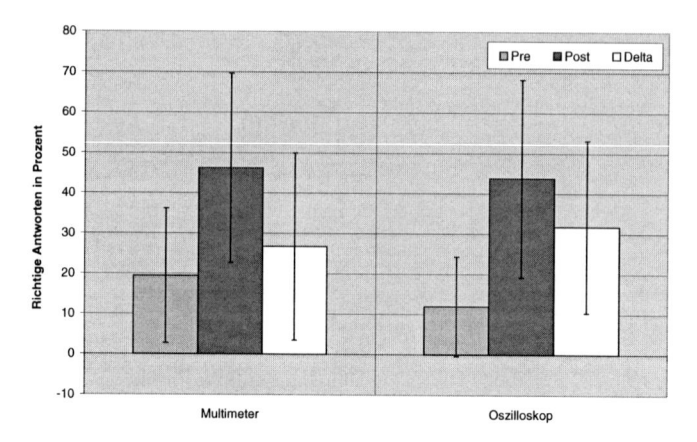

Abbildung 6.6: Auswertung der Wissenstests Geräte

gleichmäßiger Wissenstand aller Studenten nach dem Praktikum nicht erreicht wurde.

Anhaltspunkte, in welchen Bereichen die Kenntnisse einzelner Studenten bezüglich Funktionen und Eigenschaften von Geräten nicht ausreichend sind, kann aus einer detaillierte Analyse der Wissenstests nach einzelnen Fragen gewonnen werden. Diese wird im Folgenden beispielhaft für den Wissenstest Multimeter dargestellt. Abbildung 6.7 zeigt die Auswertung der Fragen des allgemeinen Teils, der sich auf die Geräteklasse Multimeter bezieht, und Abbildung 6.8 die Auswertung der Fragen des spezifischen Teils des Fragebogens, der sich auf zwei ausgewählte Geräte der Geräteklasse Multimeter bezieht.

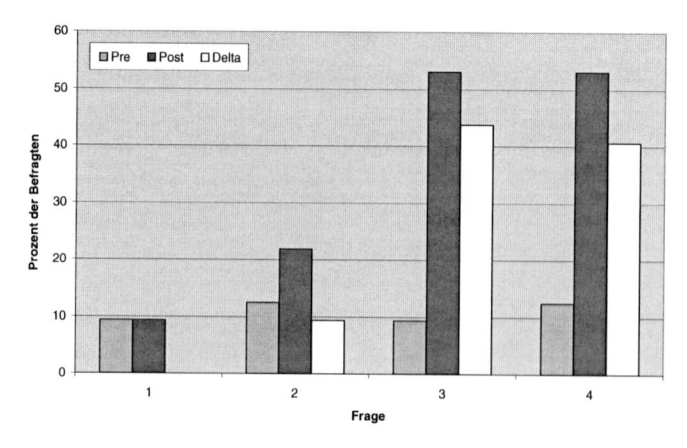

Abbildung 6.7: Auswertung des Wissenstests Multimeter: Fragen des allgemeinen Teils

6 DIDAKTISCHE STRUKTURIERUNG 129

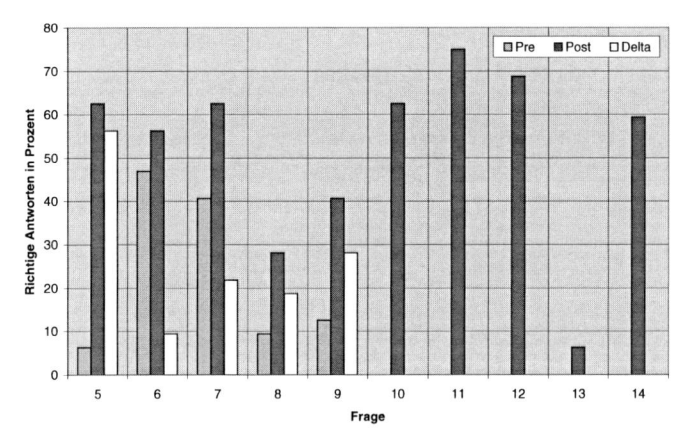

Abbildung 6.8: Auswertung des Wissenstests Multimeter: Fragen des spezifischen Teils

Wie Abbildung 6.7 zu entnehmen ist, zeigen die Fragen 3 und 4 einen Zuwachs von ungefähr 40 Prozent, während die Fragen 2 und 1 vergleichsweise wenig beziehungsweise keinen Zuwachs aufweisen. Frage 1 bezieht sich auf die maximale Messgenauigkeit, die für ein Digitalmultimeter mit 5-stelliger Anzeige erhalten werden kann. Offensichtlich ist die dieser Frage zugrundeliegende Eigenschaft des Multimeters im Praktikumsversuch nicht verstanden worden. Gleiches gilt für die in Frage 2 behandelte Eigenschaft der Eingangsimpedanz von Digitalmultimetern bei der Verwendung der Messfunktion Spannungsmessung. Hier liegen Defizite in den Kenntnissen der Studenten vor, die durch eine verbesserte Behandlung der Inhalte in der Praktikumsanleitung behoben werden könnten.

Im spezifischen Teil des Wissenstests Multimeter wurden zwei Geräte der Geräteklasse Multimeter abgefragt. Die Fragen 5 bis 9 beziehen sich auf ein im Praktikum behandeltes, die Fragen 10 bis 14 auf ein nicht im Praktikum behandeltes Multimeter[4]. Wie Abbildung 6.8 zeigt, werden auch die auf das unbekannte Gerät bezogenen Fragen von ähnlich vielen – teilweise sogar mehr – Studenten richtig beantwortet wie die auf das bekannte Gerät bezogenen Fragen. Die Fragen 6 und 7 weisen zwar niedrige Zuwächse auf, was jedoch durch das hohe Niveau bei der Beantwortung dieser Fragen im Vortest erklärt wird. Demgegenüber zeigen die Fragen 8 und 13, die sich jeweils auf die Kenntnisse von Zusatzfunktionen des Gerätes beziehen, im Vergleich zu den anderen Fragen tatsächliche Einbrüche im Nachtest. Dieser ist im Fall des unbekannten Geräts noch deutlich größer. Demnach haben die Studenten Defizite bei der Einschätzung der Zusatzfunktionen insbesondere unbekannter Geräte.

Eine analoge Auswertung einzelner Fragen wurde auch für den Wissenstest Oszilloskop

---
[4]Der genaue Wortlaut der Fragen kann Anhang E entnommen werden.

durchgeführt. Dabei konnten ebenfalls Inhalte herausgearbeitet werden, deren Behandlung im Praktikum nicht in ausreichender Weise erfolgt.

Insgesamt können für die Kenntnisse der Studenten bezüglich Funktionen und Eigenschaften von Geräten Zuwächse festgestellt werden. Diese sind unabhängig von den abgefragten Geräten und davon, ob Eigenschaften und Funktionen der Geräteklasse oder ausgewählter Geräte erfragt werden. Allerdings können die Ergebnisse im Nachtest insgesamt nicht als ausreichend eingestuft werden. Aus einer detaillierten Auswertung der einzelnen Fragen der jeweiligen Tests konnten Informationen gewonnen werden, in welchen Bereichen Defizite bei den Kenntnissen der Studenten bestehen. Diesbezüglich müssen die begleitenden Anleitungen überarbeitet werden.

Zur Untersuchung, ob die Studenten die im Praktikum behandelten Geräte einsetzen können, wurden, wie in Abschnitt 6.3.2 beschrieben, Experimentaltests eingesetzt: analog zu den Wissenstests einmal für das Multimeter und einmal für das Oszilloskop. Bei den Experimentaltests wurde jedoch nicht zwischen Aufgaben unterschieden, die sich auf die Geräteklasse beziehungsweise auf ein spezifisches Gerät beziehen. Vielmehr wurden die Aufgaben so konzipiert, dass sie dem Aufbau der zum jeweiligen Gerät gehörigen Versuche angepasst waren. Der Aufbau der Aufgaben wird im Folgenden wieder am Beispiel des Tests zum Multimeter erläutert.

Der Experimentaltest zum Multimeter ist dreiteilig angelegt: Jeweils eine Aufgabe bezieht sich auf einen Teil des Versuchs „G-E1 Multimeter": In der ersten Aufgabe war der Einsatz der Grundfunktionen des Multimeters erforderlich:

Beispielaufgabe aus dem Experimentaltest Multimeter

1. Bestimmen Sie mit dem Multimeter "**MetraHit 23S**" die folgenden Größen:
   (a) Den Widerstand R eines ohmschen Widerstandes
   (b) Den Strom I durch diesen Widerstand R bei einer Spannung von U=10 V
   (c) Die Effektivspannung U_{eff} der Wechselspannung auf der Ringleitung

Die zweite Aufgabe erforderte den Einsatz von erweiterten Funktionen, wie der Kapazitätsmessung und der Frequenzmessung. In der dritten Aufgabe sollten unter Berücksichtigung der Eingangsimpedanz des Multimeters mit einem zusätzlichen Multimeter Spannung und Strom in einem Stromkreis gleichzeitig gemessen werden. Hier waren die spannungs- und stromrichtige Schaltung der Messgeräte notwendige Voraussetzung für die Lösung der Aufgabe.

Die experimentellen Tests wurden jeweils im Anschluss an die Wissenstests durchgeführt. Die Dauer der Tests war im Vortest auf 30 Minuten, im Nachtest auf 60 Minuten beschränkt,

6 DIDAKTISCHE STRUKTURIERUNG 131

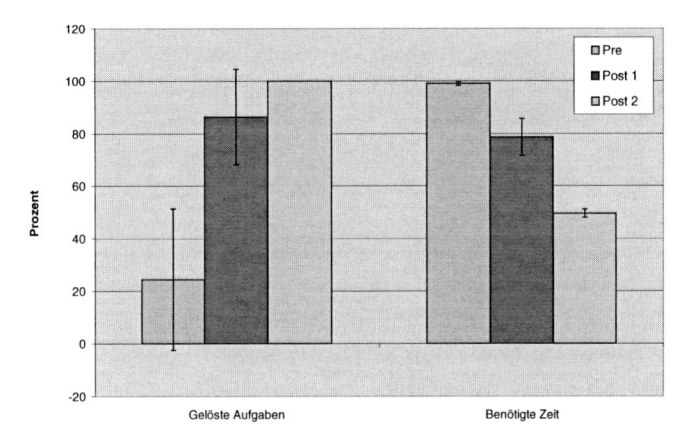

Abbildung 6.9: Gelöste Aufgaben und dafür benötigte Zeit im Experimentaltest Geräte

wobei im Nachtest die Aufgaben zweimal für je ein bekanntes und ein unbekanntes Gerät bearbeitet werden sollten. Als Material waren jeweils vorgegeben: das Multimeter beziehungsweise Oszilloskop, Messobjekte (wie zum Beispiel Widerstände oder Kondensatoren) sowie Kabel und sonstiges Messzubehör. Eine vollständige Liste des Materials, das zur Verfügung stand, findet sich in Anhang E. Die Durchführung der Tests wurde für 8 Gruppen zu je 2 Studenten videographiert. Aufgrund mangelnder Bild- und Tonqualität konnten nur 4 Gruppen zur Auswertung herangezogen werden.

Wie bereits bei der Diskussion des methodischen Vorgehens erläutert, kann eine Verbesserung der Fähigkeiten zum Einsatz von Geräten an einer Verbesserung der Lösungsquote in höchstens der gleichen Zeit bei qualitativ höherwertigerem Vorgehen festgemacht werden. Entsprechend wurden die vorliegenden Videodaten zunächst hinsichtlich der Zahl der gelösten Aufgaben und der dafür benötigten Zeit ausgewertet.

Für jede Gruppe wurden zunächst die Lösungsquote und die benötigte Zeit in Prozent der zur Verfügung stehenden Zeit gebildet. Abbildung 6.9 zeigt die über die Gruppen gemittelten Werte: Die mittlere Lösungsquote ist im Vortest mit 20 Prozent niedrig, weist aber eine große Streuung auf. Im Nachtest kann mit dem bekannten Gerät (Post 1) mit über 80 Prozent eine deutlich höhere Lösungsquote bei leicht geringerer Streuung erreicht werden. Die im Vergleich zum Mittelwert großen Streuungen sind in der geringen Stichprobengröße begründet. Im Nachtest mit dem unbekannten Gerät (Post 2) liegt die Lösungsquote für jede Gruppe bei 100 Prozent.

Die durchschnittlich benötigte Zeit liegt im Vortest geringfügig unter der maximal zur Verfügung gestellten Zeit. Im Nachtest mit dem bekannten Gerät fällt diese auf 80 Prozent der

Maximalzeit bei einer Streuung von höchstens zehn Prozent ab; für den zweiten Nachtest benötigen alle Gruppen noch einmal ungefähr 30 Prozent weniger, das heißt nur 50 Prozent der für den Test zur Verfügung stehenden Zeit. Diese Verbesserung entsteht durch eine Optimierung der Arbeitsweise der Studenten: im Verlauf des ersten Nachtests ordnen die Studenten das Material so an, dass sie im zweiten Nachtest schnell darauf zurückgreifen können.

Die Auswertung zeigt, dass die videographierten Gruppen im Mittel eine deutliche Steigerung in der Zahl der gelösten Aufgaben und Verringerung in der dafür benötigten Zeit aufweisen. Damit bleibt zur Evaluation des Praktikumsteils Geräte hinsichtlich der Fähigkeiten der Studenten beim Einsatz von Geräten die Untersuchung der Qualität des Einsatzes der Geräte.

Zur qualitativen Bewertung des Einsatzes von Geräten wurden die beobachteten Handlungen, inklusive der Verbalisierungen, im Abstand von 10 Sekunden den in Abschnitt 6.3.2 beschriebenen Kategorien zugeordnet. Die Abschnitte von jeweils 10 Sekunden werden im Folgenden als Timeslots bezeichnet. Die Kategorisierung der Timeslots wurde getrennt für jeden der beiden Studenten in den videographierten Gruppen vorgenommen. Timeslots, die sich ausschließlich auf das Lesen der Aufgabenstellung oder die Protokollierung von Messwerten beziehen, wurden nicht berücksichtigt.

Zeitindex	Beschreibung	Kategorie
0:19:11	Student schlägt vor, erstmal „das" zu machen und dann „das" und setzt beides in die Tat um	Experiment (EXP)
0:19:21	Student stellt seine Handlungen ein, weil er meint, eine elektrische Schaltung immer erst abnehmen lassen zu müssen	Aussagenbasiert (AB)
0:19:31	Student: „Machen wir erst Minuspol, damit erstmal Strom durchläuft"	Beschreibung (BE)
0:19:41	Student misst den Widerstand und liest den Messwert laut ab	Experiment (EXP)
0:19:51	Student äußert, dass der Widerstand von der Leitungsstrecke abhängt	Verallgemeinerung (VG)

Tabelle 6.6: Beispiel für die Kategorisierung der Handlungen beim Einsatz von Geräten (vergleiche auch Tabelle 6.4)

Tabelle 6.6 zeigt die Bewertung beispielhaft für die Handlungen eines Studenten. Im ersten Timeslot des Beispiels führt der Student zwei Handlungen aus, die er in der dazugehörigen Verbalisierung nur als „das" bezeichnet. Da die Handlungen jeweils unmittelbar ausgeführt werden, eine Erwartung bezüglich des Ergebnisses nicht erkennbar ist und die Verbalisierungen sich ausschließlich auf eine Benennung der Handlungen beziehen, handelt es sich hier

6 DIDAKTISCHE STRUKTURIERUNG 133

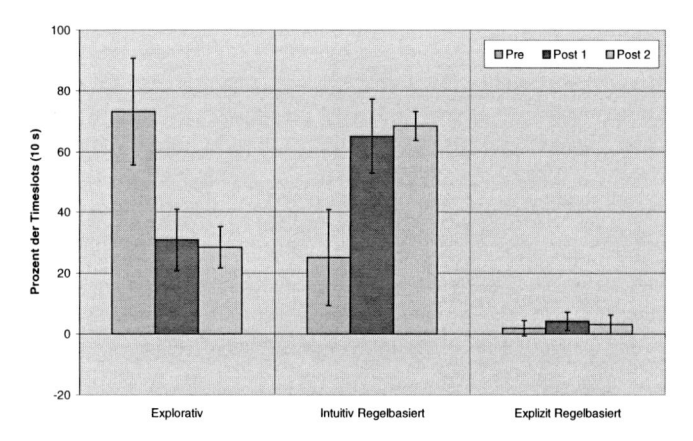

Abbildung 6.10: Qualitative Bewertung des Einsatzes von Geräten

um die Kategorie Experiment (EXP). Im nächsten Timeslot werden die Handlungen auf eine bereits kennengelernte Vorschrift der Praktikumsordnung, nämlich dass elektrische Schaltungen durch einen Assistenten abgenommen werden müssen, zurückgeführt[5]. Die Handlungen erfolgen aussagenbasiert (AB). Im dritten Timeslot werden die durchgeführten Handlungen zusammenfassend, aber nur unsystematisch, durch fachsprachliche Elemente beschrieben (BE). Im vorletzten Timeslot wird eine Handlung durchgeführt und eine Beobachtung gemacht; eine Erwartung ist nicht zu erkennen, die niedrigste sicher zuordenbare Kategorie ist Experiment (EXP). Im letzten Timeslot des Beispiels äußert der Student, dass der Widerstand von der Leitungsstrecke abhängt; es ist nicht erkennbar, ob damit eine Beobachtung erklärt werden soll, vielmehr scheint die Äußerung aus einer Beobachtung zu resultieren; das ist eine Verallgemeinerung (VG).

Zur Auswertung der Kategorisierung wurde für jede Gruppe zunächst der prozentuale Anteil der Timeslots, die einer der Hauptkategorien „Explorativ", „Intuitiv Regelbasiert" und „Explizit Regelbasiert" zugeschrieben wurden, bestimmt. Anschließend wurde über die Gruppen gemittelt.

Abbildung 6.10 veranschaulicht die Auswertung – zusammengefasst für die Experimentaltests Multimeter und Oszilloskop: Im Vortest werden im Mittel mehr als drei Viertel aller Handlungen der Studenten als explorativ eingeschätzt. Der restliche Teil entfällt fast vollständig auf intuitiv regelbasiertes Vorgehen. Explizit regelbasiertes Vorgehen kann nur für einen verschwindend geringen Teil der Handlungen beobachtet werden. Für den Nachtest

---

[5]Diese Vorschrift wurde zwar für die neue Lernumgebung „Physikalische Praktikum für Physiker" nicht angewendet, war aber nicht aus der Praktikumsordnung gestrichen. Offensichtlich lesen die Studenten die Praktikumsordnung!

6 DIDAKTISCHE STRUKTURIERUNG

mit dem bekannten Gerät (Post 1) zeigt sich eine deutliche Zunahme (ungefähr 40 Prozent) intuitiv regelbasierter Handlungen bei entsprechender Abnahme explorativer Handlungen, sowie praktisch keine Zunahme explizit regelbasierter Handlungen. Die Verschiebung von explorativen zu intuitiv regelbasierten Handlungen tritt im Nachtest mit dem unbekannten Gerät ebenfalls auf. Außerdem verringert sich die Streuung vom Vortest zum Nachtest mit dem bekannten und noch einmal zum Nachtest mit dem unbekannten Gerät.

In Abbildung 6.11 ist die Auswertung nach den Geräten Multimeter (links) und Oszilloskop (rechts) aufgeschlüsselt. Das Diagramm zeigt, dass der oben beschriebene Effekt der Verschiebung von explorativem zu intuitiv regelbasiertem Einsatz von Geräten unabhängig vom Gerätetyp ist. Zwar sind beim Oszilloskop im Vortest und in den Nachtests höhere Anteile explorativen Einsatzes und entsprechend niedrigere Anteilen intuitiv regelbasierten Einsatzes im Vergleich zum Multimeter zu beobachten, trotzdem kann die besagte Verschiebung deutlich beobachtet werden. Der kleinere Effekt ist durch die höhere Kompliziertheit des Oszilloskops zu erklären. Auffällig sind die niedrigen Anteile explizit regelbasierter Handlungen für beide Geräte. Wie aber bereits in Abschnitt 2.5 angesprochen, ist davon auszugehen, dass für die Lösung von Aufgaben gerade Konzepte auf dem zur Lösung höchstens notwendigen Niveau eingesetzt werden. Das heißt in diesem Fall, dass die Studenten explizit regelbasierte Handlungen nur dann einsetzen, wenn intuitiv regelbasierte Handlungen nicht zur Lösung führen. Die niedrigen Anteile explizit regelbasierter Handlungen müssen daher in Verbindung mit relativ hohen Anteilen intuitiv regelbasierter Handlungen gerade als Hinweis auf die besondere Sicherheit der Studenten beim Einsatz von Geräten aufgefasst werden.

Die Auswertung nach allen Kategorien ist in Abbildung 6.12 wiedergegeben: Bei den explo-

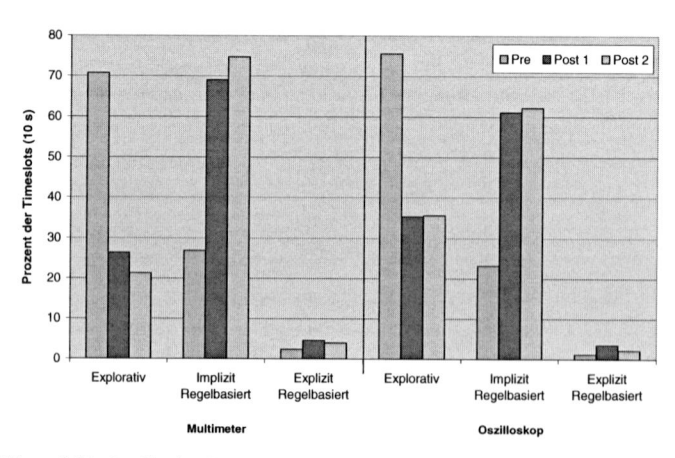

Abbildung 6.11: Qualitative Bewertung des Einsatzes von Geräten aufgeschlüsselt nach Multimeter und Oszilloskop

6 DIDAKTISCHE STRUKTURIERUNG 135

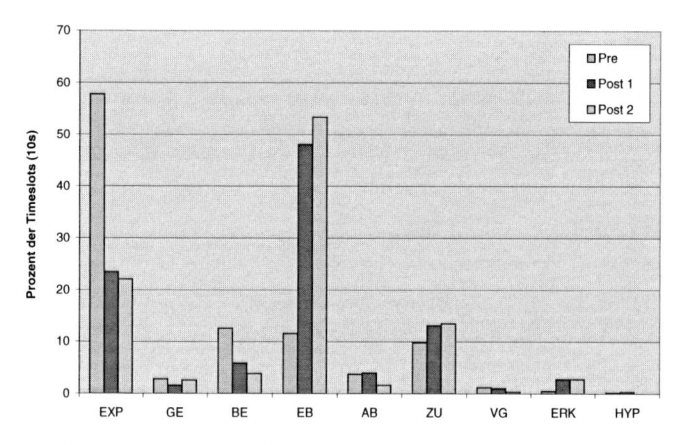

Abbildung 6.12: Qualitative Bewertung des Einsatzes von Geräten im Detail

rativen Handlungen nehmen vor allem die Handlungen vom Vor- zum Nachtest ab, die unter Experiment (EXP) und Beschreibung (BE) gefasst werden. In ungefähr gleichem Maße nehmen bei den intuitiv regelbasierten Handlungen diejenigen der Kategorien Erfahrungsbasiert (EB) und Zuschreibung (ZU) zu. Aus den beobachteten Veränderungen können keine unmittelbaren Informationen über Defizite bei den Konzepten von Studenten abgeleitet werden. Die detaillierte Aufschlüsselung nach Unterkategorien erscheint daher nur dann sinnvoll wenn tatsächlich auf kleinen Zeitskalen Veränderungen in den Konzepten der Studenten beschrieben werden sollen. Sie eignet sich nicht für einen Vergleich von Vortest und Nachtest. Auf eine weitere Auswertung wird daher an dieser Stelle und im weiteren Verlauf der Arbeit verzichtet.

Im Rahmen der Evaluation zeigt sich, dass die Studenten nach dem Praktikumsteil Geräte ausführlichere Kenntnisse der Funktionen und Eigenschaften von Geräten besitzen. Der Einsatz von Geräten erfolgt nach dem Praktikum nicht nur schneller und lösungsorientierter, sondern auch auf qualitativ höherem Niveau. In der Folge kann die Hypothese

---

H 2   Praktikumsteil Geräte
Durch die Implementation des Praktikumsteils Geräte lernen die Studenten die Handhabung von Geräten.

---

grundsätzlich als bestätigt angesehen werden. Trotzdem bestehen bezüglich der Kenntnisse von Geräten Verbesserungspotential: diesbezüglich konnten in einer detaillierten Auswertung der durchgeführten Wissenstests Informationen darüber gewonnen werden, in welchen Bereichen die Studenten die größten Defizite aufweisen.

Praktikumsteil Methoden

Zur Evaluation des Praktikumsteils Methoden wurde jeweils ein Wissenstest und eine Experimentaltest gemäß der methodischen Überlegungen in Abschnitt 6.3.2 konstruiert.

Der Wissenstest zum Praktikumsteil Methoden wurde zweiteilig konzipiert. Ein allgemeiner Teil bezog sich in Anlehnung an die Inhalte des Praktikumsteils Methoden (vergleiche Abschnitt 6.2.2) auf die einzelnen Komponenten eines physikalischen Experimentes, ein spezifischer Teil auf die Methoden der modernen Messtechnik zur Entwicklung einer Messeinrichtung. Der Test ist vollständig in Anhang E wiedergegeben.

Der Wissenstest wurde unmittelbar vor Beginn beziehungsweise nach Ende des Praktikumsteils Methoden eingesetzt, der im Sommersemester 2002 durchgeführt wurde. Der Test umfasste in beiden Fällen 15 Aufgaben. Es standen in beiden Fällen 20 Minuten für die Bearbeitung zur Verfügung, die wiederum von keinem der Befragten vollständig ausgenutzt wurden. Die Zahl der Befragten lag in Vor- und Nachtest bei $n=26$. Die Auswertung erfolgte wie die Auswertung der Wissenstests zum Praktikumsteil Geräte, das heißt für jeden Studenten wurden die richtig beantworteten Fragen in Prozent der Gesamtzahl der Fragen bestimmt. Die mittleren Testergebnisse des Vor- und Nachtests sind zusammen mit dem mittleren Zuwachs in Abbildung 6.13 dargestellt.

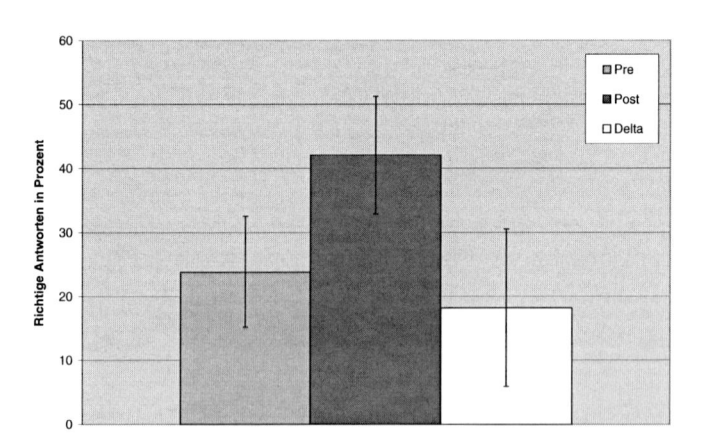

Abbildung 6.13: Auswertung des Wissenstests Methoden

Bei durchschnittlichen Vorkenntnissen der Studenten von etwas über 20 Prozent ergibt sich ein mittlerer Zuwachs von knapp 20 Prozent. Damit haben sich die Kenntnisse der Studenten zu Methoden zwar verbessert, bleiben aber wie schon bei den Wissenstests zum Praktikumsteil Geräte hinter den Erwartungen zurück. Analog zur dortigen Vorgehensweise wurde auch

6 DIDAKTISCHE STRUKTURIERUNG 137

hier der Test nach einzelnen Aufgaben ausgewertet, um Anhaltspunkte über Bereiche zu gewinnen, in denen die Kenntnisse der Studenten Defizite aufweisen.

Die Fähigkeit, die behandelten Methoden einzusetzen, wurde durch einen Experimentaltest evaluiert. Der Test bestand aus zwei Aufgaben, jeweils inhaltlich an die Inhalte des Praktikums angelehnt. Die erste Aufgabe bezog sich auf den Aufbau und Einsatz einer sensorgestützten Messeinrichtung zur Bearbeitung einer einfachen Messaufgabe; sie war wie folgt gestellt:

Beispielaufgabe aus dem Experimentaltest Methoden

1. Messen Sie die zeitliche Änderung der Temperatur T eines Widerstandes bei konstantem Strom. Wählen Sie als Widerstand $R = 100\,\Omega$ und als Strom $I = 125\,mA$.

    Dokumentieren und begründen Sie Ihre Vorgehensweise!

In der zweiten Aufgabe sollte ebenfalls die zeitliche Änderung der Temperatur eines Widerstands bestimmt werden, diesmal allerdings unter Einsatz einer speziellen Methode, der Kompensationsmethode am Beispiel der Wheatstone-Brückenschaltung.

Der Experimentaltest wurde im unmittelbaren Anschluss an den Wissenstest eingesetzt. Die zur Verfügung stehende Zeit war sowohl im Vor- wie im Nachtest auf 60 Minuten beschränkt. Als Material waren die jeweils zur Messaufgabe benötigten Geräte vorgegeben; eine vollständige Liste liegt in Anhang E vor. Die Durchführung wurde für die Gruppen videographiert, deren Experimentaltests bei der Evaluation des Praktikumsteils Geräte ausgewertet wurden. Alle Videodaten konnten zur Auswertung herangezogen werden.

Zur Auswertung der Videodaten wurden wie bei der Auswertung der Experimentaltests Geräte die Lösungsquote, die zur Bearbeitung benötigte Zeit und die Qualität der Vorgehensweise bei der Lösung herangezogen. Die Lösungsquote wird hier jedoch anhand der von den Studenten selbst entwickelten Teilaufgaben berechnet; sie entspricht der Zahl der gelösten[6] Teilaufgaben bezogen auf die Gesamtzahl der entwickelten Teilaufgaben.

Da sowohl im Vor- wie auch im Nachtest die maximal zur Verfügung gestellte Zeit von allen Gruppen ausgenutzt wurde, wird die Zeit hier nicht weiter berücksichtigt. Abbildung 6.14 zeigt entsprechend die mittlere Lösungsquote. Die Verbesserung der Lösungsquote um knapp 40 Prozent auf 80 Prozent weist auf eine Verbesserung der Fähigkeiten der Studenten beim Einsatz von Methoden hin. Um einen Lernerfolg nachzuweisen, bleibt die Analyse des

---

[6]Eine Teilaufgabe wird dann als gelöst angesehen, wenn die von den Studenten gesetzte Rahmung erreicht wird.

138 6 DIDAKTISCHE STRUKTURIERUNG

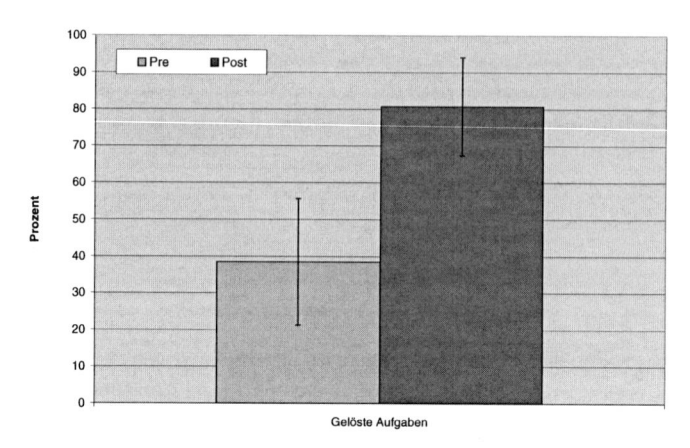

Abbildung 6.14: Gelöste Aufgaben im Experimentaltest Methoden

Einsatzes von Methoden hinsichtlich der Qualität.

Die Beurteilung der Qualität wurde im Vergleich zur Bewertung des Einsatzes von Geräten modifiziert: Wie in Abschnitt 6.3.2 erläutert, kann der Einsatz von Methoden nicht auf einer Skala von Sekunden bewertet werden. Daher wurden anhand der vorliegenden Videodaten zunächst die von den Studenten selbst entwickelten Teilaufgaben identifiziert. In einem nächsten Schritt wurde die Vorgehensweise bei der Lösung dieser Teilaufgaben nach einem ebenfalls modifizierten Kategoriensystem kategorisiert, das aber auch auf dem Konzeptualisierungsmodell nach C. von Aufschnaiter (2002) basiert.

Ein Beispielausschnitt aus der Kategorisierung der identifizierten, selbstgestellten Aufgaben ist in Tabelle 6.7 wiedergegeben. In den ersten drei selbst gestellten Teilaufgaben weisen die jeweiligen Vorgehensweisen eine deutliche Orientierung auf: zum Beispiel wird die Teilaufgabe „100 Ohm Widerstand finden" durch den Einsatz eines Multimeters gelöst, weil die Studenten aufgrund ihrer Erfahrung erwarten, dass mit dieser Vorgehensweise der Widerstandswert jedes Widerstands bestimmt und damit die Teilaufgabe gelöst werden kann. Alle drei Teilaufgaben werden erfahrungsbasiert (EB) bearbeitet. Zur Lösung der Teilaufgabe „Messprotokoll vorbereiten" schlägt einer der Studenten eine Vorgehensweise vor, von der er selber erwartet, dass sie das Messprotokoll für die Messung geeignet strukturiert. Er schreibt ihr eindeutig eine Funktion zu; es liegt folglich eine Zuschreibung (ZU) vor. In der folgenden Bearbeitung der Teilaufgabe „Zeitabstände der Messung festlegen" diskutieren die Studenten die Zeitabstände, in denen Messwerte aufgenommen werden sollen auf einem sprachlich niedrigen Niveau. An dieser Stelle ist ein intuitiv regelbasiertes Vorgehen (EB oder höher) nicht eindeutig erkennbar, während die sprachliche Beschreibung über die reine

6 DIDAKTISCHE STRUKTURIERUNG

Benennung von Handlungen oder Beobachtungen (GE) hinausgeht; demnach wird eine Beschreibung (BE) zugeordnet. Die Beschreibung von Handlungen und Beobachtungen ohne konkrete Umsetzung der Vorgehensweise ist charakteristisch für die Bearbeitung der letzten Teilaufgabe im Beispiel, der Teilaufgabe „Messung vorbereiten"; es liegt ein Gedankenexperiment (GE) vor.

Die Auswertung des Experimentaltests Methoden nach den Hauptkategorien ist in Abbildung 6.15 dargestellt. Auch hier zeigt sich im Vortest eine überwiegend explorative Vorgehensweise bei etwas über 20 Prozent intuitiv regelbasierten und etwas über 10 Prozent explizit regelbasierten Anteilen. Im Nachtest findet eine Verschiebung hin zu einer überwiegend intuitiv regelbasierten Vorgehensweise bei fast 40 Prozent verbleibendender explorativer Vorgehensweisen und einer Abnahme explizit regelbasierter Vorgehensweisen statt. Insgesamt tritt der gleiche Effekt wie bei der Untersuchung des Einsatzes von Geräten auf, allerdings bei deutlich höheren, verbleibenden explorativen Anteilen im Nachtest und höheren Streuungen. Auf eine detaillierte Analyse der Auswertung wird aus den bereits bei der Auswertung der Experimentaltests zum Praktikumsteil Geräte erläuterten Gründen verzichtet.

Zeitindex	Teilaufgabe	Beschreibung	Kategorie
02:13:50	Schaltung aufbauen	Die Studenten suchen gezielt das benötigte Material zusammen und bauen ohne Umwege die Schaltung auf.	EB
02:14:15	100 Ohm Widerstand finden	Die Studenten messen alle vorhandenen Widerstände mit dem Multimeter.	EB
02:17:20	125 mA einstellen	Die Studenten formulieren die Teilaufgabe, beschreiben die angepeilte Vorgehensweise und setzen diese entsprechend um.	EB
02:18:02	Messprotokoll vorbereiten	Student 1 schlägt eine Vorgehensweise vor, die nach seiner Aussage strukturiert sein soll.	ZU
02:19:40	Zeitabstände der Messung festlegen	Student 1 schlägt 5 Sekunden vor. Student 2 will größere Abstände. Sie einigen sich nach sehr kurzem, fragmentarischen Austausch.	BE
02:22:15	Messung vorbereiten	Die Studenten legen direkt fest, wer was wie macht.	GE

Tabelle 6.7: Beispiel für die Kategorisierung der Handlungen beim Einsatz von Methoden (vergleiche Tabelle 6.5)

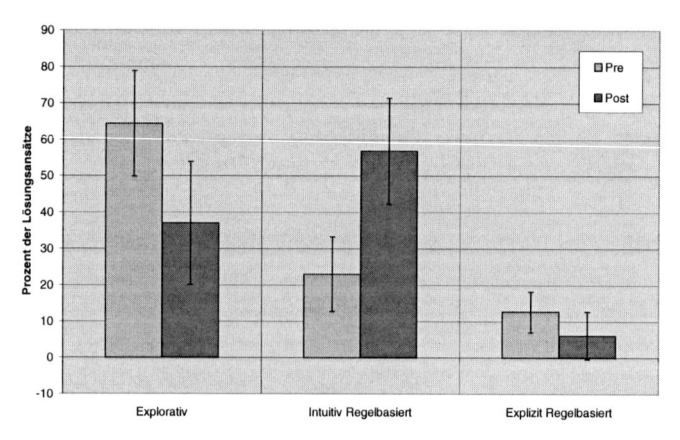

Abbildung 6.15: Qualitative Bewertung der Vorgehensweise bei der Lösung von Aufgaben im Experimentaltest Methoden

Die Evaluation des Praktikumsteils Methoden zeigt analog zu der des Praktikumsteils Geräte, dass die Studenten nach dem Praktikumsteil ausführlichere Kenntnisse der Methoden besitzen. Der Einsatz von Methoden erfolgt nach dem Praktikum zwar nicht in kürzerer Zeit wohl aber bei verbesserter Lösungsquote und auf qualitativ höherem Niveau. In der Folge kann auch die Hypothese

H 3 Praktikumsteil Methoden
Durch die Implementation des Praktikumsteils Methoden erlernen die Studenten Methoden zur Planung und Auswertung von Experimenten.

als prinzipiell bestätigt angesehen werden, wobei hier ebenfalls Verbesserungspotential besteht.

Zusammenfassung

Die Didaktische Strukturierung dient im Modell der Didaktischen Rekonstruktion der Entwicklung und Evaluation der Lernumgebung. Dazu wurden aus den Ergebnissen von Fachlicher Klärung und Erhebung der Lernerperspektive Forderungen an die Lernumgebung abgeleitet; diese wurden zusammen mit den Rahmenbedingungen durch die Einbettung in den Studiengang und bestehenden Praktikumsformen der Entwicklung als Voraussetzungen zugrunde gelegt.

Aus den formulierten Forderungen wurde eine dreiteilige Praktikumsstruktur abgeleitet: Um den Studenten die Möglichkeit zum Erwerb experimenteller Fähigkeiten und wissenschaftlicher Denk- und Arbeitsweisen in einer – entsprechend den lerntheoretischen Forderungen

6 DIDAKTISCHE STRUKTURIERUNG

– möglichst authentischen Arbeitssituation zu ermöglichen, wurde ein Praktikumsteil Projekt vorgesehen. Da aber eine offene Lernumgebung, wie sie ein Praktikumsteil Projekt darstellt, im Sinne eines konsequent-konstruktivistischen Verständnisses von Lernen eine zu hohe Kompliziertheit aufweist, wurden vor dem Praktikumsteil Projekt zwei weitere Praktikumsteile vorgesehen. In einem Praktikumsteil Geräte sollen die Studenten als Vorbereitung auf den Erwerb allgemeiner experimenteller Fähigkeiten zunächst die Handhabung von Messgeräten erlernen. Im darauf aufbauenden Praktikumsteil Methoden sollen die Studenten als wesentlichen Teil wissenschaftlichen Arbeitens Methoden zur Planung, Durchführung und Auswertung von Experimenten kennenlernen. Beide Praktikumsteile werden von einer schriftlichen Anleitung begleitet, die es neben einer hohen Verfügbarkeit ermöglicht, Theorie an geeigneter Stelle einzubetten und die Studenten zur Verknüpfung von Theorie und Praxis auf höheren Komplexitätsniveaus anzuregen.

Der Praktikumsteil Geräte wurde für den ausgewählten Inhaltsbereich Elektrizitätslehre und der Praktikumsteil Methoden für ausgewählte Inhalte der Methoden moderner Messtechnik implementiert; beide wurden im Wintersemester 2001/2002 durchgeführt.

Die Implementation beider Praktikumsteile wurde hinsichtlich der gesetzten Ziele, die Handhabung von Geräten und Methoden der Messtechnik kennenzulernen, evaluiert. Dazu wurden jeweils unmittelbar vor und nach dem entsprechenden Praktikumsteil Wissenstests zur Untersuchung der Kenntnisse der Studenten zu Geräten und Methoden und Experimentaltests zur Untersuchung der Fähigkeiten im Umgang mit Geräten und Methoden durchgeführt.

Die Auswertung der Wissenstests zeigt, dass die Kenntnisse der Studenten zu den Funktionen und Eigenschaften von Geräten und die Kenntnisse der Methoden zwar Zuwächse aufweisen, diese aber hinter den Erwartungen zurückbleiben. Aus einer detaillierten Analyse der Wissenstests konnte ermittelt werden, bei welchen Inhalten die Kenntnisse der Studenten besonders defizitär sind. Die Behandlung dieser speziellen Inhalte ist im Rahmen einer nächsten Stufe Didaktischer Rekonstruktion zu verbessern.

Die Auswertung der Experimentaltests zeigt, dass die Studenten beim Einsatz von Geräten und Methoden von überwiegend explorativen Vorgehensweisen zu überwiegend intuitiv regelbasiertem Vorgehen übergehen. Hier kann also eine Sicherheit der Studenten im Umgang mit Geräten und beim Einsatz von Methoden festgestellt werden. Im Kontext der unzureichenden Ergebnisse der Wissenstests sind jedoch verbleibende Anteile explorativer Vorgehensweisen, die immer noch höher ausfallen als die Anteile theoriebasierter Vorgehensweisen, als verbesserungswürdig einzustufen.

Insgesamt kann also gezeigt werden, dass die Studenten in den Praktikumsteilen Geräte und

Methoden Kenntnisse zu und Fähigkeiten im Umgang mit Geräten und Methoden erwerben, wobei Raum für Verbesserungen im Rahmen einer nächsten Iterationsstufe Didaktischer Rekonstruktion bleibt.

Teil III

Zweiter empirischer Teil

Kapitel 7

Didaktische Strukturierung

Kennzeichnend für den Entwicklungsprozess einer Lernumgebung sind abwechselnde aber ineinander greifende Planungs-, Entwicklungs- und Evaluationsphasen. Dabei werden die Anforderungen an die Lernumgebung bestimmt und diese entsprechend konzipiert, implementiert und evaluiert.

Die Didaktische Rekonstruktion beschreibt diesen Prozess als iterative Abfolge der Bereiche Fachlicher Klärung, Erhebung der Lernerperspektive und Didaktischer Strukturierung. Ein Schritt dieser Iteration wird als abgeschlossen betrachtet, wenn jeder der Bereiche ungeachtet der Reihenfolge mindestens einmal bearbeitet wurde. Im ersten Schritt der Iteration werden in den Bereichen Fachliche Klärung und Erhebung der Lernerperspektive die Anforderungen an die Lernumgebung erhoben und im Rahmen der Didaktischen Strukturierung implementiert und evaluiert. In den folgenden Iterationsschritten ist in den Bereichen Fachliche Klärung und Erhebung der Lernerperspektive zu überprüfen, inwieweit sich die Anforderungen an die Lernumgebung verändert haben; im Bereich Didaktische Strukturierung sind eventuell veränderte Anforderungen sowie die Evaluationsergebnisse der vorhergehenden Didaktischen Strukturierung durch Modifikationen des Entwicklungsgegenstands einzuarbeiten.

In den vorausgehenden Kapiteln wurden die Arbeiten und Ergebnisse des ersten Iterationsschritts Didaktischer Rekonstruktion dargestellt; wie dort beschrieben, sind die in Fachlicher Klärung und Erhebung der Lernerperspektiven ermittelten Anforderungen an die Lernumgebung als Resultat eines langjährigen Entstehungsprozess zu verstehen. Es kann entsprechend davon ausgegangen werden, dass sich im Verlauf des ersten Iterationsschritts keine wesentlichen Veränderungen in den Anforderungen an die Lernumgebung ergeben haben. In diesem Kapitel wird daher unter Auslassung der Bereiche Fachliche Klärung und Erhebung der Lernerperspektive unmittelbar die Didaktischen Strukturierung des zweiten Iterationsschritts Didaktischer Rekonstruktion eines physikalischen Praktikum für Physiker beschrieben.

Der Aufbau des Kapitels ist an den des vorhergehenden angelehnt: In Abschnitt 7.1 werden die Ergebnisse der Didaktischen Strukturierung des ersten Iterationsschritts als Voraussetzungen für den zweiten Iterationsschritt zusammengefasst. Die Modifikationen, die daraufhin an der Lernumgebung „Physikalisches Praktikum für Physiker" vorgenommen wurden werden in Abschnitt 7.2, deren Evaluation hinsichtlich der Forderungen an die Lernumgebung in Abschnitt 7.3 beschrieben.

7.1 Voraussetzungen

In der Einleitung dieses Kapitels wurde bereits erläutert, dass von wesentlichen Veränderungen in den Anforderungen an die Lernumgebung „Physikalisches Praktikum für Physiker" nicht auszugehen ist. Allerdings ergeben sich aus der Implementation und Evaluation der Lernumgebung im vorhergehenden Iterationsschritt neue Voraussetzungen.

In der Lernumgebung „Physikalisches Praktikum für Physiker" sollen die Studenten experimentelle Fähigkeiten erwerben und Methoden wissenschaftlichen Denkens kennenlernen. Dabei soll als experimentelle Fähigkeit primär der Umgang mit Messgeräten erlernt werden. Dazu dient der erste Praktikumsteil Geräte. Als Methoden wissenschaftlichen Denkens sollen primär Methoden zur Planung von Experimenten erlernt werden. Dem dient der zweite Praktikumsteil Methoden, in dem Methoden zur Planung, aber auch zur Durchführung und Auswertung von Experimenten behandelt werden. Im dritten Praktikumsteil Projekte sollen unter Rückgriff auf die oben genannten primären weitere, sekundäre experimentelle Fähigkeiten und Methoden wissenschaftlichen Denkens erworben werden. Dazu wurden wie in Kapitel 6 beschrieben, in den ersten beiden Praktikumsteilen zu ausgewählten Inhalten Versuche entwickelt. Diese werden jeweils durch eine Anleitung begleitet, die spezifisch an den Verlauf der Lernprozesse angepasst wurde.

In einer gegebenen Anwendungssituation drückt sich Kompetenz im Umgang mit Geräten und Methoden einerseits in der Auswahl eines geeigneten Gerätes beziehungsweise einer geeigneten Methode aus und andererseits in einer geeigneten Vorgehensweise beim Einsatz derselben. Eine geeignete Auswahl wiederum kann in einer gegebenen Anwendungssituation nur aufgrund entsprechender Kenntnis der Geräte getroffen werden. In der Evaluation wurde daher untersucht, ob und wie sich die Kenntnisse der Studenten bezüglich Geräten und Methoden, sowie die Vorgehensweisen der Studenten beim Einsatz von Geräten und Methoden verändert haben.

Für die Kenntnisse der Studenten bezüglich Geräten und Methoden ergab die Evaluation, dass die Studenten diese zwar erweitern, der tatsächliche Umfang der Kenntnisse jedoch hinter dem gewünschten zurückbleibt (Abschnitt 6.3). Für einige Inhalte konnten sogar nur

7 DIDAKTISCHE STRUKTURIERUNG 147

geringe oder keine Verbesserungen festgestellt werden. Für den Versuch zum Multimeter ließen sich zum Beispiel für folgende Inhalte Defizite identifizieren:

- Eingangsimpedanz des Multimeters
- Messunsicherheit des Multimeters
- Zusatzfunktionen des Multimeters

Erworben werden sollten diese Kenntnisse durch die Einbettung theoretischer Inhalte im Verlauf des Praktikums. Daher ist eine Verbesserung dieser Einbettung vorzunehmen.

Für die Fähigkeiten der Studenten beim Einsatz von Geräten und Methoden, ergab die Evaluation des ersten Iterationsschritts, dass diese nach Absolvieren des Praktikums zu einer höheren Lösungsquote in kürzerer Zeit gelangen. Qualitativ kann das Vorgehen der Studenten beim Einsatz von Geräten und Methoden überwiegend als intuitiv regelbasiert charakterisiert werden. Jedoch liegen immer noch nicht unerhebliche Anteile explorativer Vorgehensweisen und nur geringe Anteile explizit regelbasierter Vorgehensweisen vor. Hier besteht Verbesserungspotential durch eine Anpassung der Vorgehensweise im Praktikum an die bottom-up-Entwicklung von Konzeptualisierungen.

Bereits in Abschnitt 6.1 wurde erläutert, dass eine Einbettung von Theorie und eine Anpassung der Vorgehensweise an den Verlauf von Lernprozessen nur durch geeignet gewählte Aufgabenstellungen beziehungsweise Folgen von Aufgabenstellungen (Aufgabenfolgen) erreicht werden kann. Das heißt die Aufgabenfolgen in den versuchsbegleitenden Anleitungen müssen so modifiziert werden, dass sie die Entwicklung von Konzeptualisierungen beginnend mit explorativen über intuitiv regelbasierte hin zu explizit regelbasierten Konzeptualisierungen unterstützen. Dabei müssen insbesondere die Aufgaben zur Förderung explizit regelbasierter Konzeptualisierungen geeignet eingebettet, das heißt an die restlichen Aufgaben angepasst werden. Damit ergibt sich als Forderung für den zweiten Iterationsschritt Didaktischer Rekonstruktion:

DS 8   Unterstützung der Entwicklung von Konzeptualisierungen
Die Entwicklung der Konzeptualisierungen der Studenten von explorativen zu intuitiv insbesondere explizit regelbasierten Konzeptualisierungen soll durch entsprechend angepasste Aufgabenstellungen unterstützt werden.

Diese Forderung besteht zusätzlich zu den bereits im ersten Iterationsschritt aufgestellten Forderungen.

7.2 Entwicklung

Ausgehend von der im vorherigen Abschnitt formulierten Forderung wurden die versuchsbegleitenden Anleitungen im Rahmen eines weiteren Entwicklungsschritts modifiziert: Die Anpassung der Aufgabenstellungen an die Entwicklung von Konzeptualisierungen wird im Folgenden an Beispielen erläutert.

Nach C. von Aufschnaiter (2002) entwickeln sich Konzeptualisierungen bottom-up, das heißt ausgehend von explorativen Vorgehensweisen, bei denen die Studenten überwiegend ausprobieren, werden intuitiv regelbasierte Vorgehensweisen entwickelt, bei denen erworbene Erfahrungen eingesetzt werden, und explizit regelbasierte, die durch den Einsatz theoretischer Kenntnisse gekennzeichnet sind. Diese Vorgehensweisen lassen sich jeweils noch weiter unterscheiden (vergleiche Abschnitt 2.5): Explorative Vorgehensweisen zeichnen sich anfangs durch eine nicht zielgerichtete Durchführung von Experimenten (EXP), später durch die Erinnerung (GE) und unsystematische Beschreibung (BE) von Experimenten oder Beobachtungen aus. Intuitiv regelbasierte Vorgehensweisen weisen eine Zielorientierung auf (EB). Höhere Ebenen beziehen sich ausdrücklich auf externe Aussagen (AB) oder eigene Zuschreibungen (ZU). Explizit regelbasierte Vorgehensweisen drücken sich zu Beginn durch die Äußerung von Verallgemeinerungen (VG), im weiteren Verlauf durch die Verknüpfung von zwei Verallgemeinerungen zu einer Erklärung (ERK) und Formulierung von Hypothesen (HYP) auf Basis einer Erklärung aus.

In der vorhergehenden Version der Anleitung zum Versuch „G-E1 Multimeter" wurde eine Aufgabenfolge im allgemeinen mit einer Reihe von Anweisungen begonnen. Zum Beispiel bei der einführenden Aufgabenfolge zur Erarbeitung der Messfunktion Spannungsmessung:

Beispiel aus Abschnitt 2.1 der **ersten** *Version der Anleitung zum Versuch „G-E1 Multimeter"*
Wählen Sie als Messfunktion die Gleichspannungsmessung!
Wählen Sie als Messbereich 0 V bis 20 V!
Drehen Sie den Drehschalter in die entsprechende Position „20 DCV"!
Verbinden Sie nun die „COM"-Buchse des Multimeters mit dem Pol der Batterie und die „V/Ω"-Buchse mit dem anderen Pol der Batterie!

In der ersten Aufgabe „Spannung messen" wurden die Studenten anschließend dazu aufgefordert ihre Beobachtung schriftlich festzuhalten:

Beispiel aus Abschnitt 2.1 der **ersten** *Version der Anleitung zum Versuch „G-E1 Multimeter"*
Notieren Sie jetzt die vom Multimeter angezeigte Spannung, die Messfunktion und den Messbereich!

7 DIDAKTISCHE STRUKTURIERUNG 149

Hierauf bauen weitere Aufgaben auf, die die Erarbeitung weiterer inhaltlicher Aspekte durch die Formulierung von Erklärungen oder Vermutungen beinhalteten, zum Beispiel die Aufgabe „Polung":

> *Beispiel aus Abschnitt 2.1 der* **ersten** *Version der Anleitung zum Versuch „G-E1 Multimeter"*
> Welche Spannung messen Sie, wenn Sie die „COM"-Buchse mit dem jeweils anderen Pol der Batterie verbinden? Warum?

Bezogen auf die Entwicklung von Konzeptualisierungen wirft diese Vorgehensweise Schwierigkeiten auf: Die detaillierte Vorgabe von Handlungssequenzen zu Beginn der Aufgabenfolge verhindert die Entwicklung von Konzeptualisierungen hinsichtlich des Einsatzes von Geräten respektive Methoden. Zur Bearbeitung der Aufgabe „Spannung messen" entlang der Anweisungen sind Konzeptualisierungen der Ebene „Experiment" oder höher nicht notwendig. Sie werden von den Studenten entsprechend auch nicht entwickelt. Dem gegenüber erfordert die Bearbeitung der unmittelbar aufbauenden Aufgabe „Polung" mindestens die Entwicklung einer Konzeptualisierung der Stufe „Erklärung".

Um die Entwicklung von Konzeptualisierungen entsprechend der oben beschriebenen Stufen zu begünstigen, werden die Anleitungen wie folgt geändert: Eine Aufgabenfolge beginnt mit einer oder mehreren Anweisungen, die sich nicht unmittelbar auf eine einzelne, konkret beschriebene Handlungssequenz beziehen, sondern vielmehr auf einen grob umrissenen Handlungsabschnitt. Dadurch soll zunächst eine explorative Phase entstehen, in der die Studenten ausgehend von der aktuellen Stufe ihrer Entwicklung neue beziehungsweise erweiterte Konzeptualisierungen entwickeln können. Im Anschluss an die explorative Phase werden in einer ergebnissichernden Phase erreichte Ergebnisse reflektiert und gesichert. Die Aufgaben in dieser Phase sind hinsichtlich der zur Lösung benötigten Konzeptualisierungsstufe von unten nach oben geordnet. Je nach bearbeitetem Inhalt schließt sich eine theoretische Phase[1] an, die der Bearbeitung theoretischer Aspekte dient. Sie enthält Aufgaben, die die Entwicklung explizit regelbasierter Konzeptualisierungen begünstigen.

Die Konstruktion der Aufgaben in der zweiten Version der Anleitung zum Versuch „G-E1 Multimeter" wird im Folgenden am Beispiel der einführenden Aufgabenfolge erläutert. Die vollständige Anleitung findet sich in Anhang D.2.

Explorative Phase

Die Aufgabenfolge beginnt mit einer Anweisung, die die explorative Phase einleitet:

> *Beispiel aus Abschnitt 2 der* **zweiten** *Version der Anleitung zum Versuch „G-E1 Multimeter"*
> **Betrachten Sie das Multimeter**, das heißt:

---
[1] Der Begriff theoretische Phase schließt eine experimentelle Bearbeitung ausdrücklich nicht aus.

Identifizieren Sie Anzeige- und Bedienelemente, versuchen Sie diese in Bereiche zu gruppieren. Überlegen Sie ob Sie aufgrund Ihrer Erfahrungen einzelnen Bereichen oder Elementen bereits Funktionen zuordnen können. Schalten Sie das Gerät jedoch **noch nicht** ein.

Um die Entwicklung der Konzeptualisierungen in dieser Phase zu orientieren, wird die Anweisung „Betrachten Sie das Multimeter", die eine auf den Handlungsabschnitt bezogene Rahmung erzeugen soll, durch weitere Anweisungen ergänzt, die jeweils auf eine Handlungssequenz bezogene Rahmungen erzeugen und zu der Entwicklung einer entsprechenden Konzeptualisierung führen sollen. Welche Entwicklungsstufe die Konzeptualisierungen der Studenten bei der Bearbeitung der Anweisung erreichen ist offen: Studenten, die keine Vorkenntnisse bezüglich des Multimeters besitzen, gehen bei Bearbeitung explorativ vor; Studenten, die bereits Vorkenntnisse besitzen, können intuitiv regelbasierte Vorgehensweisen einsetzen. Wie und in welchem Umfang die Studenten die Anweisung bearbeiten bleibt ihnen überlassen. Für eine Bearbeitung im Sinne der Aufgabenstellung ist jedoch mindestens eine Konzeptualisierung der Stufe „Experiment (EXP)" notwendig.

Ergebnissichernde Phase

Im Anschluss an die explorative Phase folgt die ergebnissichernde Phase. Dazu werden zunächst Studenten zunächst aufgefordert ihre Beobachtungen zu formulieren:

Beispiel aus Abschnitt 2 der **zweiten** *Version der Anleitung zum Versuch „G-E1 Multimeter"*
Welche Bedien- beziehungsweise Anzeigeelemente des Multimeters können Sie unterscheiden?

Hier ist erneut eine explorative Konzeptualisierung der Ebene „Gedankenexperiment (GE)" notwendig: Die Studenten müssen sich an die zuvor durchgeführten Handlungen respektive gemachten Beobachtungen erinnern und diese notieren. Im nächsten Schritt soll auf Grundlage verschiedener Kombinationen von Handlungen und Beobachtungen eine (nicht notwendigerweise) systematische Beschreibung und damit die entsprechende Konzeptualisierung erreicht werden:

Beispiel aus Abschnitt 2 der **zweiten** *Version der Anleitung zum Versuch „G-E1 Multimeter"*
Welche Informationen werden für verschiedene Einstellungen des Drehschalters im Display angezeigt?

Hier ist bereits der Einsatz zusätzlicher sprachlicher Elemente notwendig, um die Handlungen und Beobachtungen zu einer Aussage zu verknüpfen. Da an dieser Stelle jedoch fachsprachliche Elemente im Wortschatz der Studenten noch nicht gesichert vorhanden sind, müssen diese im Hinblick auf eine Systematisierung von Beschreibungen und damit der Entwicklung einer Konzeptualisierung auf der Stufe „Zuschreibung (ZU)" vorgegeben werden. Dazu werden in einem folgenden Textblock entsprechende sprachliche Elemente angeboten:

7 DIDAKTISCHE STRUKTURIERUNG

*Beispiel aus Abschnitt 2 der **zweiten** Version der Anleitung zum Versuch „G-E1 Multimeter"*
Die im Display angezeigte Zahl, zum Beispiel **1.03**, bezeichnet man als **Maßzahl**. Zusammen mit der **Einheit**, zum Beispiel **V**, wird sie zum **Messwert** (**1.03 V**). Die zugehörige physikalische Größe (**Spannung**) nennt man **Messgröße**.

Danach werden die Studenten aufgefordert eine entsprechende Konzeptualisierung zu entwickeln und zu formulieren:

*Beispiel aus Abschnitt 2 der **zweiten** Version der Anleitung zum Versuch „G-E1 Multimeter"*
Welche Funktion hat der Drehschalter?

Daran schließen sich wiederholt Kombinationen aus den sprachlichen Elementen und Aufgaben, die zur Entwicklung von Konzeptualisierungen der Ebene „Zuschreibung (ZU)" auffordern, an. Damit soll erreicht werden, dass möglichst alle Studenten auch intuitiv regelbasierte Konzeptualisierungen im Bereich einer „Zuschreibung" erreichen. Damit wird die ergebnissichernde Phase abgeschlossen. In diesem Beispiel fällt die Ergebnissicherung relativ ausführlich aus, da es sich um die in den Versuch einführende Aufgabenfolge handelt und zu Beginn davon ausgegangen werden muss, dass die Mehrheit der Studenten nur wenig Erfahrungen im Umgang mit dem Multimeter besitzt. In späteren Aufgabenfolgen fällt die ergebnissichernde Phase überwiegend kürzer aus; bis hin zu einer einzelnen Frage.

Theoretische Phase

Theoretische Aspekte, die sich auf die jeweils in den Aufgabenfolgen behandelten Inhalte beziehen, können in einer anschließenden theoretischen Phase behandelt werden. Dazu stehen drei unterschiedliche Aufgabentypen zur Verfügung, die im Folgenden an verschiedenen Beispielen dargestellt werden.

Der Aufgabentyp „Verallgemeinerung" macht die Entwicklung einer Konzeptualisierung entsprechender Stufe notwendig. Zum Beispiel:

*Beispiel aus Abschnitt 2.2 der **zweiten** Version der Anleitung zum Versuch „G-E1 Multimeter"*
Müssen Sie zur Messung des Stroms durch die Glühlampe das Multimeter parallel oder in Reihe schalten?

Um für diese konkret angegebene Anwendungssituation eine Entscheidung treffen zu können, ist es notwendig die verallgemeinerte Regel „In Reihenschaltungen ist der Strom gleich" zu entwickeln beziehungsweise zu benennen.

Um die Entwicklung einer Konzeptualisierung der Stufe „Erklärung" zu initiieren werden die Studenten aufgefordert eine gewählte Vorgehensweise zu begründen:

Beispiel aus Abschnitt 2.2 der **zweiten** *Version der Anleitung zum Versuch „G-E1 Multimeter"*

Welche Buchsen haben Sie verwendet? Warum?

Beim Aufgabentyp „Hypothesen" sollen die Studenten unter Rückbezug auf eine Beobachtung und die Erklärung dieser Beobachtung eine Hypothese formulieren:

Beispiel aus Abschnitt 3.3 der **zweiten** *Version der Anleitung zum Versuch „G-E1 Multimeter"*

Welche Vermutung können Sie aufgrund dieser Beobachtung über die Eigenschaften des Pt1000 anstellen?

Die Einbettung theoretischer Aspekte in die Anleitungen und die Anpassung der theoretischen Phasen an die ergebnissichernde Phasen und die folgenden explorativen Phasen, wurde umfassend überarbeitet. So wurde zum Beispiel der Aspekt „Messunsicherheit des Multimeters" in der zweiten Version der Anleitung deutlich gegenüber der ersten Version ausgedehnt und um Erklärungen ergänzt (vergleiche Abschnitt D.1 und D.2).

Auch der Aspekt „Eingangsimpedanz des Multimeters" wurde grundlegend überarbeitet: In der ersten Version der Anleitung wurde die Eingangsimpedanz für die Messfunktionen Spannungs- und Strommessung jeweils durch die Aufgabenfolgen Aufbau der Schaltung, Beobachtung, Vermutung behandelt:

Beispiel aus Abschnitt 4.2 der **ersten** *Version der Anleitung zum Versuch „G-E3 Multimeter"*

Bauen Sie einen Stromkreis aus einer Gleichspannungsquelle und einem Widerstand R=8,2 Ω auf!

Erweitern Sie Ihren Stromkreis so, dass Sie mit dem Multimeter „MetraHit 23s" den Strom durch den Widerstand messen!

Messen Sie mit dem ausgewählten Multimeter die Spannung am Widerstand, am Multimeter „MetraHit 23s" und an der Gleichspannungsquelle!

Was beobachten Sie? Äußern Sie eine Vermutung, wie diese Beobachtung zustandekommt!

In der zweiten Version wurde eine Aufgabenfolge Aufbau der Schaltung, Beobachtung, Verallgemeinerung, Erklärung, Hypothese, Überprüfung der Hypothese konstruiert; zum Beispiel für die Messfunktion Strommessung:

Beispiel aus Abschnitt 4 der **zweiten** *Version der Anleitung zum Versuch „G-E3 Multimeter"*

Stellen Sie an der Gleichspannungsquelle eine Ausgangsspannung $U = 0,5$ V ein!

Bauen Sie einen Stromkreis aus einer Gleichspannungsquelle und einem Ohmschen Widerstand mit R=2 Ω auf!

7 DIDAKTISCHE STRUKTURIERUNG

Erweitern Sie Ihren Stromkreis so, dass Sie mit dem Multimeter „MetraHit 23S" den Strom durch den Ohmschen Widerstand messen!

Messen Sie mit dem ausgewählten Multimeter die Spannung am Ohmschen Widerstand, am Multimeter „MetraHit 23S" und an der Gleichspannungsquelle!

Was gilt für die Messwerte im Vergleich? Warum?

Bei einer Messung mit dem Multimeter ist dieses ein Teil des Stromkreises und beeinflusst somit auch dessen Eigenschaften. Zur Beschreibung dieses Einflusses schreibt man dem Multimeter einen Widerstand zu, den **Innenwiderstand**. Da es sich dabei jedoch nicht ausschließlich um einen reellen Widerstand handeln muss, sondern auch kapazitive und induktive Anteile vorhanden sein können, spricht man von der **Eingangsimpedanz**.

Wie groß sollte die Eingangsimpedanz eines Multimeters bei der Strommessung sein, damit der Einfluss auf die Eigenschaften des Stromkreises so gering wie möglich wird?

Berechnen Sie die Eingangsimpedanz des Multimeters „MetraHit 23S" bei der Strommessung!

Ermitteln Sie aus der Anleitung die Eingangsimpedanz des Multimeters bei der Strommessung!

Durch die ausführlichere Behandlung, insbesondere die Erweiterung von theoretischen Aufgabentypen, soll die Entwicklung von explizit regelbasierten Konzeptualisierungen zur Eigenschaft „Eingangsimpedanz" unabhängig von der Messfunktion begünstigt werden. Darauf aufbauend sollen die Studenten die entwickelten Konzeptualisierungen in weiteren Aufgaben anwenden und festigen. Dazu wird zum Beispiel gefragt:

Beispiel aus Abschnitt 4 der **zweiten** *Version der Anleitung zum Versuch „G-E3 Multimeter"*

Welche Auswirkung kann ein versehentlicher Messfunktionswechsel folglich haben?

Weitere Inhaltsbereiche, die in der Evaluation im ersten Iterationsschritt als defizitär identifiziert werden konnten, wurden auf ähnliche Art und Weise überarbeitet. Die modifizierte Lernumgebung wurde im Wintersemester 2002/2003 für die gleichen Inhaltsbereiche wie im vorhergehenden Schritt eingesetzt und evaluiert. Die Ergebnisse dieser Evaluation werden im folgenden Abschnitt dargestellt.

7.3 Evaluation

Die Evaluation der Modifikationen erfolgt analog zu der Evaluation im ersten Iterationsschritt. Im folgenden Abschnitt werden zunächst Hypothese und Forschungsfrage entwickelt;

darauf aufbauend wird die methodische Vorgehensweise der Untersuchung diskutiert und abschließend die Untersuchung und deren Auswertung beschrieben.

7.3.1 Forschungsfragen

Aus den Ergebnissen der Evaluation der im ersten Iterationsschritt entwickelten Lernumgebung „Physikalisches Praktikum für Physiker" wurde die folgende Forderung abgeleitet:

> DS 8   Unterstützung der Entwicklung von Konzeptualisierungen
> Die Entwicklung der Konzeptualisierungen der Studenten von explorativen zu intuitiv insbesondere explizit regelbasierten Konzeptualisierungen soll durch entsprechend angepasste Aufgabenstellungen unterstützt werden.

Um der Forderung zu genügen wurden die Aufgabenfolgen innerhalb der versuchsbegleitenden Anleitungen so überarbeitet, dass sie anfangs explorative Konzeptualisierungen und im weiteren Verlauf intuitiv und insbesondere explizit regelbasierte Konzeptualisierungen zur Lösung erfordern. Ziel dieser Anpassung ist es, eine Verbesserung der Fähigkeiten der Studenten beim Einsatz von Geräten und Methoden zu erreichen. Insbesondere soll der Anteil explizit regelbasierter Vorgehensweisen gegenüber explorativen Vorgehensweise erhöht werden. Für die Evaluation der Praktikumsteile Geräte und Methoden ergibt sich daraus die Hypothese:

> H 3   Unterstützung der Entwicklung von Konzeptualisierungen
> Durch die überarbeiteten Aufgabenstellungen der versuchsbegleitenden Anleitungen kann die Vorgehensweise der Studenten beim Einsatz von Geräten und Methoden verbessert werden.

Die Forschungsfrage für die Didaktische Strukturierung im zweiten Iterationsschritt lautet entsprechend:

1. Führt die spezifische Unterstützung der Entwicklung von Konzeptualisierungen zu verbesserten Fähigkeiten der Studenten beim Einsatz von Geräten und Methoden?

7.3.2 Methoden der Untersuchung

Zur Beantwortung der im vorherigen Abschnitt formulierten Forschungsfrage ist Vergleich zwischen den Fähigkeiten der Studenten nach dem ersten und zweiten Iterationsschritt herzustellen. Dazu müssen zur Evaluation der Fähigkeiten der Studenten im Umgang mit Geräten und Methoden die gleichen experimentellen Tests wie bei der Evaluation im ersten Iterationsschritt eingesetzt werden. Die Auswertung hat ebenfalls analog zu erfolgen. Das heißt die Experimentaltests sind hinsichtlich der folgenden Kriterien auszuwerten und mit den Ergebnissen der vorherigen Evaluation zu vergleichen:

7 DIDAKTISCHE STRUKTURIERUNG

- für die Lösung benötigte Zeit,
- Zahl der gelösten Aufgaben und
- Qualität der Bearbeitung der Aufgaben.

7.3.3 Untersuchung

Das im Rahmen des zweiten Iterationsschritts modifizierte Praktikum wurde im Wintersemester 2002/2003 durchgeführt. Zur Evaluation wurden die Experimentaltests jeweils unmittelbar vor und unmittelbar nach dem entsprechenden Praktikumsteil durchgeführt. Die Details der Untersuchung und die Auswertung werden im Folgenden für die beiden Praktikumsteile beschrieben.

Praktikumsteil Geräte

Die Durchführung der Experimentaltests Geräte verlief wie in Abschnitt 6.3.3 beschrieben. Aufgabenstellung, zur Verfügung stehende Zeit und vorgegebenes Material waren identisch. Über den Verlauf des Experimentaltests wurden 4 Gruppen zu je 2 Studenten videographiert. Zur Auswertung wurden die Ergebnisse des Experimentaltests Multimeter für alle 4 Gruppen herangezogen und mit den Ergebnissen des Experimentaltests Multimeter in der Evaluation des vorherigen Iterationsschritts verglichen.

Abbildung 7.1 zeigt auf der linken Seite die im Mittel erreichte Lösungsquote und auf der rechten Seite die im Mittel benötigte Zeit. Dargestellt sind jeweils die Ergebnisse für Vor- (blau) und Nachtest (rot) des ersten und zweiten Iterationsschritts; die Ergebnisse des ersten Iterationsschritts sind durch Schraffur abgehoben. Ein Vergleich der Vortests zeigt, dass

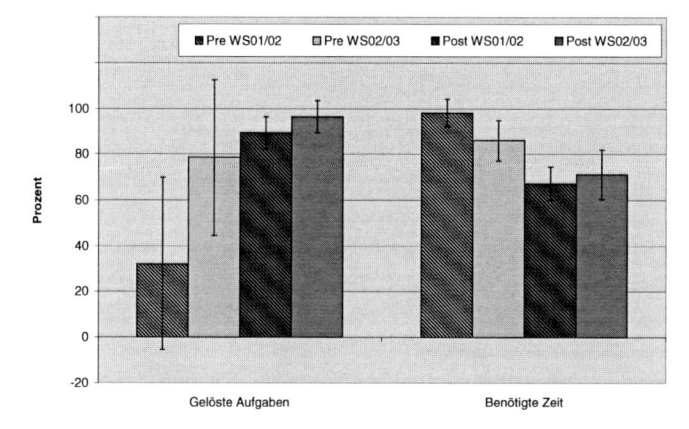

Abbildung 7.1: Gelöste Aufgaben und dafür benötigte Zeit im Experimentaltest Multimeter für den ersten und zweiten Iterationsschritt Didaktischer Rekonstruktion

156 7 DIDAKTISCHE STRUKTURIERUNG

die Gruppen im zweiten Iterationsschritt eine im Mittel mehr als doppelt so hohe Lösungsquote erreichen. Die jeweils hohen Streuungen deuten dabei große Diskrepanzen zwischen den einzelnen Gruppen an. Im Nachtest liegt die Differenz zwischen erstem und zweitem Iterationsschritt im Bereich der Streuung. Die Gruppen beider Iterationsschritte weisen also diesbezüglich keinen Unterschied auf. Die zur Bearbeitung des Experimentaltests im Mittel benötigte Zeit ist für die Gruppen des zweiten Iterationsschritts im Vortest etwas geringer und im Nachtest etwas höher. Während die Differenz für den Vortest noch etwas oberhalb der Streuung liegt, erreicht sie für den Nachtest höchstens die halbe Streuung. Bezüglich der benötigten Zeit sind also ebenfalls keine Unterschiede festzustellen.

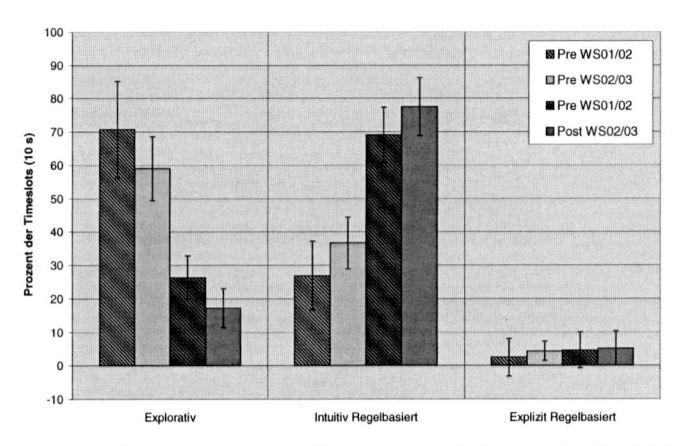

Abbildung 7.2: Qualitative Bewertung des Einsatzes eines Multimeters im Vergleich für den ersten und zweiten Iterationsschritt Didaktischer Rekonstruktion

Die Auswertung der qualitativen Bewertung des Einsatzes von Geräten zeigt Abbildung 7.2. Dargestellt sind die mittleren Anteile der explorativen und intuitiv beziehungsweise explizit regelbasierten Vorgehensweise. Ein Vergleich der Ergebnisse im Nachtest zeigt für die im zweiten Iterationsschritt beobachteten Gruppen niedrigere Anteile explorativer und höhere Anteile regelbasierter Vorgehensweisen. Gleichzeitig sind aber die jeweiligen Anteile bereits im Vortest entsprechend höher beziehungsweise niedriger, so dass die Änderungen im ersten und zweiten Iterationsschritt jeweils ungefähr gleich groß sind. Auch hier sind die Differenzen zwischen den Iterationsschritten näherungsweise gleich der Streuung; damit liegen auch für die qualitative Bewertung des Einsatzes von Geräten keine Unterschiede zwischen dem ersten und zweiten Iterationsschritt vor.

Die Fähigkeiten beim Einsatz von Geräten der Studenten im zweiten Iterationsschritt erreichen also durch die modifizierten Anleitungen das gleiche Niveau wie die Fähigkeiten der Studenten im ersten Iterationsschritt, eine Verbesserung kann aber für keines der Kriterien

7 DIDAKTISCHE STRUKTURIERUNG 157

Lösungsquote, Zeit, Qualität festgestellt werden.

Praktikumsteil Methoden

Der Experimentaltest Methoden wurde ebenfalls wie in Abschnitt 6.3.3 beschrieben durchgeführt. Auch hier waren Aufgabenstellung, zur Verfügung stehende Zeit und vorgegebenes Material gleich denen des Experimentaltests Methoden im ersten Iterationsschritt. Von den 4 videographierten Gruppen zu je 2 Personen konnten wegen mangelnder Bild- und Tonqualität jedoch nur 3 Gruppen zur Analyse herangezogen werden.

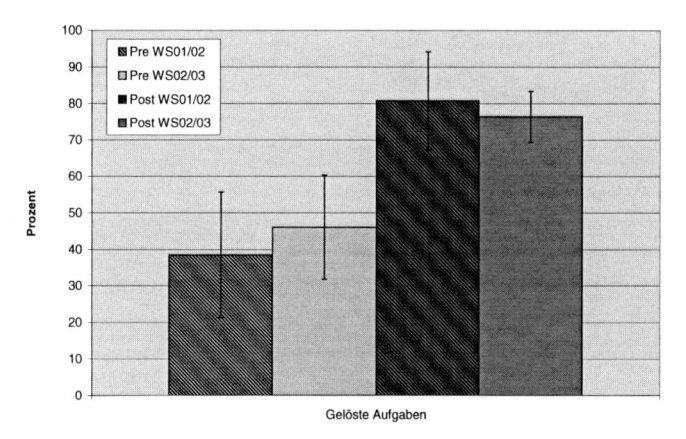

Abbildung 7.3: Gelöste Aufgaben im Experimentaltest Methoden für den ersten und zweiten Iterationsschritt Didaktischer Rekonstruktion

Abbildung 7.3 zeigt die im Mittel erreichte Lösungsquote im Vergleich zwischen erstem und zweitem Iterationsschritt. Dabei erreichen die im zweiten Iterationsschritt beobachteten Studenten im Vortest eine etwas höhere, im Nachtest eine etwas niedrigere Lösungsquote. In beiden Tests sind jedoch die Streuungen zwischen den einzelnen Gruppen des jeweiligen Iterationsschritts größer als die Unterschiede zwischen den Iterationsschritten. Bezüglich der Lösungsquote liegt also auch hier kein Unterschied zwischen erstem und zweitem Iterationsschritt vor.

Die qualitative Bewertung der Vorgehensweise der Studenten ist in Abbildung 7.4 dargestellt: Ein Vergleich der Ergebnisse der Vortests zeigt auch hier, dass die Unterschiede zwischen erstem und zweitem Iterationsschritt für alle Kategorien kleiner ausfallen als die Streuung, so dass die Gruppen im ersten und zweiten Iterationsschritt hinsichtlich ihrer Vorkenntnisse als gleichwertig eingestuft werden können. Im Nachtest nehmen im Vergleich die explorativen Anteile im zweiten Iterationsschritt stärker ab als im ersten, die intuitiv regelbasierten Anteile nehmen leicht, die explizit regelbasierten Anteile um das doppelte zu. Dabei

7 DIDAKTISCHE STRUKTURIERUNG

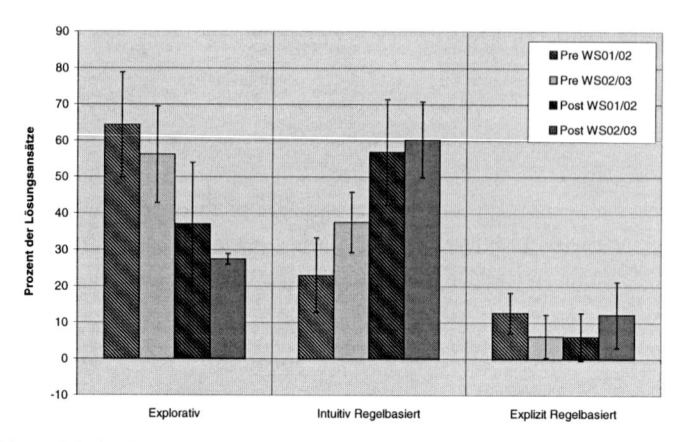

Abbildung 7.4: Qualitative Bewertung der Vorgehensweise bei der Lösung von Aufgaben für den ersten und zweiten Iterationsschritt Didaktischer Rekonstruktion

fällt die sehr geringe Streuung bei den explorativen Anteilen im zweiten Iterationsschritt auf. Zusammen mit den verbleibend hohen Streuungen der regelbasierten Anteile kann folgender Schluss gezogen werden: Alle im zweiten Iterationsschritt beobachteten Gruppen zeigen niedrigere Anteile explorativen Vorgehens. Die Gruppen mit hohen Anteilen intuitiv regelbasierten Vorgehens gelangen aufgrund ihrer im Praktikumsteil Methoden erworbenen Erfahrungen zur Lösung und greifen entsprechend selten auf explizit regelbasierte Vorgehensweisen zurück. Die Gruppen, die aufgrund ihrer Erfahrungen nicht zu einer Lösung gelangen, fallen nicht in epxloratives Vorgehen zurück sondern gehen entsprechend explizit regelbasiert vor. Die verbleibenden explorativen Anteile sind zum Teil dadurch zu erklären, dass bei der Kategorisierung Vorgehensweisen höherer Ebenen nicht immer einwandfrei zu erkennen sind und deshalb als explorative Vorgehensweise kategorisiert werden.

Durch die Modifizierung der Anleitungen kann also eine Verbesserung der Fähigkeiten der Studenten beim Einsatz von Methoden erreicht werden. Es ist davon auszugehen ist, dass geeignete Konzeptualisierungen der Studenten sich eher in der Vorgehensweise beim Einsatz von Methoden ausdrücken, die auf größeren Zeitskalen bewertet werden als die Vorgehensweisen beim Einsatz von Geräten (vergleiche Abschnitt 6.3.2). Daher kann davon ausgegangen werden, dass die Entwicklung geeigneter Konzeptualisierungen durch die modifizierten Aufgabenstellungen begünstigt werden konnte. Die Hypothese *H 3 Unterstützung der Entwicklung von Konzeptualisierungen* kann damit – wie bereits im vorherigen Abschnitt angedeutet, zwar nicht in ihrer ursprünglichen, wohl aber in der folgenden Form als bestätigt angesehen werden:

7 DIDAKTISCHE STRUKTURIERUNG 159

> **H 3'** Unterstützung der Entwicklung von Konzeptualisierungen
> Durch die überarbeiteten Aufgabenstellungen der versuchsbegleitenden Anleitungen kann die Entwicklung geeigneter Konzeptualisierungen begünstigt werden.

Zusammenfassung

Die Didaktische Rekonstruktion ist ein iterativer Prozess aus Fachlicher Klärung, Erhebung der Lernerperspektive und Didaktischer Strukturierung. Dabei sollen in den einzelnen Iterationsschritten die Ergebnisse vorheriger Iterationsschritte überprüft und eingearbeitet werden. Im zweiten Iterationsschritt dieser Arbeit wurden die Ergebnisse der Evaluation des vorherigen Iterationsschritts für die Modifikation der Lernumgebung herangezogen. Daraus wurde eine entsprechende Forderung entwickelt.

Auf Grundlage der formulierten Forderung wurden die Anleitungen so überarbeitet, dass die Entwicklung von explorativen über intuitiv regelbasierte hin zu explizit regelbasierten Konzeptualisierungen unterstützt wird. Dazu wurden die einzelnen Aufgabenfolgen in den Anleitungen aus einer explorativen und einer ergebnissichernden Phase aufgebaut an die eine theoretische Phase anschließen kann. Bei der Konstruktion der theoretischen Phasen wurde Wert auf eine geeignete Einbettung in beziehungsweise Anbindung an die anderen Aufgaben gelegt.

Die Praktikumsteile Geräte und Methoden wurden für ausgewählte Inhalte im Wintersemester 2002/2003 durchgeführt und hinsichtlich des gesetzten Ziels, die Entwicklung von Konzeptualisierungen zu begünstigen, evaluiert. Dazu wurden wieder jeweils unmittelbar vor und nach dem entsprechenden Praktikumsteil Experimentaltests zu Geräten und Methoden durchgeführt.

Die Auswertung der Experimentaltests im Vergleich zum ersten Iterationsschritt zeigt keine Änderungen der Vorgehensweise der Studenten beim Einsatz von Geräten. Beim Einsatz von Methoden konnten jedoch beobachtet werden, dass Studenten in Situationen für die sie über keine intuitiv regelbasierten Konzeptualisierungen verfügen auf explizit regelbasierte statt explorativer Konzeptualisierungen wie im ersten Iterationsschritt zurückgreifen.

Insgesamt kann also gezeigt werden, dass durch die Modifikationen die Fähigkeiten der Studenten beim Umgang mit Geräten nicht beeinträchtigt werden, und die Fähigkeiten beim Einsatz von Methoden verbessert werden konnten.

Kapitel 8

Zusammenfassung

Ziel dieser Arbeit war die umfassende Neukonzeption und anschließende Evaluation eines physikalischen Praktikums für Physiker. Dazu sollten die zunächst die Anforderungen der Lehrenden und Lernenden erhoben und daraus in einer iterativen Abfolge von Entwicklungsschritten eine entsprechende Lernumgebung entwickelt und hinsichtlich der Anforderungen evaluiert werden.

Als Grundlage für die Entwicklung der Lernumgebung wurde ein konsequent-konstruktivistisches Lernmodell verwendet, das ausgehend von den Annahmen des Radikalen Konstruktivismus eine detaillierte Beschreibung des Verlaufs von Lernprozessen bietet: Im Lernmodell wird kognitive Aktivität als eine iterative Folge von Wahrnehmungen, Erwartungen und Handlungen beschrieben. Diese Folge wird als Bedeutungskonstruktion bezeichnet. Eine Bedeutungskonstruktion ist erfolgreich, das heißt im konstruktivistischen Sinn viabel, wenn zwei aufeinander folgende Erwartungen des kognitiven Systems übereinstimmen. Ist eine Bedeutungskonstruktion nicht erfolgreich wird eine weitere, veränderte Bedeutungskonstruktion erzeugt; solange, bis eine Bedeutungskonstruktion erfolgreich ist. Diese Folgen von Bedeutungskonstruktionen werden Bedeutungsentwicklungen genannt. Die Komplexität einzelner Bedeutungskonstruktionen steigt innerhalb einer solchen Bedeutungsentwicklung an. Aufgrund der Rückwirkung kognitiver Prozesse auf die sie erzeugenden kognitiven Strukturen verändern sich diese. Das kognitive System hat gelernt. Gemäß dieser Modellierung verlaufen Lernprozesse individuell, situativ und mit wachsender Komplexität (bottom-up).

Einem Beobachter sind Bedeutungskonstruktionen und damit Lernprozesse nicht direkt zugänglich. Er rekonstruiert die Bedeutungskonstruktionen eines Lernenden als Bedeutungsrekonstruktionen anhand seiner eigenen Wahrnehmung der Handlungen des Lernenden. Die Richtung in die eine Bedeutungskonstruktion sich entwickelt, wird vom Beobachter als Rahmung rekonstruiert. Eine genügend häufig beobachtete Rahmung kann dem Lernenden als Ziel unterstellt werden.

Das konsequent konstruktivistische Lernmodell lässt sich nahtlos mit dem Modell der Konzeptwechsel integrieren. Dadurch kann eine analoge Beschreibung von Lernprozessen erreicht werden: Unterschieden werden dabei explorative, intuitiv regelbasierte (erfahrungsbasierte) und explizit regelbasierte (theoriebasierte) Konzeptualisierungen. Es wird davon ausgegangen, dass sich Konzeptualisierungen von explorativen, über erfahrungsbasierte, zu theoriebasierten entwickeln. Sie stellen damit eine Analogie zur Beschreibung des Verlaufs von Lernprozessen durch Komplexitäten dar und eignen sich insbesondere besser zur Beschreibung der Vorgehensweisen von Lernenden in Experimentiersituationen.

Auf der Basis dieses Verständnisses von Lernen wurde zur Strukturierung und Beschreibung der forschenden und entwickelnden Anteile der Arbeit das Modell der Didaktischen Rekonstruktion verwendet. Das von Kattmann et al. (1997) ursprünglich für die Entwicklung von Unterrichtsgegenständen im Schulunterricht konzipierte Modell wurde von Theyßen (1999) für die Entwicklung von Lernumgebungen im Bereich der Hochschule adaptiert. In der adaptierten Form unterscheidet das Modell die drei Bereiche Fachliche Klärung, Erhebung der Lernerperspektive und Didaktische Strukturierung. Aufgabe der Fachlichen Klärung ist es, die Anforderungen die von fachwissenschaftlicher Seite an die Lernumgebung gestellt werden zu bestimmen; in der Erhebung der Lernerperspektive werden analog die Anforderungen seitens der Lernenden ermittelt. Die Didaktische Strukturierung dient der Entwicklung der Lernumgebung und ihrer Evaluation hinsichtlich der an sie gestellten Forderungen; sie ist ein iterativer Prozess. Die drei Bereiche werden im Verlauf der Entwicklung einer Lernumgebung wiederholt in wechselnder Reihenfolge durchlaufen. Dabei sollen in den einzelnen Iterationsschritten die Ergebnisse vorheriger Iterationsschritte überprüft und eingearbeitet werden.

Im ersten Iterationsschritt der Didaktischen Rekonstruktion des physikalischen Praktikums für Physiker wurden zunächst die Bereiche Fachliche Klärung und Erhebung der Lernerperspektive bearbeitet:

Im Rahmen der Fachlichen Klärung wurden als erstes die Ziele, die Experten mit dem physikalischen Praktikum für Physiker verbinden, in einer offenen Befragung erhoben. Zur Auswertung wurden aus den erhaltenen Antworten Items gebildet. Diese wurden anhand der von Welzel et al. (1998) im Rahmen einer europaweiten Studie ermittelten Ziele kategorisiert. Die Prioritäten, die den einzelnen Zielen beigemessen werden, wurden aus der Zahl der Befragten, die dieses Ziel genannt haben, abgeleitet. Für die drei wichtigsten Ziele, die die Experten an der Heinrich-Heine-Universität mit dem physikalischen Praktikum für Physiker verbinden, ergab sich die folgende Reihenfolge:

(B) Experimentelle Fähigkeiten erwerben

(C) Methoden wissenschaftlichen Denkens kennenlernen

(A) Theorie und Praxis verbinden

Zur Konkretisierung wurden die Items, die den jeweiligen Zielen zugeordnet wurden, in einem zweiten Schritt nach Unterzielen kategorisiert. Dabei ergab sich, dass unter dem Ziel „(B) Experimentelle Fähigkeiten erwerben" neben allgemeinen, experimentbezogenen Fähigkeiten die Fähigkeit zur Handhabung und Kenntnisse zu den Eigenschaften von Geräten, insbesondere Messgeräten, verstanden wird. Das Ziel „(C) Methoden wissenschaftlichen Denkens kennenlernen" wurde vor allem als Planung von Experimenten, aber auch Auswertung und Interpretation experimenteller Daten interpretiert. Für das Ziel „(A) Theorie und Praxis verbinden" wurde der Schwerpunkt ausdrücklich auf die Verbindung mit bereits aus den Grundvorlesungen bekannter Theorie gelegt; nicht auf den Neuerwerb von Theorie.

Im nächsten Schritt wurden die Experten nach den Inhalten, die sie mit dem physikalischen Praktikum verbinden, befragt; ebenfalls in offener Form. Zur Kategorisierung der aus den Antworten gebildeten Items wurden Kategorien anhand einer Inhaltsanalyse von Lehrbüchern zum physikalischen Praktikum gebildet. Diese wurden im Verlauf der Kategorisierung – wo nötig – um weitere Kategorien ergänzt. Insgesamt konnten zusammen mit den Inhalten, die sich als Folge der für Praktikum formulierten Ziele ergeben, mehrere Inhaltsdimensionen ermittelt werden; die darunter wichtigsten sind:

- Physikalische Themen
- Moderne Themen
- Geräte
- Methoden

Für die einzelnen Inhaltsdimensionen wurde in der Fachlichen Klärung zusätzlich ermittelt, welche Bereiche daraus im Praktikum Anwendung finden können und sollen. Zum Beispiel konnten anhand der Befragung der Experten für die Inhaltsdimension „Physikalischen Themen" die folgenden Themen benannt werden:

- Elektrizitätslehre und Elektronik
- Optik
- Mechanik
- Thermodynamik

Zur Ermittlung der Lernerperspektive wurden – wie in der Fachlichen Klärung – die Ziele erhoben, die die Lernenden mit dem physikalischen Praktikum verbinden. Darüber hinaus wurden die Ergebnisse zahlreicher Lernprozessuntersuchungen einbezogen, die im Rahmen der Entwicklung des konsequent-konstruktivistischen Lernmodells durchgeführt wurden und detailliert Aufschluss über den Verlauf von Lernprozessen geben.

Die Erhebung der Ziele der Lernenden wurde ebenfalls in einer offenen Befragung durchgeführt und durch Kategorisierung nach den von Welzel et al. (1998) erhobenen Zielen ausgewertet. Für die drei wichtigsten Ziele der Lernenden konnten dabei die folgenden Reihenfolge ermittelt werden:

(B) Experimentelle Fähigkeiten erwerben

(A) Theorie und Praxis verbinden

(E) Wissen der Lernenden überprüfen

Auch hier konnte das Verständnis der Ziele durch die Kategorisierung nach Unterzielen konkretisiert werden: Die Lernenden verstehen – wie die Experten – unter dem Erwerb experimenteller Fähigkeiten neben allgemeinen, experimentellen Fähigkeiten die Fähigkeit zum Umgang mit Messgeräten. Für die Verbindung von Theorie und Praxis wird vor allem die Vertiefung und Anwendung bereits erlernter Theorie, darüber hinaus aber auch der Neuerwerb theoretischer Kenntnisse gewünscht. Hinsichtlich der Überprüfung des Wissens der Lernenden liegt ein Perspektivenwechsel vor: Die Studenten gehen davon aus, dass im Rahmen des Praktikums eine solche Wissensüberprüfung stattfindet und wollen diese erfolgreich bestehen.

Aufgrund der bereits zahlreich und in geeigneter Breite vorliegenden Forschungsergebnisse zu Lernprozessen wurde auf eine wiederholte Untersuchung von Lernprozessen im Praktikum verzichtet. Aus den bestehenden Untersuchungen konnten die folgenden Aussagen über Lernprozesse gewonnen werden: Lernprozesse müssen durch Interaktion mit den Lernenden initiiert werden. Dabei können geeignete Rahmungen den Verlauf der Lernprozesse entsprechend orientieren. Für den Verlauf der Lernprozesse sind die Vorkenntnisse als individueller Kontext immanent. Neue Kenntnisse können erst dann vorausgesetzt werden, wenn sie hinreichend oft in ähnlichem Kontext erzeugt wurden. Aufgaben müssen daran angepasst werden. Die Entwicklung von Lernprozessen hin zu größerer Komplexität kann durch mit wachsender Kompliziertheit aufeinander aufbauende Aufgabenstellungen unterstützt werden. Dabei muss die Kompliziertheit der jeweiligen Aufgaben an die maximalen Komplexitäten der Bedeutungskonstruktionen, die die Lernenden zum jeweiligen Inhalt konstruieren können, angepasst werden.

Anhand dieser Ergebnisse konnten für die Didaktische Strukturierung der Lernumgebung „Physikalisches Praktikum für Physiker" die folgenden Voraussetzungen formuliert werden: Im physikalischen Praktikum für Physiker sollen primär experimentelle Fähigkeiten, insbesondere der Umgang mit Messgeräten, und Methoden wissenschaftlichen Denkens, insbesondere die Planung von Experimenten, erlernt werden. Außerdem soll eine Verbindung zur

8 ZUSAMMENFASSUNG

Theorie hergestellt werden. Inhaltlich sollen neben den klassischen physikalischen Themen Elektrizitätslehre, Optik, Mechanik und Thermodynamik auch die Inhaltsdimensionen „Moderne Themen" sowie „Geräte" und „Methoden" berücksichtigt werden. Im Verlauf des Praktikums sollen durch Interaktion der Lernumgebung mit den Studenten Lernprozesse initiiert und durch geeignete Rahmungen orientiert werden. Darüber hinaus sollen die den Studenten gestellten Aufgaben die Individualität und Situativität von Lernprozessen berücksichtigen und ihre Entwicklung mit wachsender Komplexität unterstützen.

Daraus wurde eine dreiteilige Praktikumsstruktur wie folgt abgeleitet: Um den Studenten die Möglichkeit zum Erwerb experimenteller Fähigkeiten und wissenschaftlicher Denk- und Arbeitsweisen in einer – entsprechend den lerntheoretischen Forderungen – möglichst authentischen Arbeitssituation zu ermöglichen, wurde ein Praktikumsteil Projekt vorgesehen. Da aber eine offene Lernumgebung, wie sie ein Projektteil darstellt, im Sinne eines konsequent-konstruktivistischen Verständnisses von Lernen eine zu hohe Kompliziertheit aufweist, wurden zwei weitere Praktikumsteile vorgesehen. In einem Praktikumsteil Geräte sollen die Studenten als Vorbereitung auf den Erwerb allgemeiner experimenteller Fähigkeiten zunächst die Handhabung von Messgeräten erlernen. Im darauf aufbauenden Praktikumsteil Methoden sollen die Studenten als wesentlichen Teil wissenschaftlichen Arbeitens Methoden zur Planung, Durchführung und Auswertung von Experimenten kennenlernen. Beide Praktikumsteile werden von einer schriftlichen Anleitung begleitet, die eine Initiierung von Lernprozessen und geeigneten Rahmungen ermöglicht. Darüber hinaus bietet die Anleitung die Möglichkeit die Aufgaben mit wachsender Kompliziertheit zu strukturieren und Theorie an geeigneter Stelle so einzubetten, dass die Studenten zur Verknüpfung von Theorie und Praxis auf höheren Komplexitätsniveaus angeregt werden.

Die entsprechend entwickelte Lernumgebung wurde im Wintersemester 2002/2003 eingesetzt und hinsichtlich der an sie gestellten Anforderungen evaluiert. Zur Evaluation der Lernumgebung wurden drei Hypothesen formuliert:

H1 In einem projektorientierten Praktikum können Studenten experimentelle Fähigkeiten und wissenschaftliche Denk- und Arbeitsweisen, die in der alltäglichen Arbeitssituation eines Physikers benötigt werden, in einer Situation erwerben die dieser Arbeitssituation ähnlich ist.

H2 Durch die Implementation des Praktikumsteils Geräte lernen die Studenten die Handhabung von Geräten.

H3 Durch die Implementation des Praktikumsteils Methoden erlernen die Studenten Methoden zur Planung und Auswertung von Experimenten.

Da eine Überprüfung der ersten Hypothese aufgrund der Konzeption des Praktikums nur dann sinnvoll durchgeführt werden kann, wenn die Studenten entsprechend erfolgreich durch die ersten beiden Praktikumsteile vorbereitet wurden, ist die Überprüfung der ersten Hypothese zurückgestellt worden.

Zur Überprüfung der beiden anderen Hypothesen wurden zum Einen Wissenstests eingesetzt, um zu untersuchen, inwieweit die Studenten Kenntnisse von Funktionen und Eigenschaften der Geräte und Methoden erworben haben. Zum Anderen wurden – maßgeblich für eine praktisch orientierte Lernumgebung – Experimentaltests eingesetzt, um zu untersuchen, inwieweit die Studenten Fähigkeiten beim Einsatz von Geräten und Methoden erworben haben. Die für jeden Praktikumsteil spezifisch entwickelten Tests wurden jeweils unmittelbar vor und nach dem entsprechenden Praktikumsteil durchgeführt.

Dabei konnten anhand der Wissenstests Zuwächse bei den Kenntnissen von Funktionen und Eigenschaften der Geräte und Methoden nachgewiesen werden. Diese lagen jedoch unterhalb der eigentlichen Erwartung, so dass eine detaillierte Analyse durchgeführt wurde, um zu ermitteln bei welchen Inhalten die Kenntnisse der Studenten Defizite aufweisen.

Die Auswertung der Experimentaltests zeigt, das die Studenten beim Einsatz von Geräten und Methoden von überwiegend explorativem Vorgehen zu überwiegend erfahrungsbasiertem Vorgehen übergehen. Außerdem konnte beobachtet werden, dass sich das Vorgehen der Studenten beim Einsatz von bekannten nicht von dem bei unbekannten unterscheidet. Hier kann also eine Sicherheit der Studenten im Umgang mit Geräten festgestellt werden.

Im ersten Iterationsschritt konnte damit gezeigt werden, dass die Studenten in den Praktikumsteilen Geräten und Methoden die Handhabung von Geräten beziehungsweise Methoden zur Planung und Auswertung von Experimenten erlernen. Gleichzeitig konnten Erkenntnisse darüber gewonnen werden, wie die erzielten Ergebnisse optimiert werden können.

Diese Erkenntnisse wurden in einem zweiten Iterationsschritt zur Modifikation der Lernumgebung herangezogen: Es sollte insbesondere die Entwicklung von explorativen hin zu erfahrungs- und insbesondere theoriebasierten Konzeptualisierungen unterstützt werden. Dazu wurden die einzelnen Aufgabenfolgen in den Anleitungen mit einer explorativen Phase begonnen, auf die eine ergebnissichernde Phase aufbaut; daran kann eine theoretische Phase anschließen. Bei der Konstruktion der theoretischen Phasen wurde im Sinne einer geeigneten Einbettung von Theorie besonders die Anbindung an die vorausgehende ergebnissichernde und die folgende explorative Phase beachtet.

Die Evaluation der Praktikumsteile Geräte und Methoden wurde im zweiten Iterationsschritt wiederholt und die Ergebnisse mit denen des ersten Iterationsschritts verglichen. Dazu wurden wieder jeweils unmittelbar vor und nach dem entsprechenden Praktikumsteil Experimentaltests zu Geräten und Methoden durchgeführt, die denen des ersten Iterationsschritts in Aufbau und Ablauf glichen.

Im Vergleich der beiden Iterationsschritte konnte für die Fähigkeiten der Studenten beim Einsatz von Geräten beobachtet werden, dass das gleiche Niveau wie im ersten Iterationsschritt erreicht wird. Für den Einsatz von Methoden zeigte sich eine deutliche Verbesserung: Die Studenten im zweiten Iterationsschritt griffen in Situationen in denen sie über keine erfahrungsbasierten Konzeptualisierungen verfügen, auf theoriebasierte statt explorativer Konzeptualisierungen – wie die Studenten im ersten Iterationsschritt – zurück.

Insgesamt kann das gesetzte Ziel, die Lernumgebung „Physikalisches Praktikum für Physiker" unter Berücksichtigung der Anforderungen von Lehrenden und Lernenden umfassend neu zu konzipieren, bereits mit dem ersten Iterationsschritt als erreicht angesehen werden. Darüber hinaus konnten im zweiten Iterationsschritt bereits erste Verbesserungen aufgrund der Ergebnisse der Evaluation des ersten Iterationsschritts vorgenommen werden.

Kapitel 9

Ausblick

Das zentrale Charakteristikum der Didaktischen Rekonstruktion ist die Iterativität: Die Entwicklung einer Lernumgebung ist zu keinem Zeitpunkt abgeschlossen. Denn einerseits ergeben sich in jedem Iterationsschritt aus der Evaluation Anhaltspunkte zu Verbesserungen in einem nächsten Iterationsschritt und andererseits muss berücksichtigt werden, dass sich die Anforderungen, die der Entwicklung anfänglich zugrundegelegt wurden, verändern können. Daher sind in jedem Iterationsschritt in den jeweiligen Bereichen die Ergebnisse des vorherigen Iterationsschritts zu überprüfen und durch entsprechende veränderte oder zusätzliche Anforderungen an die Lernumgebung zu berücksichtigen; diese muss dann modifiziert und erneut evaluiert werden. Für einen Ausblick stellt sich damit die Frage: welche Möglichkeiten bestehen aufgrund der Ergebnisse der im Rahmen dieser Arbeit durchgeführten Iterationsschritte für folgende Iterationsschritte?

Zunächst wurden im Rahmen der vorliegenden Arbeit die Praktikumsteile Geräte und Methoden exemplarisch für spezifische Inhaltsbereiche implementiert. Um eine gründliche Vorbereitung der Studierenden auf den Praktikumsteil Projekt zu ermöglichen, müssen daher die beiden Praktikumsteile hinsichtlich des geplanten Versuchskanons (vergleiche Anhang A) vervollständigt werden. Dies kann im Wesentlichen durch die Entwicklung entsprechender Versuche und die Erstellung der versuchsbegleitenden Anleitungen – am Beispiel der vorliegenden – erreicht werden.

Außerdem wurde in dieser Arbeit die Untersuchung der Hypothese *H 1 Authentizität*, auf deren Grundlage der Praktikumsteil Projekte eingerichtet wurde, zurückgestellt, weil diese nur dann evaluiert werden kann, wenn eine geeignete Vorbereitung durch die beiden vorhergehenden Praktikumsteile sichergestellt wurde. Im Anschluss an die vollständige Implementation der Praktikumsteile Geräte und Methoden bietet sich daher die Untersuchung zum Beispiel der folgenden Fragen an:

1. Erwerben die Studierenden im Praktikumsteil Projekt allgemeine experimentelle Fähigkeiten und Methoden wissenschaftlichen Denkens?

2. Wie setzen die Studierenden die in den Praktikumsteilen Geräte und Methoden erworbenen Fähigkeiten im Praktikumsteil Projekt ein?

Zur Untersuchung der ersten Frage ist zunächst genauer zu spezifizieren, anhand welcher Indikatoren der Erwerb experimenteller Fähigkeiten und Methoden wissenschaftlichen Denkens erkannt werden soll. Darüber hinaus besteht bei einer Untersuchung dieser Frage das grundlegende Problem in der offenen Anlage des Praktikumsteils: da eine durchgehende Beobachtung der Studierenden nicht gewährleistet werden kann, kann in der Folge ein anhand der Indikatoren bestimmter Lernerfolg nicht sicher auf die Lernumgebung selber zurückgeführt werden. Trotz dieser Schwierigkeiten wäre eine Evalaution dieses Aspekts projektorientierter Lernumgebung auch im Hinblick auf deren zunehmende Verbreitung wünschenswert.

Die Untersuchung der zweiten Frage dient der Abstimmung der einzelnen Praktikumsteile. Da die Praktikumsteile Geräte und Methoden auf den Praktikumsteil Projekt vorbereiten sollen können aus der Evaluation wiederum wichtige Hinweise für veränderte oder zusätzliche Anforderungen an die vorgehenden Praktikumsteile und deren entsprechende Modifikation gewonnen werden.

Wenn diese Schritte abgeschlossen sind, bleibt eine Optimierung der Anpassung der versuchsbegleitenden Anleitungen in den ersten beiden Praktikumsteilen an den Verlauf der Lernprozesse. Dazu müssen, über die in dieser Arbeit hinausgehende „theoretische" Anpassung, auf Grundlage von Erkenntnissen vorhergehender Untersuchungen im einzelnen Prozessdaten des Versuchsablaufes erhoben und ausgewertet werden. Daraus können Informationen über den tatsächlichen Verlauf der Lernprozesse im Vergleich zum gewünschten Verlauf gewonnen und die Anleitungen entsprechend im Detail der einzelnen Aufgaben modifiziert werden.

Auf diese Art und Weise kann die eingesetzte Lernumgebung „Physikalisches Praktikum für Physiker" iterativ an das durch die Anforderungen von Lehrenden und Lernenden skizzierte „Ideal" angepasst werden.

Anhang A

Praktikumsübersicht

A.1 Praktikumsteil Geräte

Woche 1				
G-E1 Multimeter	G-E2 Oszilloskop	G-O1 Lichtquellen	G-O2 Optische Bauelemente	G-M1 Mechanische Werkzeuge

Woche 2				
G-E3 Digitaloszilloskop	G-E4 Elektrische Bauelemente	G-O3 Kombinationen optische Bauelemente	G-O4 Spektrometer	G-M2 Aktoren zur Translation

Woche 3				
G-E5 Kombinationen elektrischer Bauelemente	G-O5 Interferometer	G-M3 Aktoren zur Rotation	G-PC1 Messinterfaces	G-PC2 Messprogramme

A.2 Praktikumsteil Methoden

Woche 1				
M-1 Messkette	M-2 Sensoren	M-3 Betriebsschaltungen	M-4 Verstärkung	M-5 AD-Wandlung

Woche 2				
M-6 Auswertung	M-7 Dokumentation	M-8 Experiment	M-9 Experiment	M-10 Experiment

Anhang B

Fragebögen

B.1 Befragung der Experten

PHYSIKALISCHE GRUNDPRAKTIKA
ZENTRALE EINRICHTUNG DER PHYSIK
LEITER: PROF. DR. DIETER SCHUMACHER

HEINRICH HEINE
UNIVERSITÄT
DÜSSELDORF

UNIVERSITÄTSSTRASSE 1
D-40225 DÜSSELDORF
GEBÄUDE 25.42. EBENE U1
TELEFON: 0211-81-13108
TELEFAX: 0211-81-13105

Fragebogen zum physikalischen Anfängerpraktikum für Physiker

1. Allgemeine Angaben

   - Name (Angabe freiwillig)

   _____

   - Sie sind
     - ☐ Student(in)
     - ☐ Diplomand(in)
     - ☐ Doktorand(in)
     - ☐ Wissenschaftliche(r) Mitarbeiter(in)
     - ☐ Professor(in)

2. Was sollte mit dem physikalischen Anfängerpraktikum für Physiker erreicht werden (Ziele)?

3. Welche Merkmale (Struktur, Methodik, Organisation) sollte das physikalische Anfängerpraktikum für Physiker haben, um die von Ihnen genannten Ziele zu erreichen?

4. Welche Inhalte sollten im physikalischen Anfängerpraktikum für Physiker behandelt werden? Welche halten Sie eher für unnötig?

B.2 Befragung der Lernenden

B.2.1 Population Eins

PHYSIKALISCHE GRUNDPRAKTIKA
ZENTRALE EINRICHTUNG DER PHYSIK
LEITER: PROF. DR. DIETER SCHUMACHER

HEINRICH HEINE
UNIVERSITÄT
DÜSSELDORF

UNIVERSITÄTSSTRASSE 1
D-40225 DÜSSELDORF
GEBÄUDE 25.42. EBENE U1
TELEFON: 0211-81-13108
TELEFAX: 0211-81-13105

Fragebogen zum Physikalischen Praktikum

Name oder Pseudonym

1. Was wollen Sie im Physikalischen Praktikum lernen?

2. Welche Erwartungen haben Sie an das physikalische Praktikum?

B FRAGEBÖGEN   177

B.2.2 Population Zwei und Drei

PHYSIKALISCHE GRUNDPRAKTIKA
ZENTRALE EINRICHTUNG DER PHYSIK
LEITER: PROF. DR. DIETER SCHUMACHER

HEINRICH HEINE
UNIVERSITÄT
DÜSSELDORF

UNIVERSITÄTSSTRASSE 1
D-40225 DÜSSELDORF
GEBÄUDE 25.42. EBENE U1
TELEFON: 0211-81-13108
TELEFAX: 0211-81-13105

Fragebogen
zum physikalischen Praktikum für Physiker WS02/03

Bitte geben Sie Ihren Namen oder ein Pseudonym an:

_____

1. Mit welcher persönlichen Zielsetzung gehen Sie in das Physikalische Praktikum?

Anhang C

Auswertung der Fragebögen

C.1 Kategorienbeschreibung

(A) Theorie und Praxis verbinden

Dieses Hauptziel umfasst die Items, die einen Bezug zwischen Theorie und Praxis beschreiben. Dabei ist nicht relevant, ob Theorie oder Praxis den Ausgangspunkt bilden. Stellt die Theorie den Ausgangspunkt dar, so handelt es sich um einen deduktiven, ist die Praxis Ausgangspunkt, um einen induktiven Ansatz.

Beispiel: „Theorie veranschaulichen" und „Vermittlung fachlicher Inhalte"

(A1) Die Verbindung von Theorie und Praxis zu demonstrieren

Allgemeine Aussagen zur Verbindung von Theorie und Praxis, die sich nicht in eine der Unterkategorien einteilen lassen.

(A2) Theorie durch Experimente zu verifizieren

Wenn das Praktikum dazu dient, theoretische Vorhersagen experimentell zu überprüfen.

Beispiel: „Verifikation der Lichtquantenhypothese durch verschiedene qualitative Messungen (Mit Glas, Ohne Glas) zum Photoeffekt."

(A3) Theorie durch Experimente zu illustrieren

Wenn das Praktikum dazu dient, behandelte Theorie zu veranschaulichen.

Beispiel: „Im Experiment die Abbildung eines Gegenstandes mit einer Linse zeigen, nachdem die Theorie dazu behandelt wurde."

(A4) Theorie zu erwerben und zu vertiefen

Wenn das Praktikum als Anlass dient, Theorie zu lernen.

Beispiel: „Als Vorbereitung zum Oszilloskop sollen Kenntnisse über die Funktionsweise der Braunschen Röhre erworben werden."

(A5) Aufgrund von Experimenten Theorien formulieren zu lernen

Wenn das Praktikum dazu dient, am Experiment Beobachtungen zu machen und aufgrund dieser ein theoretisches Modell zu entwickeln, dass die beobachteten Vorgänge beschreibt.

Beispiel: „Beobachtung des Photoeffektes und darauf basierend die Quanteneigenschaft des Lichts formulieren."

(A6) Theorie anzuwenden

Wenn das Praktikum dazu dient, beispielweise in der Vorlesung erlernte Theorie selbst anzuwenden.

Beispiel: „Verwendung des erlernten Wissens im Bereich Optik zum Bau eines Mikroskops."

(B) Experimentelle Fähigkeiten erwerben

Unter diese Kategorie fallen alle Items, die eine Ausrichtung bezüglich „handwerklicher" Fähigkeiten zeigen, das heißt Fähigkeiten, die im Labor bei der unmittelbaren Arbeit am Experiment benötigt werden.

Beispiel: „Praktische Erfahrung erlangen" und „Technische Schwierigkeiten bewältigen"

(B1) Experimentieren zu lernen

Allgemeine Aussagen, zum Erwerb experimenteller Fähigkeiten, die sich nicht in eine der Unterkategorien einteilen lassen.

(B2) Messgeräte einsetzen zu lernen

Wenn das Praktikum dazu dient, Messgeräte kennenzulernen. Das heißt ihre besonderen Eigenschaften, aber auch wie sie zu bedienen sind.

Beispiel: „Das Oszilloskop"

(B3) Messwerte protokollieren zu lernen

Wenn das Praktikum dazu dient, zu lernen, wie man Messwerte richtig aufnimmt. Das heißt, wie man Tabellen vorbereitet oder die Parameter des Versuchsaufbaus notiert.

Beispiel: „Einheiten korrekt notieren"

(B4) Fehleranalyse eines Experiments zu erlernen

Wenn das Praktikum dazu dient, Fehler im Experiment zu analysieren und eventuell zu beheben. Darunter zählen sowohl die Analyse systematischer Fehler, die aus dem Aufbau resultieren, wie auch technische Fehler, die die korrekte Messung verhindern.

Beispiel: „Einfluss der Umgebungstemperatur bei Differenz-Temperaturmessungen oder falsch geschaltete Messgeräte"

(B5) Handwerkliche Fähigkeiten zu erlernen

Wenn das Praktikum dazu dient, manuelle Fähigkeiten zu trainieren.

Beispiel: „Justierung einer Messapparatur"

(B6) Sorgfältiges Arbeiten zu erlernen

Wenn das Praktikum dazu dient, zu systematischem und sorgfältigem Arbeiten zu erziehen.

Beispiel: „Behutsamer Umgang mit empfindlichen Messgeräten, Übersichtliche Anordnung des Versuchsaufbaus oder Aufräumen des Arbeitsplatzes"

(C) Methoden wissenschaftlichen Denkens erlernen

In diese Kategorie sind alle Items einzusortieren, die über „handwerkliche" Fähigkeiten hinausgehen, also Fähigkeiten auf einem abstrakten Niveau beschreiben.

Beispiel: „Wissen über Messmethoden" und „Wissenschaftliche Arbeitsweise".

(C1) Wissenschaftliche Denk- und Arbeitsweisen zu erlernen

Allgemeine Aussagen, die das Erlernen wissenschaftlicher Denk- und Arbeitsweisen betreffen und sich nicht in eine der Unterkategorien einteilen lassen.

(C2) Planung von Experimenten zu erlernen

Wenn das Praktikum dazu dient, zu erlernen, wie man von der Idee zum Versuchsaufbau kommt. Das schließt die Kenntnis verschiedener Messmethoden ein.

Beispiel: „Messmethoden"

(C3) Auswertung und Interpretation von Daten zu erlernen

Wenn das Praktikum dazu dient, eine grundsätzliche Auswertungsmethodik zu erlernen, also wie man vom Messprotokoll zu einer Aussage über physikalische Zusammenhänge kommt.

Beispiel: „Fehlerrechnung"

(C4) Fragestellungen formulieren zu lernen

Wenn Praktikum dazu dient, die Fähigkeit, wissenschaftliche Hypothesen zu entwickeln und korrekt zu formulieren, zu vermitteln.

Beispiel: „Aufgrund von Beobachtungen Hypothesen formulieren"

(D) Motivation, Persönlichkeitsentwicklung und soziale Kompetenz fördern

Diese Kategorie bilden die Items, die eine emotionale Ausrichtung aufweisen. Darunter Items, die die Bildung sogenannter „Soft Skills" beschreiben, sowie Items die sich auf die

Verbesserung sozialer Fähigkeiten beziehen.

Beispiel: „Teamarbeit" und „Spaß an Physik"

- **(D1)** Allgemeine Persönlichkeitsmerkmale positiv zu entwickeln

    Allgemeine Aussagen zur Entwicklung von Persönlichkeitseigenschaften und sozialer Kompetenz.

- **(D2)** Zu motivieren

    Wenn das Praktikum die Studenten allgemein motivieren soll. Das heißt, wenn Praktikum Spaß machen soll.

- **(D3)** Interesse zu wecken

    Wenn das Praktikum das Interesse der Studenten an Physik wecken soll.

- **(D4)** Selbständiges Denken und Arbeiten zu erlernen

    Wenn das Praktikum dazu dient, die Studenten an selbständiges Denken und Arbeiten heranzuführen.

- **(D5)** An die Universität zu binden

    Wenn das Praktikum die Studenten an die Universität binden soll. Das bedeutet auch, wenn die Studenten, an die Arbeitsgruppen herangeführt werden sollen, mit dem Zweck sie für eine Diplomarbeit zu gewinnen.

- **(D6)** Teamarbeit zu erlernen

    Wenn das Praktikum dazu dient, den Studenten zu vermitteln, wie man in einem Team arbeitet.

(E) Das Wissen der Lernenden überprüfen

Diese Kategorie beinhaltet alle Items, die die Bewertung des Wissensstands der Studenten beinhalten.

- **(E1)** Schein

    Wenn die Studenten sich eine erfolgreiche Teilnahme im Sinne des vorgegebenen Ablaufs wünschen.

- **(E2)** Niedriger Arbeitsaufwand

    Wenn die Studenten sich einen niedrigen Arbeitsaufwand im Praktikum wünschen.

- **(E3)** Keinen Prüfungsstress

    Wenn die Studenten sich keinen Prüfungsstress im Praktikum selber und für das Abschlusstestat wünschen.

C.2 Items der Befragung nach Zielen

C.2.1 Lehrende

Person	Beruf	Item	Hauptziel	Unterziel
1		[..] nicht auf den Gedanken kommt, die Uni zu wechseln	D	D5
1		Sammeln von praktischer Laborerfahrung	B	B1
1		Steigerung des Interesses an aktueller Forschung	D	D3
2		Einführung in die physikalischen Messmethoden	C	C2
2		Planung und Durchführung von Versuchen	C	C2
2		Umgang mit Messgeräten und technischen Hilfsmitteln erlernen	B	B2
3	P	Es sollten die Grundlagen experimentellen Arbeitens vermittelt werden	B	B1
3	P	Es sollten die Grundlagen wissenschaftlichen Arbeitens vermittelt werden	C	C1
3	P	Es sollte praktische Erfahrung gesammelt werden	B	B5
3	P	Grundverständnis experimentellen Arbeitens	B	B1
4		Arbeiten in Gruppen	D	D6
4		Erlernen grundlegender Messmethoden	C	C2
4		Selbständiges Experimentieren	B	B1
4		Umgang mit den wichtigsten Messgeräten	B	B2
4		Verständnis der Vor- und Nachteile verschiedener Messmethoden	C	C2
5		Beobachtung und Beschreibung physikalischer Vorgänge	B	B1
5		Einbindung von Rechnern bei der Analyse und Simulation	C	C3
5		Entwurf eigener Fragestellungen	C	C4
5		Erklärung von Abweichungen zwischen Modellergebnissen und Beobachtung	C	C3
5		Planung von Messungen	C	C2
5		Reduktion der Beobachtung auf das Wesentliche	C	C1

5		Sammeln von Kenntnissen zum gewählten Thema aus Literatur	A	A4
5		Umgang mit Messgeräten	B	B2
5		Vergleich von theoretischen Kenntnissen mit physikalischen Beobachtungen	A	A2
6		Motivation zur Physik	D	D2
6		Selbstständiges Denken und Arbeiten	D	D4
6		Selbstbewusstsein im Umgang mit teuren oder komplizierten Geräten	D	D1
6		Spaß am praktischen Arbeiten	D	D2
6		Teamarbeit	D	D6
6		Verständnis und Anwendung der grundlegenden Physikkenntnisse	A	A6
7		Anhand dieser Experimente [sollen] die physikalischen Grundlagen deutlich werden	A	A3
7		Entwicklung von Problemlösekompetenzen	D	D1
7		Schlüsselqualifikationen erwerben	D	D1
7		Selber physikalische Probleme zu lösen	C	C2
7		Theoretischen Inhalte der Experimentalphysik mit Anwendungsbezügen ergänzen	A	A6
8		Experimente zur Bestätigung/Modifizierung von Theorien [nutzen]	A	A1
8		Experimentieren lernen	B	B1
8		Grundlagen zum Verständnis der zugrundeliegenden physikalischen Inhalte gewinnen	A	A4
9		Auswertungsmethoden	C	C3
9		Dokumentation von experimentell ermittelten Daten und deren Auswertung	C	C3
9		[In der Lage sein, Messmethoden] selbständig aufzubauen und anzuwenden	C	C2
9		Methoden [sollen] erlernt werden	C	C2
9		Sollte den in der Vorlesung behandelten Stoff vertiefen	A	A4
10		Umgang mit Geräten/Apparaturen [erlernen]	B	B2
10		Umgang mit Vorgehensweisen [erlernen]	C	C1
10		Abschätzungen für die jeweiligen Fehler machen zu können	B	B4

10		[Es soll] anschaulich [werden] was physikalisch passiert	A	A3
11		Gesetzmäßigkeiten aus den geeignet erstellten Diagrammen [erkennen]	A	A5
11		Erlernen des systematischen Experimentierens	B	B1
12		Spaß an der Physik	D	D2
12		Vermittlung experimenteller Grundkenntnisse	B	B1
12		Verständnis des Zusammenhangs theoretischer Vorbetrachtungen und des Versuches	A	A1
13		[Einsicht über Wissen] sollte durch physikalische Zusammenhänge einsichtig werden	A	A3
13		Exaktheit und Bedachtheit bei der Durchführung physikalischer Experimente	B	B6
13		[Lernen] in einer Vortrags/Prüfungssituation [zu sein]	D	D1
13		Methoden und Vorgehensweisen durchzuspielen	C	C2
13		Planung und Durchführung des Experiments	C	C2
13		Vermittlung eines Gefühls für Physik	C	C1
14		Auseinandersetzung mit tatsächlichen Messproblemen (wie misst man etwas)	C	C2
14		Selbständiger Umgang mit physikalischen Gerätschaften	B	B2
14		Vermittlung praktischer Fähigkeiten	B	B5
15		[Es sollen] Methoden vermittelt werden, wie man misst	C	C2
16		Theorie sollte handgreiflich gemacht werden	A	A3
17		Auseinandersetzung mit den Messproblemen (Wie misst man etwas?)	C	C2
17		Selbstständiger Umgang mit physikalischen Gerätschaften	B	B2
18		Gefühl für potentielle Fehlerquellen und deren Größenordnung	B	B4
18		Handwerkliches Geschick zur Durchführung von Experimenten	B	B5
18		Vertiefung von theoretischen Inhalten aus der Vorlesung	A	A4

19		Ausbildung von Reflexions- und Urteilsfähigkeit (kritisches Hinterfragen der Messungen)	C	C3
19		Erlernen des Umgangs mit dem Computer zum Beispiel zur Messwerterfassung und -auswertung	B	B2
19		Vermittlung experimenteller physikalischer Methoden	C	C2
19		Vermittlung fachlicher Inhalte	A	A4
20		StudentIn sollte die Möglichkeit haben ihre eigenen Ideen/Lösungen vorzuschlagen	D	D4
20		Wechselwirkung zwischen Anfängerpraktikum und den Vorlesungen der ersten zwei Semester	A	A1
20		Zeigen, wie man mit experimentellen Problemen umgehen kann, welche Methoden dafür geeignet sind.	C	C2
21		Experimentierfreude der Studenten steigern	D	D2
21		Lernen sich auf Fachthemen gut vorzubereiten	A	A4
21		Selbstständiger Umgang mit den Apparaturen	B	B2
21		Theoretisches (aus Vorlesung) in der Praxis anwenden	A	A6
22		Erlernen von Vorgehensweisen bei Messungen	C	C2
22		Grundlagen verschiedener Messverfahren	C	C2
22		Strukturierte Dokumentation des Versuches	C	C3
22		Umgang mit Messgeräten	B	B2
23		Der Stoff der grundlegenden Vorlesungen sollte praktisch geschult werden	A	A4
23		Einblick in die experimentelle Physik	B	B1
23		Fortgeschrittenenpraktika sollten experimentell veranlagten Studenten die Möglichkeit geben in mögliche Diplomarbeitsthemen hineinzuschnuppern	D	D3
24	P	Aha-Effekte	D	D2
24	P	Keine Kreidephysik [..], sondern Selbsterfahrung	D	D1
25		Fehlerrechnung, Vermeidung von Fehlerquellen	B	B4
25		Schreiben wissenschaftlicher Texte	C	C1
25		Umgang mit Messgeräten und wichtigen optischen Bauteilen	B	B2

25		Umgang mit Tabellenkalkulationsprogrammen	C	C3
26		Laborkenntnisse zu vermitteln	B	B1
26		Stoff der Grundlagenvorlesung zu vertiefen	A	A4
27		Lernen, dass physikalische Messgrößen fehlerbehaftet sind	C	C3
27		Methoden wie man ein zugrundeliegendes Modell verifizieren kann	A	A2
27		Quantitative Datenauswertung	C	C3
28		Mehr Methoden als Inhalte vermittelt bekommen (Methoden erlernen)	C	C2
28		Selbstbewusstsein im Umgang mit der Physik	D	D1
28		Spaß haben	D	D2
29		Spaß an der Physik	D	D2
29		Vermittlung experimenteller Grundlagen	B	B1
29		Verständnis für den Zusammenhang von theoretischer Vorbereitung und Experiment	A	A1
30		Einblick in die praktischen Arbeiten eines Experimentalphysikers	B	B1
31		Es sollten bestimmte allgemein einsetzbare Messtechniken/Fähigkeiten eingeübt werden	B	B1
31		Messung selbstständig durchführen und auswerten	D	D4
32		Freude am Experimentieren	D	D2
32		Kennenlernen der Messinstrumente	B	B2
32		Sorgfältigkeit beim Umgang mit Messwerten	B	B6
33		[Die Studenten sollten] das selbstständige Arbeiten lernen	D	D4
33		Die Studenten sollten in die Arbeitsweise der Physik eingeführt werden	C	C1
34		[Die Studenten] sollen an aktuelle Fragestellungen herangeführt werden	C	C1
34		Interesse [an Physik soll] geweckt und gefördert werden	D	D3
34		Physikalische Intuition sollte geschult werden	C	C1
34		Studenten sollen selbstständig arbeiten lernen	D	D4
35		Einführung in das experimentelle Arbeiten	B	B1
35		Entwicklung der experimentellen Fertigkeiten und Fähigkeiten der Studierenden	B	B1

35		Förderungen des Verständnisses von Zusammenhängen zwischen Theorie und Praxis	A	A1
35		Vermittlung der wissenschaftlichen Denkweisen und fachmethodischen Arbeitsweisen im Fach Physik	C	C1
36	P	Durch Wiederholung des Stoffes aus anderen Veranstaltungen soll gelernt werden	A	A4
36	P	Eröffnet man den Studenten neue Dimensionen, dann bekommen Sie Freude am Fach	D	D3
36	P	Fehlerdiskussion	C	C3
36	P	Im Grundpraktikum sollten mehrere Sinne angesprochen werden, dann wird es zu einer Bereicherung des Studiums	D	D2
36	P	Messwertaufnahme	B	B2
36	P	Nicht so viel machen, dass keiner mehr Spaß hat, also das Praktikum nicht überladen	D	D2
36	P	Physikalisch-handwerkliche Fähigkeiten	B	B5
36	P	Schreiben eines Protokolls	B	B3
36	P	Stoff sollte beispielhaft vertieft werden	A	A3
36	P	Studenten sollen sich mit bestimmten Experimenten aus dem Bereich der Grundausbildung beschäftigen	B	B1
36	P	Studenten sollen Standardwissen aus dem Bereich des Grundstudiums vertiefen	A	A4
37	P	Auswertung von Experimenten	C	C3
37	P	Der Zusammenhang von Theorie und Praxis kann durch das Aufdecken von Gesetzmäßigkeiten hergestellt werden	A	A5
37	P	Der Zusammenhang von Theorie und Praxis kann durch [..] oder durch die Überprüfung von Gesetzmäßigkeiten hergestellt werden	A	A2
37	P	Durchführung von Experimenten	B	B1
37	P	Es sollte Theorie durch Experimente handgreiflich gemacht werden	A	A6
37	P	Konzeption von Experimenten	C	C2
37	P	Studierende sollen lernen, Experimente durchzuführen	B	B1

C AUSWERTUNG DER FRAGEBÖGEN

37	P	Studierende sollen spezielle Erfahrungen mit dem Experimentieren machen	B	B1
37	P	Theorie sollte im Praktikum veranschaulicht werden, zum Beispiel kann ein Verständnis für den Drehimpuls durch Experimente gewonnen werden	A	A3
37	P	Voraussetzungen aus der Vorlesung sollten verwendet werden	A	A6
38	P	Das Praktikum muss attraktiver werden	D	D2
38	P	Das Praktikum muss gefallen, es soll interessant sein und Spaß machen	D	D2
38	P	Studenten sollen handwerkliche Fähigkeiten lernen, müssen aber nicht unbedingt selber einmal an einer Drehbank gestanden haben	B	B5
39		Messapparatur aufbauen	C	C2
39		Sollte die Studierenden auf spätere kompliziertere Versuche vorbereiten	A	A4

C.2.2 Lernende Population Eins

Person	Frage	Item	Hauptziel	Unterziel
1	1	Ausgleich zu theoretischer Vorlesung	B	B1
1	1	Einfaches Lernen durch praktische Vertiefung	A	A4
1	1	Spaß an der Physik zurückgewinnen (durch EX1 etwas verloren gegangen)	D	D2
1	1	Überblick über praktische Anwendung des Gelernten	A	A6
1	2	Aufbau von Teamwork; Arbeitsteilung, etc.	D	D6
1	2	Einblick in experimentelle Tätigkeiten gewinnen	B	B1
1	2	Nicht zu streng; Möglichkeit auch mal was auszuprobieren	D	D4
1	2	Spaß	D	D2
2	1	Kleinere Verfahren mit denen sich dann auch komplexere Experimente aufbauen lassen	C	C2
2	1	Praxisnahes Arbeiten	B	B1
2	2	Einblick in physikalische Arbeitsweisen	C	C1
2	2	Praxisbezug	B	B1
2	2	Schein	E	E1
2	2	Verständnisfördernde Aufgabenstellungen, keine sturen und wiederholtes Ausführen vorgegebener Verfahren	C	C1
3	1	Aussagekraft von Messergebnissen zuordnen (Was ist eine „gute" Messung?)	C	C3
3	1	Physik mal praktisch zu machen	B	B1
3	1	Umgang mit Messgeräten und -verfahren	B	B2
3	2	Angenehmere (lockerere) Arbeitsweise und näherer Umgang mit z.B. Kommilitonen	D	D6
3	2	Ein bisschen Spaß sollte es schon machen	D	D2
3	2	Wertlegung auf physikalisch relevantes Verstehen, nicht so sehr auf exakt auswendig gelernte Formeln	C	C1
4	1	In erster Linie bin ich daran interessiert, einen Einblick in das wissenschaftliche Arbeiten zu lernen	C	C1

4	2	Es soll praktisch orientiert sein	B	B1
4	2	Es soll „Spaß" machen	D	D2
5	1	Praxis im Umgang mit Geräten, Routine im Umgang mit Geräten, eventuell Grundlagen für späteres Arbeiten (z.b. Ansätze, Tricks, wie man an Probleme rangeht)	B	B2
5	1	Vorlesungsstoff anwenden, sehen, wozu es gut ist	A	A6
5	2	Kein stupides Auswendiglernen von Formeln etc., sondern Verständnisüberprüfung des Stoffes	C	C1
5	2	Spaß!	D	D2
5	2	Wenn möglich, lockere Atmosphäre, nicht zu stark leistungsorientiert (Leistungsdruck)	D	D2
6	1	Praktische Fähigkeiten erwerben und erweitern	B	B5
6	1	Theorie praktisch anwenden können	A	A6
6	1	Vertiefung des Stoffes zum besseren Verständnis	A	A4
6	2	Es soll „Spaß" machen	D	D2
6	2	Kein negativer Stress	D	D2
6	2	„Kleinere Fehler" nicht allzu genau nehmen	E	E3
6	2	Mit Freude an die Durchführung der Versuche gehen	D	D2
7	1	Auch mal etwas Handfestes zu sehen bekommen, was man vorher in Büchern gelesen hat, etc.	A	A3
7	1	Wie man „perfekt" einen Versuch vorbereitet, nachbereitet und auswertet	C	C2
7	2	Arbeiten unter Laborbedingungen	B	B1
7	2	„Den Schein am Ende bekomme"	E	E1
8	1	Experimentieren lernen	B	B1
8	1	Ich wollte eigentlich nur den Schein	E	E1
8	1	Theoretischen Stoff praktisch anwenden	A	A6
8	2	Endlich mal was Praktisches machen	B	B1
8	2	Hoffentlich nicht zu viel Stress mit der Vorbereitung (die zieht sich!)	E	E2
8	2	Macht bestimmt auch Spaß	D	D2

8	2	Vielleicht kommt meine Begeisterung für die Physik wieder zurück	D	D2
9	1	Theoretische Hintergründe physikalisch grundlegender Erkenntnisse/Experimente	A	A4
9	2	[Den] Schein zu bekommen	E	E1
10	1	Was man aus Versuchen für Rückschlüsse auf die Theorie machen kann.	A	A5
10	1	Wie die Auswertung derselben [Messwerte] vonstatten geht	C	C3
10	1	Wie man mit Messwerten umgeht	B	B3
10	2	Den Schein bekommen	E	E1
10	2	„Lockere" Arbeitsatmosphäre	D	D
10	2	Reibungsfreier Ablauf. Nicht zu hohe Ansprüche bei An- und Abtestat.	E	E2
11	2	Ich hatte noch nicht darüber gedacht, aber wenn jetzt gefragt wird, hoffe ich mindestens, dass nach dem Praktikum besser beantworten kann.	-	-
12	1	Mit Schwierigkeiten in der Praxis umgehen zu können	B	B4
12	1	Physikalische Messungen durchführen.	B	B1
12	2	Ich möchte Basteln und Probieren	D	D4
12	2	Ich möchte nicht spitzfindig über Formeln ausgefragt werden	E	E3
12	2	Prüfungsstress und -druck	E	E3
12	2	Zu viel Arbeit, da jeden zweiten Tag Versuch	E	E2
13	1	Den Stoff der in den Vorlesungen nur höchst theoretisch durchgezogen wird mal praktisch kennenzulernen.	A	A6
13	1	Lernen wie man „eigene" Versuche aufbaut [und] auswertet	C	C2
13	2	Basteln	B	B1
13	2	Den Schein zu bekommen	E	E1
13	2	Eventuelle Probleme umgehen bzw. zu korrigieren.	C	C1
13	2	Seinen eigenen Kopf bemühen	D	D4
13	2	Viel Anstrengung	E	E2
13	2	Viel Arbeit	E	E2

C AUSWERTUNG DER FRAGEBÖGEN 193

13	2	Viel Ausprobieren	B	B1
14	1	Abläufe bei der Arbeit im Labor	B	B1
14	1	Korrektes wissenschaftliches Arbeiten	C	C1
14	2	Arbeiten unter Laborbedingungen unter Anleitung, später fast selbständig	D	D4
14	2	Dass Ihr Jungs nicht so streng seid und wir alle den Schein bekommen	E	E1
14	2	Komplexe Zusammenhänge während des Praktikums endlich begreifen	A	A4
15	1	Wie kann ich mit [einem] Messapparat arbeiten, [um] die physikalischen Konstanten zu bestimmen und meine Theorie anzuwenden	B	B2
15	2	Meine physikalischen Kenntnisse zu verbessern	A	A4
16	1	Automatisierung von Versuchsaufbauten	B	B1
16	1	Umsetzung von Theorien in Versuche zwecks Verifikation	A	A2
17	1	Ich möchte einen Überblick über die praktische Physik bekommen, d.h. wie ich in der Vorlesung bekommene Kenntnisse in die Praxis umsetze	A	A6
17	2	Machbare Aufgaben und nicht zu strenge An- und Abtestate	E	E3
18	1	Eine allgemeine Auswertung zu den Versuchen	C	C3
18	1	Eine erweiterte und tiefergehende Kenntnis der Thematik	A	A4
18	1	Eine selbständige Vorbereitung der theoretischen Hintergründe	D	D4
18	1	Eine vollständige und fehlerlose Durchführung der Versuche	B	B1
18	2	Einen hohen Arbeitsaufwand	E	E2
18	2	Hoffnung auf eine spätere Verwendung des Stoffes	A	A4
18	2	Interessante Versuche zu den jeweiligen Themen	D	D3

19	1	Ein Verständnis dafür zu bekommen wie man die Theorie aus der Vorlesung in der Praxis umsetzt	A	A6
19	1	In der selbstständigen Vorbereitung lernt man mehr als in der Vorlesung	D	D4
19	1	Lernen die Experimente selbst durchzuführen	B	B1
19	1	Physikalische Geräte kennenlernen	B	B2
19	2	Dass alles aus 1 erfüllt wird und dass das Praktikum machbar ist.	E	E1
20	1	Die allgemeine Auswertung [von Versuchen]	C	C3
20	2	Hoffe aber trotz des enormen Theorieteils auf eine spätere Verwendung etwa in der theoretischen Mechanik	A	A5
20	2	Ich fürchte viel Arbeitsaufwand	E	E2
21	1	Praktische Durchführung von Experimenten	B	B1
21	1	Wieder größeren Spaß an der Physik	D	D2
21	2	Ausblick auf weitere Physik	D	D3
21	2	Ausgleich zur Vorlesung	B	B1
21	2	Größeres Interesse an praktischer Physik	D	D3
22	1	[Messungen] auswerten	C	C3
22	1	Messungen durchführen	B	B1
22	1	„Praxis" im Vergleich zur Vorlesung	B	B1
22	1	Tieferes Verständnis der physikalischen Gegebenheiten	A	A4
22	2	Danach Messungen durchführen zu können und diese auswerten [zu können]	C	C1
22	2	Guten Lernerfolg in angenehmer Umgebung	E	E1

C.2.3 Lernende Population Zwei

Person	Item	Hauptziel	Unterziel
1	Fähigkeiten im Experimentieren verbessern	B	B1
1	[Praktische Anwendungen] dafür nutzen die Physik besser zu verstehen	A	A3
1	Theoretische Betrachtung der Experimentalphysik auch auf praktische Anwendungen erweitern	A	A6
2	Theoretischen Stoff aus der Physikvorlesung praktisch umzusetzen	A	A6
3	Das theoretische Wissen in die Praxis umzusetzen	A	A6
3	Den Schein zu bekommen	E	E1
4	Scheinvergabe	E	E1
5	[Durch Experimentieren] Zusammenhänge besser zu verstehen	A	A3
5	Experimentieren lernen	B	B1
5	Geräte kennenlernen	B	B2
5	Mit Geräten umgehen lernen	B	B2
6	Den Schein zu bekommen	E	E1
6	Kenntnisse des letzten Semesters aufzufrischen	A	A4
6	Zu lernen mit den Geräten umzugehen	B	B2
7	Geforderte Leistungen zeigen	E	E1
7	Grundfähigkeiten beim Experimentieren zu lernen	B	B1
7	Wissenserwerb	A	A4
8	Auswerten von Messreihen	C	C3
8	Durchführen [von Messreihen]	B	B1
8	Kennenlernen von Geräten	B	B2
9	Erlernen von Methoden	C	C1
9	Erlernen wissenschaftlichen Arbeitens	C	C1
9	Wie erhält man [wissenschaftliche Erkenntnisse]	C	C1
9	Wie formuliert man seine wissenschaftlichen Erkenntnisse	C	C3
10	Überprüfen, ob all die Gesetze und Formeln, die ich im ersten Semester gelernt habe, stimmen	A	A2
11	Bescheinigung zu kriegen	E	E1
11	Praktische Anwendungen der Physik erfahren	A	A6
12	Den Schein erhalten	E	E1
12	Protokollführung	B	B3

12	Wissenschaftliche Versuchsdurchführung	C	C1
13	Experimentieren lernen	B	B1
13	Schein bekommen	E	E1
13	Theorie anwenden üben	A	A6
13	Umgang mit Geräten lernen	B	B2
14	Herausfinden ob das Experimentieren Spaß macht	B	B1
14	Neben der theoretischen Vorlesung endlich auch mal selber Versuche durchführen	B	B1
14	Notwendig für das Vordiplom	E	E1
14	Umgang mit Geräte zu erlernen	B	B2
15	Angst vor der Praxis verlieren	D	D1
15	Besseres Verständnis	A	A4
15	Den Schein bekommen	E	E1
15	Durch besseres Verständnis meinen späteren Schülern interessante Versuche darbieten zu können oder sie selbst dabei anleiten zu können	B	B1
16	Den gelernten Stoff in Experimente vertiefen	A	A4
16	Umgang mit den Geräten lernen	B	B2
17	Gemeinschafts-Projektarbeit zu üben	D	D6
17	Lernen mit experimentierungsfähigen Geräten umzugehen	B	B2
17	Selber Theorie praktisch überprüfen zu können	A	A2
17	Versuchsweise Kompetenz zu erlangen den Schülern das [Experimentieren] interessant zu machen	B	B1
17	Vielleicht Neues dazu zu lernen	A	A4
18	Unklarheiten dabei geklärt werden	A	A4
18	Was wir in der Vorlesung gemacht haben mal selber praktisch zu verwenden	A	A6
19	Auswertung eines Versuches	C	C3
19	Experimentieren lernen	B	B1
19	Umgang mit physikalischen Geräten	B	B2
21	Mein Wissen aus EX1 festigen	A	A4
21	Neues Wissen erlangen	A	A4
21	Scheine in den Praktika bekommen	E	E1
22	Kommilitonen/innen kennenzulernen	D	D6
22	Schein zu bekommen	E	E1
23	Den Schein kriegen	E	E1
24	Erlernen von Methoden	C	C1

24	Lernen des Umgangs mit Apparaturen	B	B2
24	Spaß am Experimentieren haben	D	D2
24	Verfestigung der theoretischen Grundlagen	A	A4
25	Fähigkeiten im Umgang mit physikalischen Problemen aneignen	C	C1
25	Spaß	D	D2
26	Das Wissen erweitern	A	A4
26	Den Umgang mit Geräten zu erlernen	B	B2
26	Spaß machen	D	D2
27	Lernen wie man mit verschiedenen Geräten umgeht	B	B2
27	Schein kriegen	E	E1
27	Theoretische Experimente in konkrete Versuchsaufbauten umsetzen	A	A6
28	Physik ohne Praktikum existiert nicht	B	B1
29	Durch eigenständiges Experimentieren [..] physikalische Sachverhalte besser klar werden	A	A4
30	Alle Versuche verstehen und selber nachvollziehen	A	A4
30	Schein bekommen	E	E1
31	Einblicke in die Experimentiermöglichkeiten einer Uni bekommen	B	B1
31	Erfahrungen an Geräten sammeln	B	B2
31	Gelerntes aus der Vorlesung praktisch umzusetzen	A	A6
32	Die erlernte Theorie am praktischen Beispiel erfahrbar machen	A	A6
32	Erfahrungen sammeln um im späteren Beruf als Lehrer selber Experimente durchführen zu können	B	B1
32	Welche Unterschiede bestehen zwischen Theorie und Praxis	A	A1
33	Allgemeine Erfahrung sammeln, was man bei Versuchsaufbauten beachten muss	B	B1
33	Praktische Fähigkeiten im Umgang mit Geräten	B	B2
33	Theoretische Zusammenhänge in der Praxis wiedererkennen	A	A1
34	Für mich etwas zu lernen	D	D1

C.2.4 Lernende Population Drei

Person	Item	Hauptziel	Unterziel
1	An Messgeräten rumspielen dürfen	B	B2
1	Erfolgreiches Beenden des Praktikums	E	E1
1	Praktische Auseinandersetzung mit der Physik	A	A1
2	Mit den Gerätschaften vertraut werden	B	B2
2	Zulassung zum Vordiplom	E	E1
3	Erfahren wie wissenschaftliches Arbeiten aussieht	C	C1
3	Schein	E	E1
4	Erlernen des Aufbaus und der Durchführung von Experimenten	B	B1
4	Erlernen des Umgangs mit Messgeräten	B	B2
4	Praxisnahe Physik	B	B1
5	Mit den Geräten umgehen zu lernen	B	B2
5	Selbständig Versuche durchführen zu können	D	D4
5	Versuche auszuwerten	C	C3
5	Versuche durchzuführen	B	B1
5	Versuche zu planen	C	C2
6	Spaß machen	D	D2
7	Besseres Verständnis der Messabläufe	B	B1
7	Besseres Verständnis der Messgeräte	B	B2
7	Besseres Verständnis der Messmethoden	C	C2
7	Umgang im Rechnen mit Messfehlern	C	C3
8	Besseres Verständnis der Messabläufe	B	B1
8	Besseres Verständnis der Messgeräte	B	B2
8	Besseres Verständnis der Messmethoden	C	C2
8	Besseres Verständnis der Physikvorlesung	A	A1
8	Praktische Fähigkeiten erlangen	B	B5
8	Scheinerwerb	E	E1
9	Lernen wie man einen Versuch plant	C	C2
9	Lernen wie man Störeinflüsse, z.B. Messfehler erkennt	B	B4
9	Wie man aus Ergebnissen Formeln herleitet	C	C3
10	Aufgaben selber verstehen und lösen können	D	D4
10	Mit verschiedenen Geräten den Umgang zu erlernen	B	B2
10	Schein für das Praktikum	E	E1
11	Physikalische Gesetzmäßigkeiten erkennen	A	A5

C AUSWERTUNG DER FRAGEBÖGEN

11	Selbst Versuche durchführen	B	B1
12	Brücke zwischen erlerntem Wissen und der Realität	A	A1
12	Eine intuitive Anwendung physikalischer Prinzipien	A	A6
12	Spaß	D	D2
13	Anwendung der erlernten Theorie in der Praxis	A	A6
13	Strukturiertes Arbeiten mit wissenschaftlicher Zielsetzung erlernen und vertiefen	C	C1
13	Training mit den grundlegenden Laborgeräten	B	B2
13	Tüfteln und Spielen	B	B1
14	Basteln und Tüfteln um ans Ziel zu kommen	B	B1
14	Entwicklung von Versuchen um ein gegebenes Problem Problem zu untersuchen / eine Theorie zu bestätigen	A	A2
14	Probleme / Grenzen eines Versuchs erkennen / überwinden	C	C1
14	Umgang mit wissenschaftlichen Geräten	B	B2
15	Anwendungen für das Berufsleben	C	C1
15	Stoff aus dem Wintersemester praktisch anwenden (aus der Theorie heraus)	A	A6
16	Praxisnahes Lernen, wiederholen des Stoffes aus dem Wintersemester	A	A1
17	Die Versuche selber mal durchzuführen, dann versteht man mehr als nur lesen	A	A3
17	Einblick in das spätere Berufsleben	C	C1
17	Fehler und Abweichungsgrund erkennen und ausrechnen	C	C3
18	Ableitung von Formeln, Theorien, Annahmen aus Versuchen	A	A5
18	Adäquater Umgang mit technischen bzw. analytischen Gerätschaften	B	B2
18	Einführung in wissenschaftliches Arbeiten	C	C1
18	Unterschied kennenlernen zwischen Idealwerten (aus Literatur) und realen Messwerten => Fehlererkennung und Fehlerbehebung	C	C3
19	Besseres Verstehen der Theorie anhand der Versuchsreihen	A	A1
19	Ich will es also bestehen	E	E1

19	Vorstellung davon bekommen, was man in der Forschung so zu tun hat	C	C1
19	Wäre gut wenn mir das für die Physik-Klausur helfen würde	A	A4
19	Was hilft einem die Theorie wenn man sie nicht praktisch anwenden kann	A	A6
20	Das in der Vorlesung doch sehr theoretisch vorgestellte praktisch anwenden	A	A6
20	Einige Versuche selbst ausprobieren	B	B1
20	Physikalische Praxis erwerben	B	B1
20	Schein	E	E1
21	Ergebnisse nachprüfen aus Vorlesung	A	A2
21	Größeres Verständnis	A	A4
21	Schein bekommen	E	E1
21	Selber testen wie sicher bzw. ungenau Versuchsergebnisse sind	C	C1
21	Stoff vertiefen	A	A4
21	Um festzustellen, ob mir die Physik liegt	D	D1
21	Vorbereitung der Arbeiten in Firmen	C	C1
22	Einblick in die Forschung (wie wird da gearbeitet)	C	C1
22	Lernen richtig auszuwerten	C	C3
22	Schein	E	E1
22	Versuche selbständig durchführen	D	D4
23	Besseres Eigenvertrauen	D	D1
23	Praktisches Arbeiten, insbesondere Versuchsdurchführung, erlernen	B	B1
23	Schein	E	E1
23	Sicheres Umgehen mit physikalischen Geräten	B	B2
23	Vertiefung der erworbenen Kenntnisse	A	A4
24	Erfahrungen im Umgang mit diversen Messinstrumenten sammeln	B	B2
24	Praktische Erfahrungen mit dem gelernten Stoff sammeln	A	A1
24	Schein	E	E1
24	Verständnis und Gefühl für Aufbauten und Versuche bekommen	B	B1
25	Durch Experimente Gesetze besser nachvollziehen	A	A1
25	Erfahrung im Labor sammeln	B	B1

25	Lernen wie man mit verschiedenen Geräten umgeht	B	B2
25	Meine physikalische Denkweise entwickeln	C	C1
25	Neues Lernen	B	B1
26	Es sollte nicht langweilig werden	D	D3
26	Interessante versuche durchführen	D	D3
26	Nicht mehr ein Depp sein an Geräten	B	B2
26	Praxis	B	B1
26	Schein	E	E1
27	Fehlerrechnung	C	C3
27	Praktische Durchführung von Experimenten	B	B1
28	Arbeitweise bei physikalischen Versuchen kennenlernen	C	C1
28	Methoden zur selbständigen Versuchsentwicklung bzw. Fragestellungen	C	C2
28	Präsentation von Ergebnissen lernen	C	C3
29	Lernen mit physikalischen Geräten umzugehen	B	B2
30	Ein Gefühl für das theoretische Wissen aus der Vorlesung bekommen	A	A1
30	Ist Physik nur theoretisch interessant oder auch praktisch	D	D3
30	Kann ich mir vorstellen damit ein Leben lang auszukommen	D	D2
30	Schein	E	E1
31	Etwas über die technischen Hintergründe von Messgeräten zu erfahren und die Funktionsweise besser zu verstehen	B	B2
31	Lernen, wie weit ich Experimente verwenden kann, um Formeln zu verifizieren oder neu zu entwickeln	A	A5
31	Möglichst lockere Atmosphäre	D	D2
31	Zu Lernen wie ich vermeide größere Sach- oder Personenschäden bei Experimenten zu verursachen	B	B1
32	Mehr Einsicht in die praktische Anwendung von Geräten bekommen	B	B2
32	Schein	E	E1
32	Testen der Fähigkeiten theoretisches Wissen in die Praxis umzusetzen	A	A1
33	Experimente aus der Vorlesung selbst durchführen und auswerten	A	A3

33	Handwerkliche Fähigkeiten erlernen	B	B5
33	Probleme beim praktischen Arbeiten kennenlernen	B	B1
34	Lernen wie man Experimente plant, durchführt und auswertet	B	B1
34	Spaß an der Physik in einer Gruppe	D	D6
34	Untersuchung interessanter physikalischer Sachverhalte	D	D3
35	Den Schein zu bekommen	E	E1
35	Experimente aufbauen und selber vollziehen	B	B1
35	Selber Gedanken entwickeln wie man physikalische Gesetze experimentell nachweisen kann	C	C4
36	Besser Physik verstehen	A	A4
36	Meine physikalischen Kenntnisse anwenden können	A	A6
36	Spaß haben	D	D2
36	Was Neues kennenlernen	A	A4
37	Interesse an selbständiger Durchführung von Versuchen	D	D4
37	Physikalische Kenntnisse vertiefen	A	A4
38	Schein	E	E1
38	Versuche durchführen und auswerten	B	B1
39	Mit Erfolg bestehen	E	E1
39	Praktisch in diesem Gebiet tätig sein	B	B1
39	Selber Versuche aufbauen	B	B1
39	Selber Versuche auswerten	C	C3
40	Praktische Erfahrungen technischer Möglichkeiten im Bereich der experimentellen Physik	B	B1
40	Routine in der Bedienung elektrischer Apparate und physikalischer Experimente besitzen	B	B2
41	Zu erkennen, ob mir die Theorie oder Praxis besser liegt und somit beruflich planen zu können	D	D1
41	Zu Experimentieren und die Praxis kennen zu lernen	B	B1

C.3 Items der Befragung nach Inhalten

Person	Item	Kategorie
1	Elektrodynamik	Elektrizitätslehre
1	[Mechanik ist] häufig auch langweilig	Keine Mechanik
1	Mechanik ist [..] wichtig	Mechanik
1	[..] mit starkem Gewicht an moderner Optik	Optik
2	Akustik: [..]	Akustik
2	Elektrizität [..]	Elektrizitätslehre
2	Mechanik [..]	Mechanik
2	Optik: [..]	Optik
2	Wärmelehre [..]	Thermodynamik
3	Atomphysik	Atomphysik
3	Computersimulationen	Computer
3	Grundlagen	Theorie
3	Moderne Themen	Moderne Themen
3	Praktikum sollte [..] alle wichtigen Gebiete behandeln	Alles
4	Bisher war die Ausrichtung zu theoretisch	Keine Theorie
5	Der elementare Umgang mit Transistoren und Operationsverstärkern muss stärker im Vordergrund stehen	Elektronik
5	Funktionsweise und Bedienung eines Oszilloskops	Elektronik
5	Geometrische Optik [..]	Optik
5	Signalleitung	Elektronik
5	Verstärkerschaltungen	Elektronik
6	Bastelversuche mit einfacher Theorie	Keine Theorie
6	Grundlegende Physik	Theorie
7	Einfache elektrische Schaltungen	Elektrizitätslehre
7	Elektromagnetische Schwingungen	Elektrizitätslehre
7	Fotografie	Optik
7	Frank-Hertz-Versuch	Atomphysik
7	Halbleiterbauelemente [..]	Elektronik
7	Hertzscher Dipol	Elektrizitätslehre
7	Holographie [..]	Optik
7	Mechanik [..]	Mechanik
7	Mechanische [..] Schwingungen	Mechanik

7	Optische Bauelemente [..]	Optik
7	Photoeffekt	Atomphysik
7	Schwingkreis [..]	Elektrizitätslehre
7	Spektroskopie [..]	Optik
7	Wechselstrom	Elektrizitätslehre
8	Elektrizitätslehre [...]	Elektrizitätslehre
8	Optik: [..]	Optik
8	[Weniger wichtig..] Ionisierende Strahlung	Keine Radioaktivität
8	[Weniger wichtig..] Mechanik	Keine Mechanik
8	[Weniger wichtig..] Wärme	Keine Thermodynamik
9	Die Inhalte sollten aus dem Bereich der Experimentalphysikvorlesungen sein	Alles
10	Versuche aus allen Gebieten	Alles
12	Inhalte waren bisher sehr gut	Alles
12	Verständnis der Theorie	Theorie
13	Elektrik [..]	Elektrizitätslehre
13	Elektrochemie	Elektrizitätslehre
13	Erfahrung mit elektrischen [..] Grundgrößen [..]	Elektrizitätslehre
13	Erfahrung mit mechanischen [..] Grundgrößen [..]	Mechanik
13	Induktivität [..]	Elektrizitätslehre
13	Optik [..]	Optik
13	Starkes Gewicht auf Mechanik	Mechanik
13	Thermodynamik	Thermodynamik
13	Umgang mit Messgeräten	Messgeräte
14	Dioden und Solarzellen	Elektronik
14	Impedanzspektroskopie von RCL Bauteilen	Elektrizitätslehre
16	Elektronik [..]	Elektronik
16	Optik [..]	Optik
16	[Weniger nötig..] Ausflussviskosimeter	Keine Mechanik
16	[Weniger nötig..] Mechanik [..]	Keine Mechanik
17	Klassische Versuche [..]	Klassische Themen
17	Moderne Techniken	Moderne Themen
18	Computer	Computer
18	Fehlerrechnung	Statistik
19	E-Lehre	Elektrizitätslehre
19	Fehlerrechnung	Statistik
19	Mechanik	Mechanik

C AUSWERTUNG DER FRAGEBÖGEN

19	Optik: [..]	Optik
19	Radioaktivität	Radioaktivität
19	Schwingungen und Wellen	Mechanik
19	Wärmelehre	Thermodynamik
20	Klassische Themen	Klassische Themen
21	Versuche aus allen Physikbereichen	Alles
22	Elektromechanik	Elektrizitätslehre
22	Mechanik	Mechanik
22	Optik	Optik
22	Thermodynamik	Thermodynamik
23	Das Praktikum [sollte] aber um thematische Aktualität bemüht sein	Moderne Themen
23	Echte Klassiker	Klassische Themen
24	Alle Felder der Physik kommen in Frage	Alles
24	Moderne Geräte	Moderne Themen
24	Rechnerauswertung -protokollierung und -dokumentierung	Computer
25	Versuche mit Radioaktivität überflüssig	Keine Radioaktivität
26	Inhalte der Vorlesung	Alles
27	Versuche aus den wichtigsten Gebieten	Alles
28	Atomphysik	Atomphysik
28	E-Dynamik	Elektrizitätslehre
28	Elektronik	Elektronik
28	Mechanik	Mechanik
28	Optik	Optik
29	Einfache Programmieraufgaben	Computer
29	Zu starke Betonung der Elektrotechnik sollte vermieden werden	Keine Elektronik
30	Alle Kapitel aus einer ordentlichen Experimentalphysikvorlesung	Alles
31	Akustik	Akustik
31	Elektrik	Elektrizitätslehre
31	Kernphysik bzw. Radioaktivität	Radioaktivität
31	Mechanik	Mechanik
31	Optik	Optik
31	Versuche aus vielen Bereichen der Physik	Alles
31	Wärmelehre	Thermodynamik
32	Elektronik	Elektronik

32	Mechanik	Mechanik
32	Optik	Optik
32	Thermodynamik	Thermodynamik
33	Grundlegende Geräte	Geräte
34	Durchaus auf Kosten klassischer Experimente	Keine klassischen Themen
34	Einfache Dinge	Keine Theorie
34	Experimente aus aktuellen Gebieten vorziehen	Moderne Themen
35	Elektrodynamik	Elektrizitätslehre
35	Geometrische Optik [..]	Optik
35	Mechanik	Mechanik
35	Wärmelehre	Thermodynamik
36	Allgemein: Mechanik	Mechanik
36	Der letzte Versuch sollte [..] sehr modern sein	Moderne Themen
36	Speziell: Spannungs-Dehnungs-Diagramme u.ä.	Mechanik
36	Studenten sollen den Messgeräten nicht blind vertrauen	Messgeräte
37	Experimente mit Luftkissentisch	Mechanik
37	Mechanik	Mechanik
37	Oszillator	Mechanik
38	Computer	Computer
38	Computer. Die Studierenden sollten Programme schreiben können	Computer
38	Computer sollten im physikalischen Praktikum behandelt werden	Computer
39	Elektrizität	Elektrizitätslehre
39	Mechanik	Mechanik

Anhang D

Praktikumsanleitungen

D.1 Erste Version der Anleitung zum Versuch „G-E1 Multimeter"

G-E1

Das Multimeter

1 Über diesen Versuch

Das Multimeter ist ein Gerät, das verschiedene Meßverfahren der Elektrizitätslehre, wie zum Beispiel die **Spannungs-** und die **Strommessung**, in einem Gerät zusammenfaßt. Es gibt **Analog-** und **Digitalmultimeter**, die sich durch die Art der Meßwertanzeige unterscheiden. Da in modernen Forschungsumgebungen im Wesentlichen **Digitalmultimeter** eingesetzt werden, werden Sie in diesem Versuch ausschließlich solche kennenlernen; der Einfachheit halber wird daher im weiteren Verlauf, wenn nicht anders angegeben, mit Multimeter ein **Digitalmultimeter** bezeichnet.

Zu den Grundfunktionen eines Multimeters, die selbst bei den einfachsten Ausführungen zu finden sind, zählen die **Spannungs-** und **Strommessung**, sowie die **Widerstandsmessung**. Diese werden Sie im ersten Teil des Versuches mit einem einfachen Multimeter an verschiedenen Beispielen durchführen. Dabei sollen sie zugleich **Spannungs-** und **Stromquellen** kennenlernen, die Sie zum Aufbau verschiedener Stromkreise als Meßumgebung für die **Spannungs-** und **Strommessung** verwenden werden.

Im zweiten Teil des Versuches werden Sie anhand eines Multimeters mit größerem Funktionsumfang die **Automatische Meßbereichswahl**, die **Frequenzmessung**, die **Kapazitätsmessung** und die **Speicherung von Meßwerten** kennenlernen.

Im letzten Teil des Versuches sollen Sie die Eigenschaften verschiedener Multimeter, wie zum Beispiel die **Meßunsicherheit** oder die **Eingangsimpedanz**, untersuchen. Dazu stehen Ihnen zusätzliche Multimeter unterschiedlicher Ausführung zur Verfügung, deren Eigenschaften sie ermitteln und abschließend miteinander vergleichen sollen.

D PRAKTIKUMSANLEITUNGEN 209

G-E1. DAS MULTIMETER 10

2 Grundfunktionen

Die Grundfunktionen eines Multimeters sind die **Strommessung**, die **Spannungsmessung** und die **Widerstandsmessung**. Zur Behandlung dieser Funktionen beschränken wir uns auf ein Gerät, das ausschließlich diesen Funktionsumfang bietet.

M 1 Multimeter **"Voltcraft VC150"**

Sie können drei Bereiche unterschiedlicher Funktionalität unterscheiden.

- Die Anzeige

Die LCD-Anzeige dient der Anzeige des Meßwertes.

- Der Drehschalter

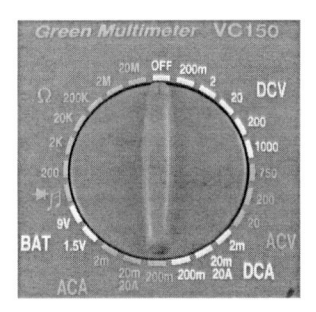

Mit dem Drehschalter schalten Sie das Gerät ein und legen Meßfunktion und Meßbereich fest. Steht der Drehschalter zum Beispiel auf **"20 DCV"** so ist die Meßfunktion **DC** und der Meßbereich 0 V bis 20 V. **ACHTUNG! Die Meßfunktion darf während der Messung auf keinen Fall verändert werden, da sonst das Gerät zerstört werden kann. Trennen Sie daher das Meßgerät immer vom Stromkreis wenn Sie die Meßfunktion ändern.**
ACHTUNG! Auch bei Änderung des Meßbereiches kann das Gerät zerstört werden. Wechseln Sie daher niemals während einer Messung die Meßfunktion oder in einen Meßbereich außerhalb der Größenordnung der zu messenden Größe

DC (=Direct Current) ist die anglo-amerikanische Bezeichnung für Gleichstrom; sie wird auch zur Bezeichnung von Gleichspannungen verwendet.

G-E1. DAS MULTIMETER   11

- Die Buchsen

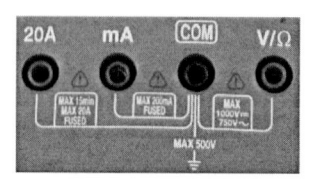

Über die Buchsen wird das Meßgerät in den Stromkreis integriert. Je nach gewählter Meßfunktion und gewähltem Meßbereich sind unterschiedliche Buchsen zu verwenden. Die **"mA"**-Buchse und die **"20 A"**-Buchse dienen der **Strommessung**, für die **Spannungs- und Widerstandsmessung** wird die **"V/Ω"**-Buchse verwendet. Als zweite Buchse wird immer die **"COM"**-Buchse verwendet.

> COM (=Common) bezeichnet die gemeinsame Buchse

Betrachten Sie die Angaben auf dem Gerät! Wann ist für die **Strommessung** die **"mA"**-Buchse und wann die **"20 A"**-Buchse zu verwenden?

Bei Durchführung einer Messung mit dem Multimeter sollten sie immer folgendermaßen vorgehen:

1. Überlegen Sie zuerst welche physikalische Größe Sie messen wollen, daraus folgt, welche **Meßfunktion** zu verwenden ist.

2. Überlegen Sie in welcher Größenordnung Sie Meßwerte erwarten, daraus folgt der **geeignete Meßbereich**. Der geeignete Meßbereich ist immer der kleinste zur Verfügung stehende Meßbereich (Maximale Genauigkeit), der alle Meßwerte umfaßt (Kein Meßbereichswechsel, der zur Störung der Messung führt).

3. Stellen Sie den Drehschalter entsprechend ein.

4. Wählen Sie die zur Meßfunktion und zum Meßbereich gehörigen Buchsen und nehmen sie das Multimeter in Betrieb, das heißt integrieren Sie es in den Stromkreis.

5. Lesen Sie den Meßwert an der Anzeige ab. Wird in der Anzeige keine Einheit angegeben, so ergibt sich die Einheit aus der Meßfunktion und dem Meßbereich.

6. Sie sollten grundsätzlich alle Parameter, die einen Einfluß auf die Messung haben könnten, notieren, damit Sie die Messung jederzeit unter möglichst identischen Bedingungen wiederholen können. Das heißt, Sie sollten immer auch die Meßfunktion und den Meßbereich notieren, da die Einstellungen am Meßgerät einen Einfluß auf die Messung haben können.

Für andere Multimeter können die durchzuführenden Einstellungen variieren, jedoch sollten Sie auch dann immer zuerst überlegen, welche physikalische Größe zu messen und in welcher Größenordnung die Meßwerte zu erwarten sind und erst ganz zum Schluß das Multimeter in den Stromkreis integrieren.

D PRAKTIKUMSANLEITUNGEN

G-E1. DAS MULTIMETER   12

2.1 Die Spannungsmessung

Wir beginnen zunächst mit der Messung von **Gleich-** und **Wechselspannungen** an verschiedenen Spannungsquellen. Spannungsquellen stellen soweit möglich eine konstante Spannung bereit, die Sie direkt am Gerät messen können.

M	1	9 V-Block-Batterie
M	1	Netzgerät **"EA-3048A"**
M	1	Glühlampe (2)

Bestimmung der Gleichspannung einer Batterie

Wir beginnen die Spannungsmessung mit der Überprüfung der tatsächlichen Spannung an einer 9 V-Block-Batterie.

- ! Wählen Sie als Meßfunktion die **Gleichspannungsmessung (DC)** (Schritt 1).
- ! Wählen Sie als Meßbereich **0 V bis 20 V** (Schritt 2).
- ! Drehen Sie den Drehschalter in die entsprechende Position **"20 DCV"** (Schritt 3).
- ! Verbinden Sie nun die **"COM"**-Buchse des Multimeters mit dem einen Pol der Batterie und die **"V/Ω"**-Buchse mit dem anderen Pol der Batterie (Schritt 4).
- ! Notieren Sie jetzt die vom Multimeter angezeigte Spannung, die Meßfunktion und den Meßbereich (Schritt 5).

Spannung an der Batterie: U_B = _____ _____

Meßfunktion: _____   Meßbereich: _____

Welche Spannung messen Sie, wenn sie die **"COM"**-Buchse und die **"V/Ω"**-Buchse mit dem jeweils anderen Pol der Batterie verbinden? Warum?

_____

_____

_____

Bestimmung der Gleichspannung eines Netzgerätes

Überprüfen Sie nun die interne (analoge) Spannungsanzeige des regelbaren Netzgerätes **"EA-3048A"**, indem Sie eine Spannung am Ausgang des Netzgerätes einstellen und messen.

- ! Stellen Sie sicher, daß das Netzgerät ausgeschaltet ist und am Ausgang des Netzgerätes keine Spannung anliegen kann, indem Sie den Drehregler **"Output 0..100%"** ganz nach links drehen.
- ! Schalten Sie das Netzgerät ein und stellen Sie mit dem Drehregler **"Output 0..100%"** eine beliebige Spannung ein, indem Sie ihn nach rechts drehen.

G-E1. DAS MULTIMETER   13

! Wählen Sie einen geeigneten Meßbereich.

Begünden Sie die Auswahl des Meßbereiches:

_____

_____

_____

! Verbinden Sie nun das Meßgerät mit den beiden Buchsen des Gleichspannungsausganges des Netzgerätes ("**DC-Output**").

! Lesen Sie die Spannung einmal an der Analoganzeige am Gerät ab und einmal am Multimeter. Notieren Sie beide Werte, sowie Meßfunktion und Meßbereich des Multimeters.

Spannung (am Netzgerät abgelesen): $U_{\text{Netzgeraet}}$ = _____ _____

Spannung (am Multimeter abgelesen): $U_{\text{Multimeter}}$ = _____ _____

Meßfunktion: _____   Meßbereich: _____

Bestimmung der Wechselspannung eines Neztgerätes

In diesem Schritt sollen Sie die Wechselspannung am Wechselspannungsausgang "**AC-Output**" des Netzgerätes "**EA-3048A**" bestimmen; dazu belassen Sie den Drehregler des Netzgerätes in seiner Position.

Welche Schritte sind zur Messung der Wechselspannung durchzuführen?

> AC (=**Alternating Current**) ist die anglo-amerikanische Bezeichnung für Wechselstrom; in der Bezeichnung wird nicht zwischen Spannung und Strom unterschieden.

_____

_____

_____

_____

! Führen Sie die Arbeitsschritte nun durch und notieren Sie Meßwert, Meßfunktion und Meßbereich.

Spannung (am Netzgerät abgelesen): $U_{\text{Netzgeraet}}$ = _____ _____

Spannung (am Multimeter abgelesen): $U_{\text{Multimeter}}$ = _____ _____

Meßfunktion: _____   Meßbereich: _____

Welche Kenngröße der Wechselspannung messen Sie hier?

_____

_____

G-E1. DAS MULTIMETER 14

Bestimmung der Spannung an einer Glühlampe

In diesem Abschnitt werden Sie die Spannung an verschiedenen Konfigurationen von Glühlampen untersuchen. Wir beginnen zunächst mit einer Glühlampe.

! Stellen Sie sicher, daß am Ausgang der Spannungsquelle keine Spannung anliegt.

! Verbinden Sie die Glühlampe mit dem Ausgang "**DC-Output**" der Spannungsquelle.

Um die Spannung an einem Element eines Stromkreises zu messen, schalten Sie das Multimeter **parallel** zum Meßgegenstand.

! Wählen Sie Meßfunktion und Meßbereich Ihres Multimeters.

! Schalten Sie nun das Multimeter parallel zur Glühlampe.

! Regeln Sie die Ausgangsspannung **langsam** hoch, bis die Lampe leuchtet.

Spannung an der Glühlampe: $U_{Gluehlampe}$ = _____ _____

Meßfunktion: _____ Meßbereich: _____

! Belassen Sie das Netzgerät in der aktuellen Einstellung und schalten Sie der Glühlampe eine zweite Glühlampe in Reihe.

Welche Spannung messen Sie an jeder Glühlampe? Was gilt für die Gesamtspannung?

_____

_____

_____

_____

! Belassen Sie das Netzgerät in der aktuellen Eintellung und schalten Sie nun die zweite Glühlampe parallel zur ersten.

Welche Spannung messen Sie jetzt an jeder Glühlampe und für die Gesamtspannung?

_____

_____

_____

_____

Eine Spannungsquelle hält also die Gesamtspannung, die gleich der Summe der Spannungen über allen in Reihe geschalteten Verbrauchern ist, in einem Stromkreis konstant. Der Strom in diesem Stromkreis wird damit nach dem **Ohmschen Gesetz** *durch den Gesamtwiderstand des Stromkreises festgelegt.*

_____

G-E1. DAS MULTIMETER 15

Eine wichtige Eigenschaft einer Spannungsquelle ist der Ausgangstrom, den sie maximal in einem Stromkreis zur Verfügung stellen kann. Welche Konsequenzen ein Überschreiten dieses Ausgangsstromes hat, hängt von der Ausführung der Spannungsquelle ab. Im günstigsten Fall verfügt die Spannungsquelle über eine automatische Strombegrenzung: eine automatische Abschaltung oder eine Sicherung. Ist dies nicht der Fall, so kann sie bei Überlastung zerstört werden.

Grundsätzlich sollten Sie darauf achten, daß der maximal zulässige Wert für den Ausgangstrom der Spannungsquelle nicht überschritten wird. Informieren Sie sich dennoch darüber ob und wie die Spannungsquelle gegen zu hohe Ströme geschützt ist. Es kann immer aufgrund eines Fehlers zu einer Überschreitung des Maximalwertes kommen!

2.2 Die Strommessung

Sie werden in diesem Abschnitt **Strommessungen** an verschiedenen Stromquellen durchführen. Stromquellen halten soweit möglich den Strom in einem Stromkreis konstant. Da Wechselstromquellen technisch sehr aufwendig zu realisieren und daher wenig verbreitet sind, werden Sie Ihre Messungen ausschließlich an Gleichstromquellen durchführen.

M 1 Solarzelle

M 1 Netzgerät "**LABPAC 800T**"

M 1 Lampe

Bestimmung des Stromes einer Solarzelle

Eine Solarzelle ist genau dann eine Stromquelle, wenn die Menge der erzeugten Ladungen die Menge der Ladungen, die über den Stromkreis abtransportiert werden, nicht überschreitet. Im ersten Schritt sollen Sie den Strom messen, den eine Solarzelle bei gegebener Beleuchtung erzeugt.

Welche Meßfunktion ist zu verwenden?

_____

Welche Aussage können Sie über die Größenordnung des zu erwartenden Stromes machen? Was folgt daraus für die Wahl des Meßbereiches und der Buchsen?

_____

_____

_____

! Stellen Sie Meßfunktion und Meßbereich entsprechend ein und verbinden Sie Ihr Multimeter mit der Solarzelle.

! Beleuchten Sie die Solarzelle mit einer Lampe.

Können Sie bereits sinnvoll einen Meßwert ablesen? Wenn nicht, was ist zu tun?

_____

D PRAKTIKUMSANLEITUNGEN

G-E1. DAS MULTIMETER 16

! Notieren Sie jetzt den vom Multimeter angezeigten Strom, die Meßfunktion und den Meßbereich.

Ausgangsstrom der Solarzelle bei Beleuchtung: $I_{Solarzelle}$ = _____ _____

Meßfunktion: _____   Meßbereich: _____

Bestimmung des Gleichstromes eines Netzgerätes

Als Gleichstromquelle verwenden wir das Labornetzteil **"LABPAC 800T"**. Dieses Netzteil besitzt eine Strombegrenzung. Wenn Sie die Ausgangsspannung auf den maximal möglichen Wert einstellen, dann können Sie über den Drehregler für die Strombegrenzung den Ausgangsstrom einstellen und betreiben das Netzteil somit als regelbare Gleichstromquelle.

! Stellen Sie sicher, daß das Netzgerät ausgeschaltet ist, und der Ausgangsstrom auf Null gestellt ist, indem Sie den Drehregler **"AMPS"** ganz nach links drehen.

! Stellen Sie den maximalen Wert für die Ausgangsspannung ein, indem Sie den Drehregler **"VOLTS"** nach rechts bis zum Anschlag drehen.

! Stellen Sie Meßfunktion und Meßbereich am Multimeter ein und verbinden Sie Multimeter und Netzteil.

! Stellen Sie nun den Ausgangsstrom auf einen beliebigen Wert ein, indem Sie den Drehregler **"AMPS"** nach rechts drehen und notieren Sie ihn.

Ausgangsstrom des Netzgerätes: $I_{Netzgeraet}$ = _____ _____

Meßfunktion: _____   Meßbereich: _____

Wie können Sie überprüfen ob das Netzgerät tatsächlich als Stromquelle betrieben wird?

_____

_____

_____

_____

Bestimmung des Stromes durch eine Glühlampe

Sie sollen nun den Strom durch eine Glühlampe bestimmen. Dazu müssen Sie zur Messung Glühlampe und Multimeter in Reihe schalten.

! Stellen Sie sicher, daß der Stromkreis stromlos ist, indem Sie den Drehregler **"AMPS"** ganz nach links drehen.

! Schalten Sie dem Multimeter eine Glühlampe in Reihe.

! Regeln Sie den Strom langsam hoch, bis die Lampe leuchtet.

G-E1. DAS MULTIMETER 17

! Notieren Sie den Meßwert.

Strom durch die Glühlampe: $I_{Glühlampe}$ = _____ _____

Meßfunktion: _____ Meßbereich: _____

! Schalten Sie eine weitere Glühlampe in Reihe.
Was beobachten Sie für den Strom durch die beiden Glühlampen?

_____

_____

! Schalten Sie nun die zweite Glühlampe parallel zur ersten.
Was messen Sie jetzt für den Strom durch jede der Glühbirnen und für den Gesamtstrom?

_____

_____

Eine Stromquelle hält den Gesamtstrom in einem Stromkreis konstant. Die Gesamtspannung wird nach dem **Ohmschen Gesetz** *durch den Gesamtwiderstand des Stromkreises festgelegt.*

Eine Stromquelle besitzt eine maximale Ausgangsspannung. Wird der Widerstand eines Stromkreises bei gegebenem Strom so groß, daß die maximale Ausgangsspanung überschritten würde, wird entweder der eingestellte Strom nicht erreicht oder die Stromquelle schaltet ab. Möglicherweise liegt die maximale Ausgangspannung auch so hoch (im Bereich einiger hundert Volt), daß bei enstprechend eingestelltem Strom eine Lebensgefahr besteht. Achten Sie daher darauf, wie die Stromquelle ausgeführt ist und wie hoch die Ausgangsspannung maximal sein kann und aufgrund von Gesamtwiderstand des Stromkreises und eingestelltem Ausgangsstrom sein wird.

2.3 Die Widerstandsmessung

Die Meßfunktion **Widerstandsmessung** bietet eine einfache und schnelle Möglichkeit den Widerstand einer beliebigen elektrischen Last, wie zum Beispiel eines ohmschen Widerstandes, einer Glühlampe oder eines Meßgerätes zu bestimmen.

M 1 Widerstand R=560 Ω

M 1 Widerstand Pt1000

Wir beginnen die Messung zunächst mit dem ohmschen Widerstand.

! Wählen Sie die Meßfunktion "Ω" und einen geeigneten Meßbereich aus.

! Verbinden Sie das Multimeter mit dem Widerstand.

D PRAKTIKUMSANLEITUNGEN

G-E1. DAS MULTIMETER 18

! Notieren Sie Meßwert, sowie Meßfunktion und Meßbereich.

Ohmscher Widerstand: $R =$ _____ _____

Meßfunktion: _____ Meßbereich: _____

! Wiederholen Sie die Messung mit dem **"Pt1000"**.

Pt1000: $R =$ _____ _____

Meßfunktion: _____ Meßbereich: _____

! Halten Sie nun während der Messung den **"Pt1000"** zwischen Daumen und Zeigefinger fest.

Was können Sie beobachten?

_____

_____

_____

Welche Vermutung können Sie aufgrund dieser Beobachtung über die Eigenschaften des Pt1000 anstellen?

_____

_____

_____

_____

G-E1. DAS MULTIMETER 19

3 Erweiterte Funktionen

Über die Grundfunktionen hinaus bieten viele moderne Multimeter einen erweiterten Funktionsumfang. Die wesentlichen Funktionen, die Sie bei einem solchen Multimeter erwarten können, werden wir im folgenden an einem Beispielgerät behandeln.

M   1   Multimeter "**MetraHit 23S**"

Bei Betrachtung des Gerätes können Sie die drei Bereiche - Anzeige, Drehschalter und Buchsen - auch hier erkennen; neu hingegen ist der Tastenbereich, der unterhalb des Displays angeordnet ist. Außerdem weisen die Bereiche teilweise veränderte Funktionen auf. Die Unterschiede zum Multimeter "**Voltcraft VC150**", das Sie bisher verwendet haben, werden im folgenden beschrieben.

- Die Tasten

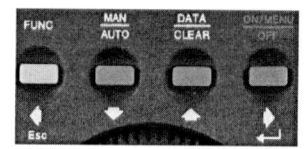

Unterhalb des Displays sind vier Tasten angeordnet, über die Sie das Gerät ein- und auschalten und erweiterte Funktionen abrufen können. Mit der Taste "$\frac{ON/MENU}{OFF}$" schalten Sie das Gerät ein beziehungsweise aus. Im ausgeschalteten Zustand schaltet kurzes Drücken der Taste "$\frac{ON/MENU}{OFF}$" das Gerät ein, langes Drücken im eingeschalteten Zustand schaltet es aus. Im Gegensatz zum "**Voltcraft VC150**" kann dieses Gerät bei voreingestellter Meßfunktion einbeziehungsweise ausgeschaltet werden. Zur Trennung des Gerätes vom Stromkreis reicht es **nicht** das Gerät nur auszuschalten.

! Schalten Sie jetzt das Gerät durch Drücken der Taste "$\frac{ON/MENU}{OFF}$" ein.

- Die Anzeige

Die Anzeige ist im Vergleich zum "**Voltcraft VC150**" um einige Informationen erweitert worden. Neben Meßfunktion und Meßbereich wird unterhalb der Digitalanzeige zusätzlich eine Balkenanzeige des Meßwertes eingeblendet.

D PRAKTIKUMSANLEITUNGEN

G-E1. DAS MULTIMETER 20

- Der Drehschalter

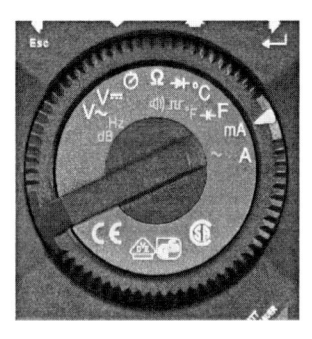

Mit Hilfe des Drehschalters stellen Sie die Meßfunktion ein. Die Auswahl eines Meßbereiches ist bei diesem Gerät nicht mehr notwendig, da es eine automatische Meßbereichswahl bietet. Beachten Sie, daß hier die Meßfunktionen für **Spannungs-** und **Strommessung** nicht mehr durch **AC** oder **DC** bezeichnet werden, sondern durch die jeweilige Einheit.

- Die Buchsen

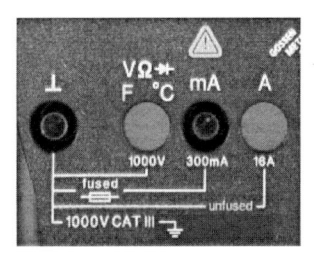

Auch bei diesem Gerät finden Sie vier Buchsen; die "⊥"-Buchse dient als gemeinsame Buchse für alle Meßfunktionen und entspricht der "**COM**"-Buchse beim "**Voltcraft VC150**". Die zweite Buchse ist je nach verwendeter Meßfunktion auszuwählen.

3.1 Kapazitätsmessung

Wir beginnen mit der Meßfunktion **Kapazitätsmessung**, da diese sich im Ablauf nicht wesentlich von den bisherigen Messungen unterscheidet.

M   1   Kondensator

G-E1. DAS MULTIMETER   21

Auch bei diesem Multimeter müssen sie zunächst die Meßfunktion und die Buchsen auswählen bevor sie das Gerät in den Stromkreis integrieren beziehungsweise in diesem Fall mit dem Kondensator verbinden.

! Wenn nicht schon eingeschaltet, schalten Sie das Multimeter durch Drücken der Taste "$\frac{ON/MENU}{OFF}$" ein.

! Wählen Sie die Meßfunktion **Kapazitätsmessung** aus, indem Sie den Drehschalter in die Position "F" drehen.

! Verbinden Sie jeweils ein Kabel mit der "⊥"-Buchse und der "VΩF°C" -Buchse.

Was fällt Ihnen an der Anzeige auf? Was passiert, wenn Sie die Kabelverbindungen auf einander zu oder von einander weg bewegen?

_____

_____

_____

Können Sie eine Vermutung über den Grund dieser Beobachtung anstellen?

_____

_____

_____

_____

! Messen Sie nun die Kapazität des von Ihnen gewählten Kondensators.

! Notieren Sie Meßwert, Meßfunktion und Meßbereich.

Kondensator: $C =$ _____ _____

Meßfunktion: _____   Meßbereich: _____

Welche Auswirkungen haben die zuvor angestellten Überlegungen auf Ihre Kapazitätsmessung?

_____

_____

_____

Sie können die Eigenkapazität des Meßgerätes und der Zuleitungen durch eine Nullpunktseinstellung an Ihrem Netzgerät eliminieren:

_____

G-E1. DAS MULTIMETER 22

- ! Trennen Sie die Verbindung von Kondensator und Multimeter.
- ! Drücken Sie die Multifunktionstaste **"FUNC"**.
- i In der Anzeige wird 0.000 und das Symbol **"ZERO"** angezeigt.
- ! Messen Sie nun erneut die Kapazität des Kondensators und notieren Sie den Meßwert, die Meßfunktion und den Meßbereich. Machen Sie bei Notation der Meßfunktion deutlich, daß Sie mit der Nullpunktseinstellung gearbeitet haben.

Kondensator: C_{ZERO} = _____ _____

Meßfunktion: _____ Meßbereich: _____

Sie können die Nullpunktseinstellung durch langes Drücken der Multifunktionstaste **"FUNC"** oder durch Ausschalten des Gerätes löschen.

3.2 Frequenzmessung

Die Frequenzmessung führen Sie am Funktionsgenerator **"Conatex FD4E"** durch. Ein Funktionsgenerator ist ein Gerät, daß zeitlich veränderliche Spannungen erzeugen kann. Standard-Funktionsgeneratoren erzeugen sinus-, dreieck- und rechteckförmige Spannungen. Der Funktionsgenerator **"Conatex FD4E"** bietet darüber hinaus einen Verstärker, der die Scheitelspannung des Ausgangssignals auf bis zu zehn Volt verstärken kann.

M   1   Frequenzgenerator **"Conatex FD4E"**

Überprüfen Sie zunächst die eingebaute Digitalanzeige des Gerätes.

- ! Schalten Sie den Funktionsgenerator **"Conatex FD4E"** durch Umlegen des Schalters **"NETZ"** ein.
- ! Stellen Sie sicher das die eingebaute LED-Anzeige die gewählte Frequenz anzeigt, indem sie die linke obere Taste drücken, bis die Diode mit der Beschriftung **"FREQ."** rot aufleuchtet.
- ! Wählen Sie ein sinusförmiges Signal indem Sie die linke untere Taste drücken, bis die Diode mit der Beschriftung **"∼"** rot aufleuchtet.
- ! Wählen Sie den Betriebsmodus **Funktionsgenerator** aus, indem Sie die Taste in der Mitte des Bedienfeldes drücken, bis die die Diode mit der Beschriftung **"FUNKTIONSGEN."** rot aufleuchtet.
- ! Wählen Sie die Meßfunktion **Frequenzmessung** aus, indem Sie den Drehschalter in die Position **"V∼"** drehen und dann auf zweimal auf die Taste **"FUNC"** drücken.
- i Im Display wird **"Hz"** angezeigt.
- ! Verbinden Sie den Ausgang **"Ausgang 600 Ω"** mit dem Multimeter.
- ! Variieren Sie durch Drehen des Drehreglers am Funktionsgenerator die Frequenz des Signals. Durch eine schnelle Drehung können Sie eine große Frequenzänderung erzeugen, durch eine langsam Drehung eine kleine.
- ! Lesen Sie die Frequenz jeweils an der internen Anzeige des Frequenzgenerators und am Multimeter ab und notieren Sie die Werte in der folgenden Tabelle.

G-E1. DAS MULTIMETER 23

n	$f_{\text{Multimeter}}$	$f_{\text{Frequenzgenerator}}$
1		
2		
3		

In welchem Rahmen bewegen sich die Abweichungen? Was schließen Sie daraus?

_____

_____

3.3 Temperaturmessung

Für die Meßfunktion **Temperaturmessung** benötigen Sie einen Temperaturfühler, der von Ihrem Meßgerät unterstützt wird. Aufgrund seiner besonderen Eigenschaften, die Sie bereits bei der Widerstandsmessung kennengelernt haben, unterstützen die meisten Meßgeräte den **"Pt1000"**: Dieses Bauteil weist bei $0\,°C$ einen Widerstand R=1000 Ω auf; mit steigender oder fallender Temperatur steigt oder fällt der Widerstand in einem definierten Bereich von mehreren $100\,°C$ linear.

M   1   Widerstand Pt1000

Zuerst müssen Sie das Meßgerät so einstellen, daß es Sie den Pt1000 als Temperaturfühler verwenden können:

! Drücken Sie die Taste "$\frac{ON/MENU}{OFF}$" um in das Menü zu gelangen.

i Sie sehen im Display die Anzeige **"Set"** für Setup.

! Drücken Sie die Taste "$\frac{ON/MENU}{OFF}$" um in das Setup-Menü zu gelangen.

! Drücken Sie die Taste "$\frac{DATA}{CLEAR}$" so lange, bis im Display die Anzeige **"Sensor"** erscheint.

! Drücken Sie die Taste "$\frac{ON/MENU}{OFF}$" um zur Sensor-Einstellung zu gelangen.

i Sie sehen im Display angezeigt, welcher Sensortyp im Moment für die **Temperaturmessung** unterstützt wird.

! Drücken Sie die Taste "$\frac{DATA}{CLEAR}$" so lange, bis im Display die Anzeige **"Pt1000"** erscheint.

! Drücken Sie die Taste "$\frac{ON/MENU}{OFF}$" um die Einstellung zu übernehmen.

Jetzt können Sie mit der Temperaturmessung beginnen.

! Wählen Sie die jetzt Meßfunktion **"°C"**.

! Verbinden Sie den Pt1000 mit dem Multimeter.

! Messen Sie die Raumtemperatur und notieren Sie den Wert.

Raumtemperatur: $T = $ _____ _____

D PRAKTIKUMSANLEITUNGEN

G-E1. DAS MULTIMETER

3.4 Automatische Bereichswahl

Im Gegensatz zum "**Voltcraft VC150**" bietet das Multimeter "**MetraHit 23S**", wie bereits erwähnt eine automatische Meßbereichswahl. In den meisten Fällen können Sie es daher dem Gerät überlassen, den korrekten Meßbereich auszuwählen und müssen lediglich die geeignete Meßfunktion auswählen. Es gibt Meßsituationen gibt in denen Sie einen Meßbereichswechsel verhindern wollen, zum Beispiel, wenn die Meßwerte in einem Bereich liegen, der zu ständigen Meßbereichswechseln führt. Daher besteht auch bei diesem Gerät die Möglichkeit den Meßbereich manuell einzustellen. Diese Funktion sollen Sie im Folgenden erproben.

M   1   Potentiometer R=100 kΩ

! Wählen Sie die Funktion **Widerstandsmessung** indem Sie den Drehschalter auf "Ω" stellen.

! Verbinden Sie das Multimeter mit dem Potentiometer.

! Stellen Sie den minimalen Widerstand ein, indem Sie den Drehregler des Potentiometers ganz nach links drehen.

! Variieren Sie den Widerstand durch Drehen des Potentiometers.

Können Sie die Meßbereichswechsel erkennen? Woran?

_____

_____

! Wechseln Sie nun in die **Manuelle Meßbereichswahl**, indem Sie die Taste "$\frac{MAN}{AUTO}$" drücken.

i Im Display wird "**MAN**" angezeigt.

Befindet sich das Multimeter "**MetraHit 23s**" in der **manuellen Meßbereichswahl**, so können Sie in den nächstgrößeren Meßbereich durch Drücken der Taste "$\frac{MAN}{AUTO}$" wechseln. Durch Drücken dieser Taste im größten Meßbereich gelangen Sie automatisch wieder in den kleinsten Meßbereich.

! Wechseln Sie einmal durch alle Meßbereiche.

Woran erkennen Sie einen zu kleinen Meßbereich? Woran einen zu großen?

_____

_____

! Wechseln Sie zurück zur **Automatischen Meßbereichswahl** durch langes Drücken der Taste "$\frac{MAN}{AUTO}$".

G-E1. DAS MULTIMETER

3.5 Weitere Funktionen

Das Multimeter **"Metrahit 23S"** bietet über die bisher vorgestellten Funktionen hinaus weitere Funktionen. Da nicht alle Funktionen in diesem Versuch im Detail behandelt werden können, soll Ihnen an dieser Stelle ein Überblick über die weiteren Funktionen gegeben werden. Details zur Handhabung der Funktionen entnehmen Sie bitte dem zum Multimeter gehörigen Handbuch:

- Stoppuhr
  Mit dieser Funktion können Sie Zeiten bis zu einer Stunde messen.

- Diodentest
  Das Gerät zeigt, wenn in Durchlaßrichtung geschaltet, die Durchlaßspannung, wenn in Sperrrichtung geschaltet, einen Überlauf (**"OL"**) an.

- Signalgenerator
  Diese Funktion ermöglicht die Ausgabe von einzelnen Pulsen oder Pulspaketen mit einer Amplitude von ungefähr 3 V und einer Frequenz zwischen 1 und 1000 Hz.

- Meßwertspeicherung
  Mit dieser Funktion können Sie Meßwerte "einfrieren". Das ist zum Beispiel dann besonders nützlich, wenn das Abtasten der Meßstelle mit den Prüfspitzen Ihre ganze Aufmerksamkeit erfordert.

- Minimal- und Maximalwertspeicherung
  Mit dieser Funktion können Sie den minimalen und maximalen Meßwert festhalten, der in der Zeit nach Aktivierung der Funktion am Eingang des Meßgerätes vorhanden war. Die wichtigste Anwendung liegt in der Langzeitbeobachtung von Meßgrößen.

D PRAKTIKUMSANLEITUNGEN

G-E1. DAS MULTIMETER 26

4 Eigenschaften von Multimetern

Die Kenntnis der Eigenschaften eines Multimeters ist neben der Kenntnis des Funktionsumfanges wesentlich für die richtige Auswahl eines solchen bei einer gegebenen Meßsituation. Daher werden Sie im den nächsten Abschnitten die wichtigsten Eigenschaften untersuchen und entsprechende Vergleichswerte für verschiedene Multimeter ermitteln und tabellarisch vergleichen.

Da von den folgenden Geräten nicht für jede Gruppe jeweils ein Exemplar zur Verfügung steht, führen Sie die jeweiligen Untersuchungen an einem Instrument aus der folgenden Liste durch. Wechseln Sie nach jedem Abschnitt das Instrument!

| M | 1 | Multimeter "Sanwa SAPC5000" |

| M | 1 | Multimeter "Peaktech 4010" |

| M | 1 | Multimeter "MetraHit 30M" |

| M | 1 | Widerstand $R=10\,\Omega$ |

| M | 1 | Widerstand $R=10\,M\Omega$ |

4.1 Meßunsicherheit

Wir beginnen mit der Untersuchung der Meßunsicherheit des ausgewählten Multimeters.

! Wählen Sie die Meßfunktion "V=".

Wie groß ist die maximale Anzahl der Stellen des Displays in diesem Meßbereich?

_____

Was folgt daraus für die maximale Meßunsicherheit des Multimeters in diesem Meßbereich?

_____
_____
_____

Bedeutet das, daß Sie in diesem Meßbereich Messungen mit der genannten Meßunsicherheit durchführen können? Begründen Sie Ihre Vermutung!

_____
_____
_____
_____

G-E1. DAS MULTIMETER 27

Die Meßunsicherheit des Multimeters mit dem Sie Ihre Messungen durchführen ist eine sehr wichtige Eigenschaft. Ihr können Sie entnehmen, mit welchen Abweichungen vom "wahren Wert" Sie bei Ihren Messungen zu rechnen haben. Verlassen Sie sich nicht darauf, daß die Anzeige Ihres Meßgerätes alle Stellen exakt anzeigt. Ermitteln Sie vor jeder Messung, bei der Sie auf einen möglichst genauen Meßwert angewiesen sind, immer die Meßunsicherheit des Multimters im jeweiligen Meßbereich. Angaben dazu finden Sie in der zum Meßgerät gehörigen Anleitung.

4.2 Eingangsimpedanz

! Bauen Sie einen Stromkreis aus einer Gleichspannungsquelle und einem Widerstand $R=8{,}2\,\Omega$ auf.

! Erweitern Sie Ihren Stromkreis so, daß Sie mit dem Multimeter **"MetraHit 23s"** den Strom durch den Widerstand messen.

! Messen Sie mit dem ausgewählten Multimeter die Spannung am Widerstand, am Multimeter **"MetraHit 23s"** und an der Gleichspannungsquelle.

$U_{Widerstand}$	$U_{Multimeter}$	$U_{Spannungsquelle}$

Was beobachten Sie? Äußern Sie eine Vermutung, wie diese Beobachtung zustandekommt!

_____

_____

_____

_____

! Bauen Sie einen Stromkreis aus einer Gleichspannungsquelle und einem Widerstand $R=10\,\text{M}\Omega$ auf.

! Erweitern Sie Ihren Stromkreis so, daß Sie mit dem Multimeter **"MetraHit 23s"** die Spannung am Widerstand messen.

! Messen Sie mit dem ausgewählten Multimeter den Strom durch den Widerstand, das Multimeter **"MetraHit 23s"** und den Gesamtstrom.

$I_{Widerstand}$	$I_{Multimeter}$	$I_{Spannungsquelle}$

Was beobachten Sie? Äußern Sie eine Vermutung, wie diese Beobachtung zustandekommt!

_____

_____

_____

_____

D PRAKTIKUMSANLEITUNGEN

G-E1. DAS MULTIMETER   28

Eine Messung, die Sie mit einem Multimeter in einem elektrischen Stromkreis durchführen, verändert immer auch den Stromkreis, da das Multimeter einen **Innenwiderstand**, auch als **Eingangsimpedanz** bezeichnet, besitzt. Diese Eingangsimpedanz hängt von der gewählten Meßfunktion und dem gewählten Meßbereich ab.

In welchen Bereichen vermuten Sie günstige Eingangsimpedanzen für die Spannungsmessung und für die Strommessung? Begründen Sie Ihre Überlegung!

_____

_____

_____

_____

_____

Wenn Sie in einem Stromkreis gleichzeitig Strom und Spannung mit jeweils einem Multimeter messen, so können Sie nur entweder **strom-** oder **spannungsrichtig** messen.

Skizzieren Sie eine Strom- und eine Spannungsrichtige Schaltung. Verwenden Sie dazu die Schaltsymbole aus dem Anhang:

4.3 Frequenzgang

Regeln Sie die Ausgangsspannung am Leistungsverstärkerausgang des Funktionsgenerators **"Conatex FD4E"** auf 10 V, indem Sie die folgenden Schritte durchführen:

- ! Wählen Sie den Betriebsmodus **"Funktionsgenerator mit Leistungsverstärker"**, indem Sie die Taste in der Mitte des Bedienfeldes drücken, bis die Diode mit der Beschriftung **"FUNKTION/VERST."** rot aufleuchtet.
- ! Stellen Sie die Frequenz des Ausgangssignals auf 500 Hz ein.
- ! Stellen Sie sicher, daß am Ausgang des Leistungsverstärkers keine Spannung anliegt, indem Sie den Drehregler "A_V" ganz nach links drehen.
- ! Verbinden Sie das Multimeter **"MetraHit 23s"** für eine Wechselspannungsmessung mit dem Ausgang des Leistungsverstärkers.

G-E1. DAS MULTIMETER   29

! Stellen Sie eine Ausgangsspannung von 10 V ein, indem Sie den Drehregler "A_V" nach rechts drehen, bis das Multimeter 10 V anzeigt.

! Wählen Sie jetzt eine Frequenz von 5 Hz für das Ausgangssignal.

Was beobachten Sie?

_____

_____

! Kontrollieren Sie Ihre Beobachtung indem Sie die Ausgangsspannung zusätzlich mit dem ausgewählten Multimeter messen.

Was beobachten Sie?

_____

_____

! Vervollständigen Sie die folgende Tabelle und zeichnen Sie die Ausgangsspannungen für beide Multimeter in Abhängigkeit von der Frequenz in ein Diagramm.

	1 Hz	2 Hz	4 Hz	6 Hz	8 Hz
U_{MH23s}					

	10 Hz	20 Hz	40 Hz	60 Hz	80 Hz
U_{MH23s}					

	100 Hz	500 Hz	1 kHz	5 kHz	10 kHz
U_{MH23s}					

	20 kHz	40 kHz	60 kHz	80 kHz	100 kHz
U_{MH23s}					

Was können Sie aus Ihren Beobachtungen und den durchgeführten Messungen beziehungsweise aus den erstellten Diagrammen folgern?

_____

_____

_____

_____

D PRAKTIKUMSANLEITUNGEN

G-E1. DAS MULTIMETER 30

Der Frequenzgang eines Multimeters zeigt, daß Sie sich nicht darauf verlassen können, daß das Multimeter in allen Meßituationen einen korrekten Meßwert anzeigt. Ein Mulimeter arbeitet nur im Rahmen gewisser Parameter (die die meisten Meßsituationen umfassen) korrekt. Es ist wichtig, daß Sie diese Parameter möglichst gut kennen, damit Sie bei einer gegebenen Meßaufgabe in der Lage sind, ein geeignetes Multimeter auszuwählen.

4.4 Vergleich

Im allgemeinen wird es nicht notwendig sein, die untersuchten Eigenschaften eines Multimeters selber zu bestimmen, da sie die Angaben in den Betriebsanleitungen der Multimeter heranziehen können. Seien Sie dennoch kritisch: Sowohl die Anleitung als auch das Gerät können fehlerhaft sein. Im Zweifel kontrollieren Sie Ihre Messung immer mit einem zweiten Gerät.

! Vervollständigen Sie die folgende Tabelle indem Sie die Anleitungen der genannten Multimeter als Informationsquelle heranziehen.

	VC150	MH23S	SAPC5000	Peaktech 4010	MH30M
Anzeigeumfang					
Meßgenauigkeit[1]					
Eingangsimpedanz					
Frequenzbereich					

! Regeln Sie alle Einstellungen, wie zum Beispiel Ausgangsspannung oder -strom, auf Null und schalten Sie die Instrumente und Geräte aus.

! Räumen Sie Ihren Arbeitsplatz auf!!!

---

[1] Am Beispiel der Meßfunktion **Gleichspannungsmessung**

D.2 Zweite Version der Anleitung zum Versuch „G-E1 Multimeter"

G-E1

Das Multimeter (Funktionen)

1 Über diesen Versuch

In diesem Versuch sollen Sie die **grundlegenden** und **erweiterten** Funktionen von Multimetern kennenlernen. Ein Multimeter ist ein Gerät, in dem mehrere Messfunktionen zusammengefasst sind: zum Beispiel **Spannungs-** und **Strommessung**.

2 Grundfunktionen

Die folgende Markierung (M) kennzeichnet eine Materialangabe. In diesem Fall benötigen Sie ein Multimeter mit der Bezeichnung "**Voltcraft VC150**". Dieses Gerät finden Sie im Schrank "**Handmessgeräte**" im Lager. Holen Sie das Gerät bevor Sie weiterarbeiten.

M 1 Multimeter "**Voltcraft VC150**"

Die folgende Markierung (!) kennzeichnet eine Anweisung. Führen Sie diese Anweisung aus, bevor Sie weiterarbeiten.

! **Betrachten Sie das Multimeter**, das heißt:
Identifizieren Sie Anzeige- und Bedienelemente, versuchen Sie diese in Bereiche zu gruppieren. Überlegen Sie ob Sie aufgrund Ihrer Erfahrungen einzelnen Bereichen oder Elementen bereits Funktionen zuordnen können. Schalten Sie das Gerät jedoch **noch nicht** ein.

Die folgende Markierung (?) kennzeichnet eine Aufgabe oder Frage. Beantworten Sie diese bevor Sie weiterarbeiten.

? Welche Bedien- beziehungsweise Anzeigeelemente des Multimeters können Sie unterscheiden?

? Welche Informationen werden für verschiedene Einstellungen des Drehschalters im Display angezeigt?

Die im Display angezeigte Zahl, zum Beispiel **1.03**, bezeichnet man als **Masszahl**. Zusammen mit der **Einheit**, zum Beispiel **V**, wird sie zum **Messwert** (**1.03 V**). Die zugehörige physikalische Größe

G-E1. DAS MULTIMETER (FUNKTIONEN) 3

(**Spannung**) nennt man **Messgröße**.

? Welche Funktion hat der Drehschalter?

_____

_____

Die Art der Messung (zum Beispiel **Spannungsmessung**) bezeichnet man als die **Messfunktion**. Der Bereich zwischen minimal und maximal zulässigem Messwert (zum Beispiel 0 mV bis 20 mV) heißt **Messbereich**.
Die Bezeichnung "**DC**" steht für **Direct Current**, den anglo-amerikanischen Begriff für Gleichstrom. Entsprechend bezeichnet "**AC**" (**Alternating Current**) einen Wechselstrom. **Die Bezeichnungen werden ebenfalls für Spannungen verwendet.**

Bei diesem Gerätetyp legt **eine** Position des Drehschalters Messfunktion **und** Messbereich fest. Befindet sich der Drehschalter zum Beispiel in der Position "**20m DCA**", so ist die Messfunktion **Gleichstrommessung** und der Messbereich **0 mA-20 mA**.

Meistens werden für Messfunktion und Messbereich Abkürzungen angegeben, die sich aus der Beschriftung des Multimeters ableiten. Für das obige Beispiel wird Messfunktion mit **DCA** und der Messbereich mit **20 mA** abgekürzt.

ACHTUNG: Eine Änderung von Messfunktion oder Messbereich während einer Messung kann zur Zerstörung des Multimeters führen, wenn der Messwert den zulässigen Bereich überschreitet.

? Welche Informationen können Sie der Beschriftung der Buchsen entnehmen?

_____

_____

_____

_____

Über die Buchsen wird das Meßgerät in den Stromkreis integriert. Je nach gewählter Meßfunktion und gewähltem Meßbereich sind unterschiedliche Buchsen zu verwenden. Die mit "**COM**" bezeichnete Buchse wird für jede Messfunktion verwendet.

2.1 Die Spannungsmessung

Eine Ladung in einem elektrischen Feld besitzt eine potentielle Energie. Die potentielle Energie pro Ladung bezeichnet man als Potential. Die Differenz zweier Potentiale bezeichnet man als **Spannung**.

Bestimmung der Gleichspannung einer Batterie

M   1   9 V-Block-Batterie

G-E1. DAS MULTIMETER (FUNKTIONEN) 4

? Messen Sie die Spannung an der Batterie!

Spannung an der Batterie: $U_{Batterie} =$ _____

Meßfunktion: _____ Meßbereich: _____

Im folgenden sollen Sie über die zur Messung durchgeführten Arbeitsschritte reflektieren und formulieren welche Überlegungen zu Ihrer Vorgehensweise geführt haben.

? Warum haben Sie diese Einstellung des Drehschalters verwendet?

_____

_____

? Warum haben Sie diese Buchsen gewählt?

_____

_____

? Was haben Sie bei der Verbindung des Multimeters mit der Batterie beachtet?

_____

_____

Bei einer Messung mit dem Multimeter sollten Sie wie folgt vorgehen:

1. Überlegen Sie zuerst welche physikalische Größe Sie messen wollen, daraus folgt, welche Messfunktion zu verwenden ist.
2. Überlegen Sie in welcher Größenordnung Sie Messwerte erwarten, daraus folgt der geeignete Messbereich. Der geeignete Messbereich ist immer der kleinste zur Verfügung stehende Messbereich (maximale Genauigkeit), der wenn möglich alle zu erwartenden Messwerte umfaßt (keine unnötigen Messbereichswechsel, die zur Störung der Messung führen könnten).
3. Stellen Sie das Multimeter entsprechend ein.
4. Wählen Sie die Messfunktion und Messbereich entsprechenden Buchsen und integrieren Sie das Multimeter in den Stromkreis.
5. Lesen Sie die angezeigte Masszahl ab. Wird in der Anzeige keine Einheit angegeben, so ergibt sich die Einheit aus der Messfunktion und dem Messbereich.
6. Sie sollten grundsätzlich alle Parameter, die einen Einfluß auf die Messung haben könnten, notieren, damit Sie die Messung jederzeit unter möglichst identischen Bedingungen wiederholen können. Das heißt, Sie sollten auch die Messfunktion und den Messbereich notieren.

D PRAKTIKUMSANLEITUNGEN 233

G-E1. DAS MULTIMETER (FUNKTIONEN) 5

? Welche Spannung messen Sie, wenn Sie die verwendeten Buchsen jeweils mit dem anderen Pol der Batterie verbinden?

_____

_____

Bestimmung der Gleichspannung eines Netzgerätes

Um den Einsatz des Multimeters zur Spannungsmessung zu üben, sollen Sie die Spannung (an) einer weiteren Spannungsquelle messen.

M 1 Netzgerät **"EA-3048A"**

Wenn Sie ein neues Gerät einsetzen, sollten Sie sich zunächst mit dem Gerät vertraut machen:

! Betrachten Sie das Netzgerät!

? Welche Bedien- beziehungsweise Anzeigeelemente können Sie unterscheiden?

_____

_____

_____

_____

! Schalten Sie das Gerät ein!

? Welche Funktion hat der Drehregler **"Output"**?

_____

? Bestimmten Sie die Spannung am Ausgang **"DC Output"** für eine beliebige Einstellung des Drehreglers!

Spannung am Ausgang **"DC Output"**: $U_{DC\ Output} =$ _____

Meßfunktion: _____ Meßbereich: _____

? Begründen Sie die Auswahl des Messbereiches!

_____

_____

? Welche Spannung wird am Netzgerät angezeigt?

_____

G-E1. DAS MULTIMETER (FUNKTIONEN)   6

? Vergleichen Sie die Spannung $U_{DC\ Output}$ mit der am Netzgerät angezeigten Spannung! Können Sie Abweichungen feststellen? Wenn ja, welche Ursache vermuten Sie?

_____

_____

Bevor Sie ein Netzgerät in den Stromkreis integrieren, kontrollieren Sie, ob dessen Einstellungen so gewählt sind, dass andere Geräte im Stromkreis keinen Schaden nehmen können. Im Zweifel stellen Sie sicher, dass

1. das Gerät ausgeschaltet ist und
2. sich alle Regler, die die Ausgangsgrößen beeinflussen, in der Nullstellung befinden

Bestimmung der Wechselspannung eines Netzgerätes

Als **Wechselspannung** bezeichnet man Spannungen, die zeitlich nicht konstant sind, sondern sich (in der Regel periodisch) ändern.

! Wählen Sie die Messfunktion **Wechselspannungsmessung**!

? Messen Sie die Spannung am Ausgang "**AC Output**" des Netzgerätes!

Spannung am Ausgang "**AC Output**": $U_{AC\ Output}$ = _____

Meßfunktion: _____   Meßbereich: _____

? Was fällt Ihnen auf, wenn Sie berücksichtigen, dass Sie eine zeitlich veränderliche Spannung messen?

_____

_____

? Welche Werte der Wechselspannung kommen für die Anzeige in Frage?

_____

_____

Der bei einer Wechselspannungmessung angezeigte Wert entspricht dem einer Gleichspannung, die an einem Widerstand die gleiche Leistung liefert wie die anliegende Wechselspannung. Dieser Wert wird als der **Effektivwert** der Wechselspannung bezeichnet.

Nicht alle Multimeter sind für die Messung beliebiger Wechselspannungen ausgelegt: Nur Multimeter mit Echt-Effektivwert-Messung (TRMS) zeigen auch für nicht sinusförmige Wechselspannungen den Effektivwert an.

2.2 Die Strommessung

Als **Stromstärke** oder **Strom** durch ein Element des elektrischen Stromkreises bezeichnet man die Zahl der Ladungen, die pro Zeiteinheit durch diesen Leiter fließen.

Bestimmung des Gleichstromes durch eine Glühlampe

M   1   Glühlampe "**7V 0.3A**"

D PRAKTIKUMSANLEITUNGEN

G-E1. DAS MULTIMETER (FUNKTIONEN)   7

Nach den **Kirchhoffschen Regeln** ist die Spannung an parallelgeschalteten Elementen des elektrischen Stromkreises gleich, während der Strom durch in Reihe geschaltete Elemente gleich ist.

?   Müssen Sie zur Messung des Stroms durch die Glühlampe das Multimeter parallel oder in Reihe schalten?

?   Messen Sie den Strom durch die Glühlampe bei einer Spannung von $U = 7$ V!

Strom durch die Glühlampe: $I_{\text{Glühlampe}} = $ _____

Meßfunktion: _____   Meßbereich: _____

?   Welche Buchsen haben Sie verwendet? Warum?

Bestimmung des Gleichstromes eines Netzgerätes

Bestimmte Netzgeräte können als Stromquelle verwendet werden. Ein solches Netzgerät sollen Sie im folgenden kennenlernen:

M   1   Netzgerät **"LABPAC 800T"**

!   Betrachten Sie das Netzgerät!

?   Welche Bedien- beziehungsweise Anzeigeelemente können Sie unterscheiden?

!   Stellen Sie den Schalter "$\frac{30\,\text{V}/1\,\text{A}}{15\,\text{V}/2\,\text{A}}$" auf **15 V/2 A**!

!   Messen Sie für verschiedene Einstellungen der Drehregler **"VOLTS"** und **"AMPS"** den Strom am Ausgang des Netzgerätes!

?   Welche Funktion besitzt der Drehregler **"VOLTS"**?

G-E1. DAS MULTIMETER (FUNKTIONEN) 8

? Welche Funktion besitzt der Drehregler **"AMPS"**?

_____
_____

? Können Sie Spannung und Strom am Ausgang des Netzgerätes unabhängig voneinander einstellen? Warum?

_____
_____
_____
_____
_____

? Wenn Sie mit dem Drehregler **"AMPS"** den Strom am Ausgang einstellen wollen, in welcher Position sollte sich dann der Drehregler **"VOLTS"** befinden?

_____
_____
_____

2.3 Die Widerstandsmessung

Den **Widerstand** eines Elementes des elektrischen Stromkreises definiert man als den Quotienten aus der Spannung zwischen den Enden und dem Strom durch dieses Element.
Zur Vermeidung von Missverständnissen wird das Element des elektrischen Stromkreises, dessen wesentliche Eigenschaft sein Widerstand ist, als **Ohmscher Widerstand** bezeichnet:

M   1   Ohmscher Widerstand
       1   Sensor **"Pt1000"**

! Wählen Sie die Messfunktion **Widerstandsmessung**!

? Messen Sie den Widerstand des Ohmschen Widerstands!

Widerstand des Ohmschen Widerstands: R = _____

Meßfunktion: _____   Meßbereich: _____

! Wiederholen Sie die Messung mit dem **"Pt1000"**!

Widerstand des Pt1000: R_{Pt1000} = _____

Meßfunktion: _____   Meßbereich: _____

… D PRAKTIKUMSANLEITUNGEN   237

G-E1. DAS MULTIMETER (FUNKTIONEN)   9

? Halten Sie nun während der Messung den **"Pt1000"** zwischen Daumen und Zeigefinger fest! Was beobachten Sie?

? Welche Vermutung können Sie aufgrund dieser Beobachtung über die Eigenschaften des Pt1000 anstellen

Der **"Pt1000"** wurde als Temperatursensor konzipiert. Er weist bei $0\,°C$ einen Widerstand $R=1000\,\Omega$ auf; der Widerstand ist über einen Bereich mehrerer $100\,°C$ eine lineare Funktion.

3 Erweiterte Funktionen

Über die Grundfunktionen hinaus bieten viele moderne Multimeter einen erweiterten Funktionsumfang. Zur Behandlung der Funktionen, die Sie bei einem solchen Multimeter erwarten können, soll ein anderes Multimeter verwendet werden.

M 1 Multimeter **"MetraHit 23S"**

! Betrachten Sie das Multimeter!

? Welche Bedien- beziehungsweise Anzeigelemente können Sie bei diesem Multimeter unterscheiden?

? Worin unterscheidet sich der Drehschalter von dem des **"Voltcraft VC150"**?

! Nehmen Sie das Gerät in Betrieb

? Können Sie den Tasten unterhalb des Displays bereits Funktionen zuordnen? Welche?

? Welche Informationen werden im Display angezeigt?

G-E1. DAS MULTIMETER (FUNKTIONEN) 10

? Welche Unterschiede zum Multimeter "**Voltcraft VC150**" müssen Sie bei der Verwendung der Buchsen beachten?

_____

_____

Im Gegensatz zum "**Voltcraft VC150**" bietet das Multimeter "**MetraHit 23S**" eine **Automatische Meßbereichswahl**. In den meisten Fällen können Sie es daher dem Gerät überlassen, den korrekten Meßbereich auszuwählen und müssen lediglich die geeignete Meßfunktion auswählen.

Im folgenden sollen Sie verschiedene Messfunktionen des "**MetraHit 23S**" einsetzen. **Wenn Sie an einer Stelle zur Durchführung der Aufgabe zusätzliche Informationen zur Handhabung des Multimeters benötigen, ziehen Sie die Anleitung des Multimeters heran. Sie finden diese im Regal "Bibliothek"**

3.1 Kapazitätsmessung

Liegt an zwei Leitern, die durch einen Nichtleiter getrennt sind, eine Spannung, so trägt jeder Leiter die vom Betrag her gleiche Ladung. Den Proportionalitätsfaktor zwischen dem Betrag der Ladung und der anliegenden Spannung bezeichnet man als die **Kapazität** dieser Anordnung.

M 1 Kondensator

! Messen Sie die Kapazität des Kondensators!

Kapazität des Kondensators: $C_{Kondensator} = $ _____

Meßfunktion: _____ Meßbereich: _____

! Trennen Sie die beiden Verbindungen zwischen Kondensator und Multimeter!

? Was beobachten Sie wenn Sie die Kabelverbindungen auf einander zu oder von einander weg bewegen? Was messen Sie?

_____

_____

? Welche Auswirkungen haben die zuvor angestellten Überlegungen auf Ihre Kapazitätsmessung?

_____

_____

! Drücken Sie die Multifunktionstaste "**FUNC**"!

? Was beobachten Sie jetzt am Display?

_____

_____

_____

G-E1. DAS MULTIMETER (FUNKTIONEN)

? Welche Funktion der Multifunktionstaste **"FUNC"** vermuten Sie für die Messfunktion **"Kapazitätsmessung"**?

_____

_____

Wenn Sie zusätzliche Funktionen wie die Nullpunktseinstellung verwenden, sollten Sie bei der Protokollierung angeben:

! Messen Sie die erneut die Kapazität des Kondensators!

Kapazität des Kondensators mit Nullpunktseinstellung: C_{Zero} = _____

Meßfunktion: _____ Meßbereich: _____

Sie können die Nullpunktseinstellung durch langes Drücken der Multifunktionstaste **"FUNC"** oder durch Ausschalten des Gerätes löschen.

3.2 Frequenzmessung

Für eine periodische Wechselspannung bezeichnet die **Frequenz** die Anzahl der Perioden pro Zeiteinheit.

! Messen Sie die Frequenz der Wechselspannung am Ausgang **"AC Output"** des Netzgerätes **"EA-3048A"**!

? Welche Funktion besitzt die Multifunktionstaste **"FUNC"** hier?

_____

_____

3.3 Temperaturmessung

Für die Meßfunktion **Temperaturmessung** benötigen Sie einen externen Temperatursensor, da das Multimeter **"MetraHit 23S"** keinen eingebauten Temperatursensor besitzt. Einen solchen Temperatursensor haben Sie bereits bei der Widerstandsmessung kennengelernt.

! Wählen Sie die Messfunktion **Temperaturmessung** und schliessen Sie den **"Pt1000"** an!

? Was beobachten Sie auf dem Display? Was können Sie daraus folgern?

_____

_____

! Ziehen Sie die Anleitung des Multimeters heran, um zu erfahren, wie man das Messgerät auf den **"Pt1000"** einstellt!

! Messen Sie die Raumtemperatur!

Raumtemperatur: T_R = _____

Meßfunktion: _____ Meßbereich: _____

G-E1. DAS MULTIMETER (FUNKTIONEN) 12

? Notieren Sie die Schritte die zur Einstellung des Multimeters auf Verwendung des "**Pt1000**" notwendig sind!

_____
_____
_____
_____

3.4 Automatische Messbereichswahl

Wie bereits erwähnt besitzt das Multimeter "**MetraHit 23S**" eine Automatische Messbereichswahl. Zur Untersuchung dieser Funktion sollen Sie ein Potentiometer verwenden. Dessen Widerstand lässt sich über mehrere Größenordnungen einstellen.

M 1 Potentiometer R=100 kΩ

Das Potentiometer hat drei Anschlüsse. Sie sollten den mittleren und einen der beiden äußeren Anschlüsse verwenden

! Messen Sie den Widerstand des Potentiometers!

? Drehen Sie das Potentiometer aus der Position mit minimalem Widerstand in die Position mit maximalem Widerstand! Woran können Sie die Meßbereichswechsel erkennen?

_____
_____

! Wechseln Sie in die Manuelle Messbereichswahl!

! Wechseln Sie einmal durch alle Meßbereiche!

? Wie wechseln Sie den Messbereich bei Manueller Messbereichswahl?

_____

? Woran erkennen Sie einen zu kleinen Messbereich? Woran einen zu grossen?

_____
_____
_____

! Wechseln Sie zurück zur Automatischen Messbereichswahl!

3.5 Weitere Funktionen

Das Multimeter "**Metrahit 23S**" bietet über die bisher untersuchten Funktionen hinaus weitere Funktionen. Da nicht alle Funktionen in diesem Versuch im Detail behandelt werden können, soll Ihnen an

G-E1. DAS MULTIMETER (FUNKTIONEN)

dieser Stelle ein Überblick über die weiteren Funktionen gegeben werden. Details zur Handhabung der Funktionen entnehmen Sie bitte dem zum Multimeter gehörigen Handbuch:

- Stoppuhr
  Mit dieser Funktion können Sie Zeiten bis zu einer Stunde messen.

- Diodentest
  Wenn die Diode in Durchlassrichtung geschaltet ist, wird die Durchlassspannung angezeigt. Wenn in Sperrichtung geschaltet ist, ein Überlauf (**"OL"**).

- Signalgenerator
  Diese Funktion ermöglicht die Ausgabe von einzelnen Pulsen oder Pulspaketen mit einer Amplitude von ungefähr 3 V und einer Frequenz zwischen 1 und 1000 Hz.

- Meßwertspeicherung
  Mit dieser Funktion können Sie Meßwerte "einfrieren". Das ist zum Beispiel dann besonders nützlich, wenn das Abtasten der Meßstelle mit den Prüfspitzen Ihre ganze Aufmerksamkeit erfordert.

- Minimal- und Maximalwertspeicherung
  Mit dieser Funktion können Sie den minimalen und maximalen Meßwert festhalten, der in der Zeit nach Aktivierung der Funktion am Eingang des Meßgerätes vorhanden war. Die wichtigste Anwendung liegt in der Langzeitbeobachtung von Meßgrößen.

? Ermitteln Sie für eine Funktion welche Einstellungen am Multimeter vorzunehmen sind. Verwenden Sie die Anleitung des Multimeters!

_____

_____

_____

_____

_____

! Führen Sie eine Messung unter Verwendung dieser Funktion durch!

!!! Schalten Sie alle Geräte aus und räumen Sie Ihren Arbeitsplatz auf !!!

G-E3

Das Multimeter (Eigenschaften)

1 Über diesen Versuch

Grundlegende und erweiterte Funktionen von Multimetern haben Sie bereits in Versuch (G-E1) kennengelernt. In diesem Versuch werden Sie sich mit den Eigenschaften von Multimetern beschäftigen. Das sind Größen, die das Messverhalten von Multimetern charakterisieren, wie zum Beispiel der **Eingangsimpedanz** oder der **Messgenauigkeit**.

2 Allgemeines

Im folgenden sollen Sie zunächst allgemeine Eigenschaften verschiedener Multimeter miteinander vergleichen. Verwenden Sie dazu das Ihnen bereits aus Versuch (G-E1) bekannte Gerät

M 1 Multimeter "MetraHit23S"

und zum Vergleich **eines** der folgenden Geräte

M 1 Multimeter "**Sanwa SAPC5000**" **oder** Multimeter "**Peaktech 4010**" **oder** Multimeter "**MetraHit 30M**"

? Vergleichen Sie die beiden Geräte! Wie groß ist jeweils die maximale Anzahl der Stellen des Displays bei der Gleichspannungsmessung?

   "MetraHit23S" _____   _____

   _____   _____

   _____   _____

   _____   _____

? Welche Messfunktionen können Sie jeweils ohne Hinzuziehen der Anleitung erkennen?

   "MetraHit23S" _____   _____

   _____   _____

   _____   _____

   _____   _____

In einer gegebenen Messsituation müssen Sie wissen ob das Multimeter, neben einer entsprechenden Messfunktion auch über einen entsprechenden Messbereich verfügt. Während es zwar möglich ist die

D PRAKTIKUMSANLEITUNGEN

G-E3. DAS MULTIMETER (EIGENSCHAFTEN) 27

Messbereiche durch Untersuchen des Gerätes zu ermitteln ist es oft einfacher die Anleitung heranzuziehen.

? Welche Messbereiche stehen jeweils für die Messfunktion **Spannungsmessung** zur Verfügung?

    "MetraHit23S"

? Welches der beiden Multimeter eignet sich für eine Spannungsmessung im Bereich 0 V-1000 V?

? Welches der beiden Multimeter eignet sich für eine Kapazitätsmessung im Bereich 10 μF-20 μF?

3 Messunsicherheit

Verwenden Sie in diesem Abschnitt zunächst wieder das Multimeter **"MetraHit 23S"**.

! Wählen Sie eine der folgenden Messfunktionen

- Spannungsmessung
- Strommessung
- Kapazitätsmessung
- Widerstandsmessung
- Frequenzmessung

? Führen Sie mit dieser Messfunktion eine Messung durch!

Meßfunktion: _____ Meßbereich: _____

? Können Sie davon ausgehen, dass der angezeigte Wert dem „wahren Wert" entspricht? Warum?

G-E3. DAS MULTIMETER (EIGENSCHAFTEN) 28

Aufschluß über die vom Multimeter bedingte Abweichung des angezeigten Werts vom „wahren Wert" gibt die Messunsicherheit des Multimeters. Sie ist eine Eigenschaft des Gerätes und hängt von der gewählten Kombination aus Messfunktion und Messbereich ab.

Die Messunsicherheit des Multimeters wird vom Hersteller in der Anleitung angegeben[1]; im allgemeinen in der Form des folgenden Beispiels:

$$\pm(5\,\%\text{ vom Messwert} + 10\,\text{Digits}) \qquad \text{(G-E3.1)}$$

Dabei beschreibt der erste Summand die Messunsicherheit, die aus dem Messvorgang resultiert und der zweite Summand die Messunsicherheit, die aus der Digitalisierung resultiert. Letztere wird in Digits (kleinste anzeigbare Wertänderung im jeweiligen Messbereich) angegeben.

Für einen Messwert von **U=1,2345 V** beträgt die Messunsicherheit demnach:

$$u_U = \frac{5}{100} \cdot U + 10 \cdot 0,0001\,V = 0,0617\,V + 0,0010\,V = 0,0627\,V \qquad \text{(G-E3.2)}$$

? Ermitteln Sie die Messunsicherheit des Messgerätes aus der Anleitung für die verwendete Kombination von Messfunktion und Messbereich!

? Geben Sie Messwert und absolute Messunsicherheit für die von Ihnen durchgeführte Messung an!

Wählen Sie **ein** anderes Multimeter aus der folgenden Liste aus:

M 1 Multimeter **"Sanwa SAPC5000"** oder Multimeter **"Peaktech 4010"** oder Multimeter **"MetraHit 30M"**

? Wiederholen Sie die Messung mit dem anderen Multimeter und geben Sie Messwert und Messunsicherheit an! Geben Sie auch das verwendete Gerät an!

4 Eingangsimpedanz

! Stellen Sie an der Gleichspannungsquelle eine Ausgangsspannung $U = 0,5\,V$ ein!

! Bauen Sie einen Stromkreis aus einer Gleichspannungsquelle und einem Ohmschen Widerstand mit R=2 Ω auf!

! Erweitern Sie Ihren Stromkreis so, daß Sie mit dem Multimeter **"MetraHit 23s"** den Strom durch den Ohmschen Widerstand messen!

M 1 Multimeter **"Sanwa SAPC5000"** oder Multimeter **"Peaktech 4010"** oder Multimeter **"MetraHit 30M"**

---

[1] Einige Hersteller verwenden in diesem Zusammenhang Begriffe wie **Genauigkeit**, **Eigenabweichung** oder **Fehler**. In DIN 1319-1 wird jedoch die Verwendung des Begriffes **Messunsicherheit** empfohlen.

G-E3. DAS MULTIMETER (EIGENSCHAFTEN) 29

? Messen Sie mit dem ausgewählten Multimeter die Spannung am Ohmschen Widerstand, am Multimeter "**MetraHit 23s**" und an der Gleichspannungsquelle!

$U_{\text{Widerstand}}$	$U_{\text{Multimeter}}$	$U_{\text{Spannungsquelle}}$

? Was gilt für die Messwerte im Vergleich? Warum?

_____

_____

_____

_____

_____

Bei einer Messung mit dem Multimeter ist dieses ein Teil des Stromkreises und beeinflusst somit auch dessen Eigenschaften. Zur Beschreibung dieses Einflusses schreibt man dem Multimeter einen Widerstand zu, den **Innenwiderstand**. Da es sich dabei jedoch nicht ausschliesslich um einen reellen Widerstand handeln muss, sondern auch kapazitive und induktive Anteile vorhanden sein können, spricht man von der **Eingangsimpedanz**.

? Wie gross sollte die Eingangsimpedanz eines Multimeters bei der Strommessung sein, damit der Einfluss auf die Eigenschaften des Stromkreises so gering wie möglich wird?

_____

? Berechnen Sie die Eingangsimpedanz des Multimeters "**MetraHit 23S**" bei der Strommessung!

_____

_____

? Ermitteln Sie aus der Anleitung die Eingangsimpedanz des Multimeters bei der Strommessung!

_____

! Bauen Sie einen Stromkreis aus einer Gleichspannungsquelle und einem Ohmschen Widerstand mit R=5 MΩ auf!

! Stellen Sie an der Gleichspannungsquelle eine Ausgangsspannung $U = 30\,\text{V}$ ein!

! Erweitern Sie Ihren Stromkreis so, daß Sie mit dem Multimeter "**MetraHit 23s**" die Spannung am Ohmschen Widerstand messen!

M 1 Multimeter "**Sanwa SAPC5000**" **oder** Multimeter "**Peaktech 4010**" **oder** Multimeter "**MetraHit 30M**"

? Messen Sie mit dem ausgewählten Multimeter den Gesamtstrom, den Strom durch das Multimeter "**MetraHit 23S**" und den Strom durch den Widerstand

G-E3. DAS MULTIMETER (EIGENSCHAFTEN) 30

$I_{\text{Widerstand}}$	$I_{\text{Multimeter}}$	$I_{\text{Spannungsquelle}}$

? Was gilt für die Messwerte im Vergleich?

Auch hier ist diese Beobachtung durch die Eingangsimpedanz des Multimeters zu erklären.

? Wie gross sollte die Eigenimpedanz eines Multimeters bei der Spannungsmessung sein, damit der Einfluss auf die Eigenschaften des Stromkreises so gering wie möglich wird?

? Berechnen Sie die Eingangsimpedanz des Multimeters "**MetraHit 23S**" bei der Spannungsmessung?

? Ermitteln Sie aus der Anleitung die Eingangsimpedanz des Multimeters bei der Spannungsmessung

? Können Sie gleichzeitig die Spannung an einem Element des elektrischen Stromkreises und den Strom durch dieses Element messen? Warum?

Man unterscheidet zwei Schaltungen zur gleichzeitigen Messung von Strom und Spannung: die **spannungsrichtige Schaltung** bei der die Spannung am Element und der Gesamtstrom gemessen wird; und die **stromrichtige Schaltung** bei der der Strom durch das Element und die Gesamtspannung

D PRAKTIKUMSANLEITUNGEN

G-E3. DAS MULTIMETER (EIGENSCHAFTEN) 31

gemessen wird.

! Skizzieren Sie eine Strom- und eine Spannungsrichtige Schaltung. Verwenden Sie dazu die Schaltsymbole aus dem Anhang!

! Vergleichen Sie die Eingangsimpedanzen bei der Spannungs- und bei der Strommessung!

? Wie gross wäre der Strom durch das Multimeter wenn Sie bei der Messung einer Spannung von $U=36$ V versehentlich die Messfunktion von Spannungsmessung nach Strommessung wechseln?

? Welche Auswirkung kann ein versehentlicher Messfunktionswechsel folglich haben?

? Wie gross wäre der Strom bei einer direkten Strommessung an einer Batterie mit dem Multimeter "MetraHit 23S"?

Ein Strom dieser Grösse bedeutet einen starken Anstieg der chemischen Reaktionen in der Batterie. Die dabei erzeugte Wärme kann zu einer Überhitzung und damit zur Explosion der Batterie führen. Auch bei Netzgeräten kann ein Überschreiten des maximalen Ausgangsstroms zu einer Zerstörung führen.

4.1 Frequenzgang

Zur Untersuchung des Frequenzverhaltens von Multimetern benötigen Sie ein Gerät, das Wechselspannungen einstellbarer Frequenz bereitstellen kann.

M 1 Funktionsgenerator "Conatex FD4E"

Den Funktionsgenerator "Conatex FD4E" haben Sie bereits im Versuch (G-E2) kennengelernt.

! Messen Sie den Effektivwert der Wechselspannung am Ausgang im Bereich "DC Leistungsverstärker" mit dem Multimeter "MetraHit 23S"!

G-E3. DAS MULTIMETER (EIGENSCHAFTEN) 32

? Wie schalten Sie vom Betriebsmodus **"Funktionsgenerator"** in den **Betriebsmodus Leistungsverstärker**?

! Stellen Sie eine Frequenz von $f=500$ Hz ein!

? In welchem Bereich können Sie den Effektivwert mit dem Drehregler **"A_V"** einstellen?

! Stellen Sie einen Effektivwert von $U=1$ V ein!

? Stellen Sie erst die minimal mögliche und dann die maximal mögliche Frequenz ein! Was beobachten Sie?

! Vervollständigen Sie die folgende Tabelle!

f / Hz	1	2	4	6	8
U / V					
f / Hz	10	20	40	60	80
U / V					
f / Hz	100	500	1000	5000	10000
U / V					
f / kHz	20	40	60	80	100
U / V					

Zur Auswertung dieser Messung sollen Sie eine graphische Darstellung der Spannung in Abhängigkeit der Frequenz anfertigen. Dazu benötigen Sie halb-logarithmisches Papier, das Sie vom Assistenten erhalten.

! Tragen Sie die gemessene Spannung U gegen die Frequenz f auf!

! Führen Sie die gleiche Messung mit einem weiteren Multimeter durch!

M 1 Multimeter **"Sanwa SAPC5000"** oder Multimeter **"Peaktech 4010"** oder Multimeter **"MetraHit 30M"**

G-E3. DAS MULTIMETER (EIGENSCHAFTEN)   33

f / Hz	1	2	4	6	8
U / V					
f / Hz	10	20	40	60	80
U / V					
f / Hz	100	500	1000	5000	10000
U / V					
xf / kHz	20	40	60	80	100
U / V					

!   Tragen Sie im gleichen Diagramm die gemessene Spannung U gegen die Frequenz f auf!

Die Abhängigkeit des angezeigten Wertes von der Frequenz bezeichnet man als den **Frequenzgang** eines Multimeters.

?   Bechreiben Sie den Frequenzgang der beiden Multimeter!

_____

_____

_____

_____

?   Was schliessen Sie aus dem Verlauf der beiden Graphen?

_____

Der Frequenzgang ist ein Beispiel dafür, dass Sie sich nicht darauf verlassen können, dass ein Multimeter in allen Messsituationen einen korrekten Wert angezeigt. Es arbeitet nur im Rahmen gewisser Parameter (die die meisten Messsituationen umfassen) korrekt. Es ist wichtig, dass Sie diese Parameter möglichst gut kennen, damit Sie bei einer gegebenen Messaufgabe in der Lage sind, ein geeignetes Multimeter auszuwählen.

5 Auswahl

Die Kenntnis der Eigenschaften eines Multimeters ist wesentlich für die richtige Auswahl eines solchen bei einer gegebenen Meßsituation. Können Sie nicht durch direkte Betrachtung eine Entscheidung treffen, so ziehen Sie die Anleitung zu Hilfe.

Anhand der folgenden Messaufgabe sollen Sie Auswahl und Einsatz von Multimetern üben. Nutzen Sie dabei Ihre bisher erarbeiteten Kenntnisse.

!   Messen Sie den Strom durch eine Glühbirne. Erhöhen Sie die Spannung beginnend bei 0 V in 1 V-Schritten!

G-E3. DAS MULTIMETER (EIGENSCHAFTEN) 34

? Welches Multimeter haben Sie zur Strommessung verwendet? Warum?

? Welches Multimeter haben Sie zur Spannungsmessung verwendet? Warum?

? Skizzieren Sie den Aufbau der Schaltung!

? Begründen Sie den Aufbau der Schaltung!

!!! Schalten Sie alle Geräte aus und räumen Sie Ihren Arbeitsplatz auf !!!

Anhang E

Verwendete Tests

E.1 Evaluation des Praktikumsteils Geräte

E.1.1 Vortests

Wissentest Multimeter

PHYSIKALISCHE GRUNDPRAKTIKA
ZENTRALE EINRICHTUNG DER PHYSIK
LEITER: PROF. DR. DIETER SCHUMACHER

HEINRICH HEINE
UNIVERSITÄT
DÜSSELDORF

UNIVERSITÄTSSTRASSE 1
D-40225 DÜSSELDORF
GEBÄUDE 25.42. EBENE U1
TELEFON: 0211-81-13108
TELEFAX: 0211-81-13105

Wissenstest Multimeter
zum physikalischen Praktikum für Physiker WS01/02

Bitte geben den Namen oder das Pseudonym an, das Sie auch im Nachtest verwenden:

_____

Die folgenden Fragen beziehen sich auf Funktionen und Eigenschaften von Multimetern. Beachten Sie, daß jeweils <u>eine</u> bis <u>fünf</u> Antworten richtig sein können. Kreuzen Sie alle richtigen Antworten an.

Allgemein

1. Welche maximale relative Meßgenauigkeit erhalten Sie mit einem Multimeter mit 5-stelliger Digital-Anzeige?

    1. $1 \cdot 10^{-4}\,\%$
    2. $5 \cdot 10^{-4}\,\%$
    3. $1 \cdot 10^{-5}\,\%$
    4. $5 \cdot 10^{-5}\,\%$
    5. $1 \cdot 10^{-3}\,\%$

2. In welcher Größenordnung liegt die Eingangsimpedanz eines Multimeters bei der Spannungsmessung?

    1. $1\,\Omega$
    2. $1\,\text{G}\Omega$
    3. $1\,\text{k}\Omega$
    4. $1\,\text{m}\Omega$
    5. $1\,\text{M}\Omega$

E VERWENDETE TESTS

3. In welcher Größenordnung liegt die Eingangsimpedanz eines Multimeters bei der Strommessung?

   1. $1\,\Omega$
   2. $1\,G\Omega$
   3. $1\,k\Omega$
   4. $1\,m\Omega$
   5. $1\,M\Omega$

4. Welche Kurve stellt schematisch den Übertragungskennlinie eines Multimeters dar?

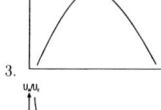

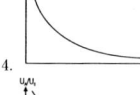

Multimeter "MetraHit 23S"

5. Welche der folgenden elektrischen Größen können Sie mit diesem Gerät messen?
   1. Gleichspannung
   2. Frequenz
   3. Induktivität
   4. Kapazität
   5. Feldstärke

E VERWENDETE TESTS

6. Welche der folgenden nichtelektrischen Größen können Sie mit diesem Gerät messen?
   1. Keine
   2. Temperatur
   3. Entfernung
   4. Zeit
   5. Beleuchtungsstärke

7. Welche Buchse(n) verwenden Sie bei einer Gleichstrommesung bis 400 mA?
   1. Com und A
   2. V und mA
   3. Com und mA
   4. V und Com
   5. Nur mA

8. Welche Zusatzfunktionen besitzt das Gerät?
   1. Keine
   2. Automatische Meßbereichswahl
   3. Batterie-Test
   4. Meßwertspeicherung
   5. Automatische Kalibrierung

9. Was können Sie mit dem Drehschalter auswählen?
   1. Meßfunktion
   2. Eingangsimpedanz
   3. Meßwert
   4. Meßbereich
   5. Relative Meßgenauigkeit

Wissentest Oszilloskop

PHYSIKALISCHE GRUNDPRAKTIKA
ZENTRALE EINRICHTUNG DER PHYSIK
LEITER: PROF. DR. DIETER SCHUMACHER

HEINRICH HEINE
UNIVERSITÄT
DÜSSELDORF

UNIVERSITÄTSSTRASSE 1
D-40225 DÜSSELDORF
GEBÄUDE 25.42. EBENE U1
TELEFON: 0211-81-13108
TELEFAX: 0211-81-13105

Wissenstest Oszilloskop
zum physikalischen Praktikum für Physiker WS01/02

Bitte geben Sie Ihren Namen oder ein Pseudonym an, das Sie auch im Nachtest verwenden:

Die folgenden Fragen beziehen sich auf Funktionen und Eigenschaften von Oszilloskopen. Beachten Sie, daß jeweils eine bis fünf Antworten richtig sein können. Kreuzen Sie alle richtigen Antworten an.

Allgemein

1. Welche Größen können Sie direkt, das heißt ohne Umwandlung oder Umrechnung, mit einem Oszilloskop messen?
    1. Gleichspannung
    2. Induktivität
    3. Wechselspannung
    4. Gleichstrom
    5. Kapazität

2. Welche Funktion hat der Drehschalter "**TIME/DIV.**" für die X-Achse?
    1. Skalierung
    2. Kalibrierung
    3. Justierung
    4. Nullpunkteinstellung
    5. Eichung

E VERWENDETE TESTS

3. Welche Kopplungsarten des Eingangsverstärkers besitzt ein Oszilloskop?

    1. AC
    2. DC
    3. GD
    4. HF
    5. LF

4. Bei eingerasteter Taste "**INV.**" im Betriebsmodus **Add** werden die an den Eingängen anliegenden Signale

    1. Addiert
    2. Subtrahiert
    3. Multipliziert
    4. Dividiert
    5. Invertiert

5. Welchen Betriebsmodus wählen Sie zur gleichzeitigen flimmerfreien Darstellung zweier Signale?

    1. Dual-Betrieb
    2. Add-Betrieb
    3. Chop-Betrieb
    4. X-Y-Betrieb
    5. 1-Kanal-Betrieb

6. Bei "Externer Triggerung" wird

    1. ein externes Signal getriggert
    2. eine externe Triggereinheit verwendet
    3. ein externes Triggersignal verwendet
    4. das getriggerte Signal extern zugeführt
    5. das getriggerte Signal extern verwendet

7. Für welche Frequenzbereiche ist die HF-Triggerkopplung geeignet?

    1. 10 Hz bis 1 kHz
    2. 100 kHz bis 1 MHz
    3. 10 Hz bis 1 MHz
    4. 1 kHz bis 10 MHz
    5. 10 MHz bis 1 GHz

8. Was wird durch Einrasten der Taste "GD" erreicht?
   1. Der Eingangsverstärker wird geerdet.
   2. Der Eingangsverstärker wird kurzgeschlossen.
   3. Der Eingangsverstärker wird überbrückt.
   4. Der Eingang wird geerdet.
   5. Der Eingang wird vom Eingangsverstärker getrennt.

9. Welcher Betriebsmodus eines Oszilloskops eignet sich besonders zur Erfassung von Einzelereignissen?
   1. 1-Kanal-Betrieb
   2. Speicherbetrieb
   3. X-Y-Betrieb
   4. Chop-Betrieb
   5. Add-Betrieb

E VERWENDETE TESTS

Oszilloskop "Hameg HM203-7"

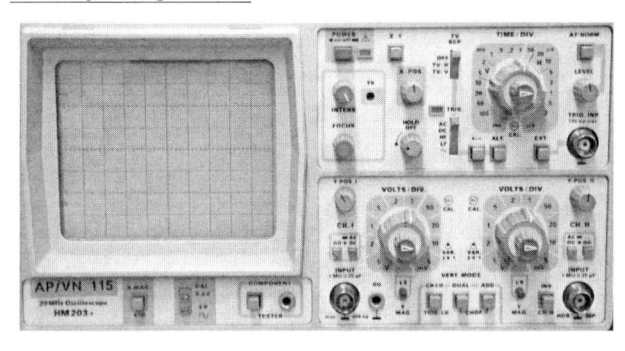

10. Welche Triggerfunktionen besitzt dieses Gerät?
    1. Normaltriggerung
    2. Frequenztriggerung
    3. Automatische Triggerung
    4. Externe Triggerung
    5. Vertikale Triggerung

11. Welche erweiterten Funktionen besitzt dieses Gerät?
    1. Keine
    2. Speicherung
    3. Verzögerung
    4. Calorierung
    5. Integration

12. Welche Modi des 2-Kanal-Betriebs unterstützt dieses Gerät?
    1. Keine
    2. Summationsbetrieb
    3. Integrationsbetrieb
    4. Chop Betrieb
    5. Externer Betrieb

Experimentaltest Multimeter

PHYSIKALISCHE GRUNDPRAKTIKA
ZENTRALE EINRICHTUNG DER PHYSIK
LEITER: PROF. DR. DIETER SCHUMACHER

HEINRICH HEINE
UNIVERSITÄT
DÜSSELDORF

UNIVERSITÄTSSTRASSE 1
D-40225 DÜSSELDORF
GEBÄUDE 25.42. EBENE U1
TELEFON: 0211-81-13108
TELEFAX: 0211-81-13105

Experimentaltest Multimeter
zum physikalischen Praktikum für Physiker WS01/02

Bitte geben Sie Ihren Namen oder ein Pseudonym an, das Sie auch im Nachtest verwenden:

Die folgenden Aufgaben beziehen sich auf den Einsatz von Multimetern zur Messung physikalischer Größen. Ihnen stehen 30 Minuten zur Bearbeitung der Aufgaben zur Verfügung. Es ist nicht notwendig die Aufgaben vollständig zu lösen, bearbeiten Sie so viel Sie können. Als Hilfsmittel steht Ihnen ausschließlich das diesem Test zugeordnete Material zur Verfügung. Auf der Rückseite dieses Blattes finden Sie Vordrucke zur Protokollierung.

1. Bestimmen Sie mit dem Multimeter "**MetraHit 23S**" die folgenden Größen:
   (a) Den Widerstand R eines ohmschen Widerstandes
   (b) Den Strom I durch diesen Widerstand R bei einer Spannung von U=10 V
   (c) Die Effektivspannung U_{eff} der Wechselspannung auf der Ringleitung[1]

2. Bestimmen Sie mit dem Multimeter "**MetraHit 23S**" die folgenden Größen:
   (a) Die Kapazität C des Kondensators
   (b) Die Frequenz f der Wechselspannung auf der Ringleitung
   (c) Die Raumtemperatur T

3. Bestimmen Sie mit den Multimetern "**MetraHit 23S**" und "**ABB Metrawatt M2006**" jeweils gleichzeitig den Strom I und die Spannung U durch die folgenden Widerstände für drei verschiedene Einstellungen der Ausgangsspannung der Spannungsquelle:
   (a) R=10 MΩ
   (b) R=18 Ω

---

[1] Verwenden Sie als Zugang zur Ringleitung die BNC-Buchse, die oberhalb der Geräte im Kabelkanal angebracht ist.

E VERWENDETE TESTS

Experimentaltest Oszilloskop

PHYSIKALISCHE GRUNDPRAKTIKA
ZENTRALE EINRICHTUNG DER PHYSIK
LEITER: PROF. DR. DIETER SCHUMACHER

HEINRICH HEINE
UNIVERSITÄT
DÜSSELDORF

UNIVERSITÄTSSTRASSE 1
D-40225 DÜSSELDORF
GEBÄUDE 25.42. EBENE U1
TELEFON: 0211-81-13108
TELEFAX: 0211-81-13105

Experimentaltest Oszilloskop
zum physikalischen Praktikum für Physiker WS01/02

Bitte geben Sie Ihren Namen oder ein Pseudonym an, das Sie auch im Nachtest verwenden:

_____

Die folgenden Aufgaben beziehen Sich auf den Einsatz eines Oszilloskops zur Messung physikalischer Größen. Ihnen stehen insgesamt 30 Minuten zur Bearbeitung der Aufgaben zur Verfügung. Es ist nicht notwendig die Aufgaben vollständig zu lösen, bearbeiten Sie so viel Sie können. Als Hilfsmittel steht Ihnen ausschließlich das diesem Test zugeordnete Material zur Verfügung. Auf der Rückseite dieses Blattes finden Sie Vordrucke zur Protokollierung.

1. Bestimmen Sie mit dem Oszilloskop **"Hameg HM203-7"** Signalverlauf und Signalparameter (Frequenz, Scheitelspannung) des Signals auf der Ringleitung[1]!

2. Subtrahieren Sie mit dem Oszilloskop **"Hameg HM203-7"** vom Signal auf der Ringleitung ein Signal der Frequenz f=100 kHz und der Scheitelspannung U=1 V und bestimmen Sie Signalverlauf und Signalparameter des Differenzsignals!

3. Messen Sie mit dem Oszilloskop **"Hameg HM203-7"** an der auf dem Steckbrett vorbereiteten RC-Schaltung den Spannungsverlauf an beiden Bauteilen, ohne eine Veränderung an der Schaltung vorzunehmen. Verwenden Sie als Eingangsspannung U_E ein Rechteck-Signal der Frequenz f=1 kHz!

---

[1] Verwenden Sie als Zugang zur Ringleitung die BNC-Buchse, die oberhalb der Geräte im Kabelkanal angebracht ist.

Material

Experimentaltest Multimeter:

Stück	Beschreibung
1	Multimeter MetraHit 23S
1	Multimeter ABB
1	Widerstand R=18 Ω
1	Widerstand R=10 MΩ
1	Widerstand R=560 Ω
1	Kondensator C=10 μF
1	Widerstand Pt1000
2	Prüfklemmen
1	Kabel BNC-Labor
4	Laborkabel l=50 cm
2	Laborkabel l=100 cm
2	Laborkabel l=25 cm
1	Netzgerät EA-3048A

Experimentaltest Oszilloskop:

Stück	Beschreibung
1	Oszilloskop Hameg HM203-7
1	Frequenzgenerator Conatex FD4E
2	Kabel BNC-BNC
2	Kabel BNC-Labor
1	Steckbrett mit RC-Schaltung

E VERWENDETE TESTS

E.1.2 Nachtests

Wissentests

Wissentest Multimeter

PHYSIKALISCHE GRUNDPRAKTIKA
ZENTRALE EINRICHTUNG DER PHYSIK
LEITER: PROF. DR. DIETER SCHUMACHER

HEINRICH HEINE
UNIVERSITÄT
DÜSSELDORF

UNIVERSITÄTSSTRASSE 1
D-40225 DÜSSELDORF
GEBÄUDE 25.42. EBENE U1
TELEFON: 0211-81-13108
TELEFAX: 0211-81-13105

Wissenstest Multimeter
zum physikalischen Praktikum für Physiker WS01/02

Bitte geben Ihren Namen oder das Pseudonym an, das Sie im Vortest verwendet haben:

_____

Die folgenden Fragen beziehen sich auf Funktionen und Eigenschaften von Multimetern. Beachten Sie, daß jeweils <u>eine</u> bis <u>fünf</u> Antworten richtig sein können. Kreuzen Sie alle richtigen Antworten an.

Allgemein

1. Welche maximale relative Meßgenauigkeit erhalten Sie mit einem Multimeter mit 5-stelliger Digital-Anzeige?

    1. $1 \cdot 10^{-3}\,\%$
    2. $1 \cdot 10^{-4}\,\%$
    3. $1 \cdot 10^{-5}\,\%$
    4. $5 \cdot 10^{-5}\,\%$
    5. $5 \cdot 10^{-4}\,\%$

2. In welcher Größenordnung liegt die Eingangsimpedanz eines Multimeters bei der Spannungsmessung?

    1. $1\,\mathrm{m\Omega}$
    2. $1\,\mathrm{k\Omega}$
    3. $1\,\Omega$
    4. $1\,\mathrm{G\Omega}$
    5. $1\,\mathrm{M\Omega}$

3. In welcher Größenordnung liegt die Eingangsimpedanz eines Multimeters bei der Strommessung?

   1. $1\,G\Omega$
   2. $1\,\Omega$
   3. $1\,k\Omega$
   4. $1\,M\Omega$
   5. $1\,m\Omega$

4. Welche Kurve stellt schematisch den Übertragungskennlinie eines Multimeters dar?

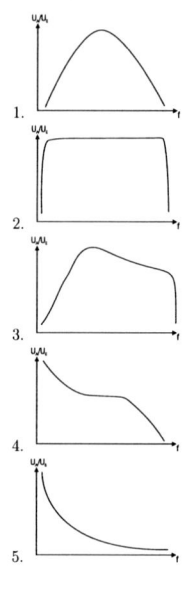

E VERWENDETE TESTS 265

Multimeter "MetraHit 23S"

5. Welche der folgenden elektrischen Größen können Sie mit diesem Gerät messen?
   1. Frequenz
   2. Kapazität
   3. Induktivität
   4. Gleichspannung
   5. Feldstärke

6. Welche der folgenden nichtelektrischen Größen können Sie mit diesem Gerät messen?

   1. Entfernung
   2. Zeit
   3. Keine
   4. Temperatur
   5. Beleuchtungsstärke

7. Welche Buchse(n) verwenden Sie bei einer Gleichstrommesung bis 400 mA?

   1. V und mA
   2. Com und mA
   3. V und Com
   4. Nur mA
   5. Com und A

8. Welche Zusatzfunktionen besitzt das Gerät?

   1. Automatische Kalibrierung
   2. Meßwertspeicherung
   3. Keine
   4. Automatische Meßbereichswahl
   5. Batterie-Test

9. Was können Sie mit dem Drehschalter auswählen?

   1. Relative Meßgenauigkeit
   2. Eingangsimpedanz
   3. Meßwert
   4. Meßfunktion
   5. Meßbereich

E VERWENDETE TESTS

Multimeter "Metrix MX 53C"

10. Welche der folgenden elektrischen Größen können Sie mit diesem Gerät messen?
    1. Induktivität
    2. Gleichspannung
    3. Frequenz
    4. Kapazität
    5. Feldstärke

11. Welche der folgenden nichtelektrischen Größen können Sie mit diesem Gerät messen?
    1. Zeit
    2. Keine
    3. Temperatur
    4. Entfernung
    5. Beleuchtungsstärke

12. Welche Buchse(n) verwenden Sie bei einer Gleichstrommesung bis 400 mA?
    1. Nur mA
    2. Com und A
    3. Com und mA
    4. V und mA
    5. V und Com

13. Welche Zusatzfunktionen besitzt das Gerät?
    1. Keine
    2. Batterie-Test
    3. Automatische Meßbereichswahl
    4. Automatische Kalibrierung
    5. Meßwertspeicherung

14. Was können Sie mit dem Drehschalter auswählen?
    1. Meßwert
    2. Meßbereich
    3. Meßfunktion
    4. Eingangsimpedanz
    5. Relative Meßgenauigkeit

Wissentest Oszilloskop

PHYSIKALISCHE GRUNDPRAKTIKA
ZENTRALE EINRICHTUNG DER PHYSIK
LEITER: PROF. DR. DIETER SCHUMACHER

HEINRICH HEINE
UNIVERSITÄT
DÜSSELDORF

UNIVERSITÄTSSTRASSE 1
D-40225 DÜSSELDORF
GEBÄUDE 25.42. EBENE U1
TELEFON: 0211-81-13108
TELEFAX: 0211-81-13105

Wissenstest Oszilloskop
zum physikalischen Praktikum für Physiker WS01/02

Bitte geben Sie Ihren Namen oder das Pseudonym an, das Sie auch im Vortest verwendet haben:

_____

Die folgenden Fragen beziehen sich auf Funktionen und Eigenschaften von Oszilloskopen. Beachten Sie, daß jeweils <u>eine</u> bis <u>fünf</u> Antworten richtig sein können. Kreuzen Sie alle richtigen Antworten an.

Allgemein

1. Welche Größen können Sie direkt, das heißt ohne Umwandlung oder Umrechnung, mit einem Oszilloskop messen?
   1. Induktivität
   2. Wechselspannung
   3. Gleichspannung
   4. Kapazität
   5. Gleichstrom

2. Welche Funktion hat der Drehschalter **"TIME/DIV."** für die X-Achse?
   1. Nullpunkteinstellung
   2. Skalierung
   3. Kalibrierung
   4. Justierung
   5. Eichung

3. Welche Kopplungsarten des Eingangsverstärkers besitzt ein Oszilloskop?

   1. AC
   2. GD
   3. LF
   4. DC
   5. HF

4. Bei eingerasteter Taste "**INV**." im Betriebsmodus **Add** werden die an den Eingängen anliegenden Signale

   1. Subtrahiert
   2. Addiert
   3. Dividiert
   4. Multipliziert
   5. Invertiert

5. Welchen Betriebsmodus wählen Sie zur gleichzeitigen flimmerfreien Darstellung zweier Signale?

   1. Dual-Betrieb
   2. Chop-Betrieb
   3. Add-Betrieb
   4. 1-Kanal-Betrieb
   5. X-Y-Betrieb

6. Bei "Externer Triggerung" wird

   1. eine externe Triggereinheit verwendet
   2. ein externes Triggersignal verwendet
   3. das getriggerte Signal extern zugeführt
   4. ein externes Signal getriggert
   5. das getriggerte Signal extern verwendet

7. Für welche Frequenzbereiche ist die HF-Triggerkopplung geeignet?

   1. 100 kHz bis 1 MHz
   2. 10 Hz bis 1 kHz
   3. 1 kHz bis 10 MHz
   4. 10 Hz bis 1 MHz
   5. 10 MHz bis 1 GHz

2

E VERWENDETE TESTS

8. Was wird durch Einrasten der Taste **"GD"** erreicht?

    1. Der Eingang wird geerdet.
    2. Der Eingangsverstärker wird geerdet.
    3. Der Eingang wird vom Eingangsverstärker getrennt.
    4. Der Eingangsverstärker wird kurzgeschlossen.
    5. Der Eingangsverstärker wird überbrückt.

9. Welcher Betriebsmodus eines Oszilloskops eignet sich besonders zur Erfassung von Einzelereignissen?

    1. Chop-Betrieb
    2. Speicherbetrieb
    3. 1-Kanal-Betrieb
    4. X-Y-Betrieb
    5. Add-Betrieb

Oszilloskop "Hameg HM203-7"

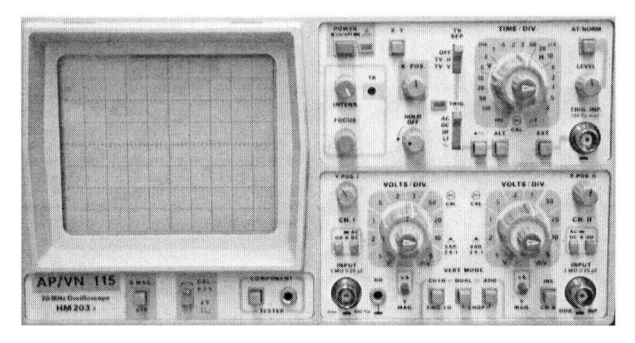

10. Welche Triggerfunktionen besitzt dieses Gerät?

    1. Automatische Triggerung
    2. Normaltriggerung
    3. Frequenztriggerung
    4. Externe Triggerung
    5. Vertikale Triggerung

11. Welche erweiterten Funktionen besitzt dieses Gerät?

    1. Calorierung
    2. Keine
    3. Speicherung
    4. Verzögerung
    5. Integration

12. Welche Modi des 2-Kanal-Betriebs unterstützt dieses Gerät?

    1. Chop Betrieb
    2. Externer Betrieb
    3. Summationsbetrieb
    4. Integrationsbetrieb
    5. Keine

4

E VERWENDETE TESTS 273

Oszilloskop "Hameg HM705"

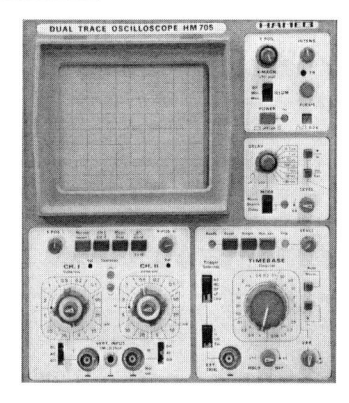

13. Welche Triggerfunktionen besitzt dieses Gerät?

    1. Frequenztriggerung
    2. Automatische Triggerung
    3. Normaltriggerung
    4. Externe Triggerung
    5. Vertikale Triggerung

14. Welche erweiterten Funktionen besitzt dieses Gerät?

    1. Calorierung
    2. Integration
    3. Speicherung
    4. Verzögerung
    5. Keine

15. Welche Arten des 2-Kanal-Betriebs unterstützt dieses Gerät?

    1. Integrationsbetrieb
    2. Summationsbetrieb
    3. Keine
    4. Trigger Betrieb
    5. Chop Betrieb

5

Experimentaltest Multimeter

PHYSIKALISCHE GRUNDPRAKTIKA
ZENTRALE EINRICHTUNG DER PHYSIK
LEITER: PROF. DR. DIETER SCHUMACHER

HEINRICH HEINE
UNIVERSITÄT
DÜSSELDORF

UNIVERSITÄTSSTRASSE 1
D-40225 DÜSSELDORF
GEBÄUDE 25.42. EBENE U1
TELEFON: 0211-81-13108
TELEFAX: 0211-81-13105

Experimentaltest Multimeter
zum physikalischen Praktikum für Physiker WS01/02

Bitte geben Sie Ihren Namen oder das Pseudonym an, das Sie auch im Vortest verwendet haben:

Führen Sie die folgenden Aufgaben zunächst vollständig mit dem Multimeter "**MetraHit 23S**" (Hilfsmultimeter für Aufgabe 3: "**ABB Metrawatt M2006**") durch. Danach bearbeiten Sie die gleichen Aufgaben mit dem Multimeter "**Metrix 53C**" (Hilfsmultimeter für Aufgabe 3: "**Voltcraft 91**"). Ihnen stehen insgesamt 60 Minuten zur Verfügung. Anbei finden Sie Vordrucke zur Protokollierung.

ACHTUNG: Geben Sie auf dem Protokollblatt unbedingt den Typ des verwendeten Multimeters/Hilfsmultimeters an!

1. Bestimmen Sie mit dem Multimeter die folgenden Größen:
   (a) Den Widerstand R eines ohmschen Widerstandes
   (b) Den Strom I durch diesen Widerstand R bei einer Spannung von U=10 V
   (c) Die Effektivspannung U_{eff} der Wechselspannung auf der Ringleitung[1]

2. Bestimmen Sie mit dem Multimeter die folgenden Größen:
   (a) Die Kapazität C des Kondensators
   (b) Die Frequenz f der Wechselspannung auf der Ringleitung

3. Bestimmen Sie mit den Multimetern und dem Hilfsmultimeter jeweils gleichzeitig den Strom I und die Spannung U durch die folgenden Widerstände für drei verschiedene Einstellungen der Ausgangsspannung der Spannungsquelle:
   (a) R=10 MΩ
   (b) R=18 Ω

---

[1] Verwenden Sie als Zugang zur Ringleitung die BNC-Buchse, die oberhalb der Geräte im Kabelkanal angebracht ist.

E VERWENDETE TESTS

Experimentaltest Oszilloskop

PHYSIKALISCHE GRUNDPRAKTIKA
ZENTRALE EINRICHTUNG DER PHYSIK
LEITER: PROF. DR. DIETER SCHUMACHER

HEINRICH HEINE
UNIVERSITÄT
DÜSSELDORF

UNIVERSITÄTSSTRASSE 1
D-40225 DÜSSELDORF
GEBÄUDE 25.42. EBENE U1
TELEFON: 0211-81-13108
TELEFAX: 0211-81-13105

Experimentaltest Oszilloskop
zum physikalischen Praktikum für Physiker WS01/02

Bitte geben Sie Ihren Namen oder das Pseudonym an, das Sie im Vortest verwendet haben:

_____

Führen Sie die folgenden Aufgaben zunächst <u>vollständig</u> mit dem **"Hameg HM203-7"** und dann mit dem <u>anderen</u> Oszilloskop durch. Ihnen stehen insgesamt 60 Minuten zur Verfügung. Anbei finden Sie Vordrucke zur Protokollierung.

ACHTUNG: Geben Sie auf dem Protokollblatt unbedingt den Typ des verwendeten Oszilloskops an!

1. Bestimmen Sie mit dem Oszilloskop Signalverlauf und Signalparameter (Frequenz, Scheitelspannung) des Signals auf der Ringleitung[1]!

2. Subtrahieren Sie mit dem Oszilloskop vom Signal auf der Ringleitung ein Signal der Frequenz f=100 kHz und der Scheitelspannung U=1 V und bestimmen Sie Signalverlauf und Signalparameter des Differenzsignals!

3. Messen Sie mit dem Oszilloskop an der auf dem Steckbrett vorbereiteten RC-Schaltung den Spannungsverlauf an beiden Bauteilen, ohne eine Veränderung an der Schaltung vorzunehmen. Verwenden Sie als Eingangsspannung U_E ein Rechteck-Signal der Frequenz f=1 kHz!

---

[1] Verwenden Sie als Zugang zur Ringleitung die BNC-Buchse, die oberhalb der Geräte im Kabelkanal angebracht ist.

Material

Experimentaltest Multimeter:

Stück	Beschreibung
1	Multimeter MetraHit 23S
1	Multimeter ABB
1	Multimeter Metrix 53C
1	Multimeter Voltcraft 91
1	Widerstand R=18 Ω
1	Widerstand R=10 MΩ
1	Widerstand R=560 Ω
1	Kondensator C=10 μF
1	Widerstand Pt1000
2	Prüfklemmen
1	Kabel BNC-Labor
4	Laborkabel l=50 cm
2	Laborkabel l=100 cm
2	Laborkabel l=25 cm
1	Netzgerät EA-3048A

Experimentaltest Oszilloskop:

Stück	Beschreibung
1	Oszilloskop Hameg HM203-7
1	Oszilloskop (beliebig)
1	Frequenzgenerator Conatex FD4E
2	Kabel BNC-BNC
2	Kabel BNC-Labor
1	Steckbrett mit RC-Schaltung

E VERWENDETE TESTS 277

E.2 Evaluation des Praktikumsteils Methoden

E.2.1 Vortests

Wissenstest

PHYSIKALISCHE GRUNDPRAKTIKA
ZENTRALE EINRICHTUNG DER PHYSIK
LEITER: PROF. DR. DIETER SCHUMACHER

HEINRICH HEINE
UNIVERSITÄT
DÜSSELDORF

UNIVERSITÄTSSTRASSE 1
D-40225 DÜSSELDORF
GEBÄUDE 25.42, EBENE U1
TELEFON: 0211-81-13108
TELEFAX: 0211-81-13105

Wissenstest Methoden
zum physikalischen Praktikum für Physiker

Bitte geben Ihren Namen oder Ihr Pseudonym an:

_____

Ihnen stehen insgesamt 30 Minuten zur Bearbeitung der folgenden Aufgaben zur Verfügung. Beachten Sie, daß jeweils eine bis fünf Antworten richtig sein können. Kreuzen Sie alle richtigen Antworten an.

1. Welche der folgenden Schritte sind Teil der Planung und Durchführung eines Experiments?

    1. Die Formulierung einer physikalischen Theorie
    2. Die Formulierung einer physikalischen Fragestellung
    3. Die Messung der Messgrößen
    4. Die Auswertung der Messwerte
    5. Die Veröffentlichung der Messprotokolle

2. Welche Aspekte gehören zur Konzeption einer experimentellen Anordnung?

    1. Die Auswahl der Messgrößen
    2. Die Messung der Randbedingungen
    3. Die Vermeidung zufälliger Fehler
    4. Die Vorbereitung des Messprotokolls
    5. Die Vermeidung systematischer Fehler

3. Welche Kriterien sind bei der Auswahl der Messgeräte für die Messeinrichtung zu berücksichtigen?
    1. Der Messbereich
    2. Die Messgenauigkeit
    3. Der Anzeigebereich
    4. Der Betriebsbereich
    5. Der Messvorgang

4. Welche Elemente umfasst die Auswertung eines Experiments?
    1. Die Bestimmung der Messunsicherheit
    2. Die Angabe des Messergebnisses
    3. Die Beschreibung des Messobjekts
    4. Die Protokollierung der Messung
    5. Die Überprüfung der Messung

5. Wie viele Arbeitsanweisungen umfasst die experimentelle Aufgabenstellung pro Messgröße?
    1. Genau eine
    2. Mindestens eine
    3. Höchstens eine
    4. Beliebig viele
    5. Keine

6. Welche Aufgaben erfüllt ein Sensor in der Messkette?
    1. Die Erzeugung einer Messgröße aus einer physikalischen Größe
    2. Die Wandlung einer Messgröße in eine spezifische Größe
    3. Die Wandlung einer physikalischen Größe in eine Messgröße
    4. Die Erzeugung einer spezeifischen Größe aus einer physikalischen Größe
    5. Die Umformung einer Meßgröße in eine physikalische Größe

7. Aus welchen Gründen wird in der Messkette ein analoges Messsignal erzeugt?
    1. Zur Weiterverarbeitung durch den Computer
    2. Zur Vereinheitlichung der Messgrößen
    3. Zur Vereinheitlichung der Messeinrichtung
    4. Zur Übermittlung der Meßgrößen
    5. Zur Übermittlung der Messwerte

E VERWENDETE TESTS

8. Was verstärkt der Verstärker in der Messkette?
   1. Die Messgröße
   2. Das Messsignal
   3. Die Messwerte
   4. Die Messempfindlichkeit
   5. Die Messeinrichtung

9. Welche Wandlung führt der A/D-Wandler in der Messkette durch?
   1. Analoges Messsignal in digitales Messsignal
   2. Digitales Messsignal in analoges Messsignal
   3. Analoge Messgröße in digitale Messgröße
   4. Analoges Messsignal in digitale Messgröße
   5. Analoge Messgröße in digitales Messsignal

10. Welche Aufgabe erfüllt der Computer in der Messkette?
    1. Die Auswertung der Messwerte
    2. Die Erfassung der Messgröße
    3. Die Speicherung der Messwerte
    4. Die Variation der Messgröße
    5. Die Anzeige der Messwerte

11. Welche Größen werden in der modernen Messtechnik durch Amplituden- oder Frequenzvariation als Messsignal verwendet?
    1. Spannung
    2. Strom
    3. Widerstand
    4. Kapazität
    5. Induktivität

12. Für welche Fälle erreicht die Empfindlichkeit einer Reihenschaltung aus einem resistivem Sensor R_S und einem Widerstand R ihr Maximum?
    1. $R \gg R_S$
    2. $R > R_S$
    3. $R = R_S$
    4. $R < R_S$
    5. $R \ll R_S$

13. Welchen Methoden entsprechen einer Brückenschaltung nach Wheatstone?

   1. Nullmethode
   2. Meßmethode
   3. Differenzmethode
   4. Kompensationsmethode
   5. Referenzmethode

14. Für Welche Fälle ist die Brückenschaltung nach Wheatstone abgeglichen? (Siehe Abbildung)

   1. $R_1 = R_2 = R_3 = R_4$
   2. $R_1 = R_2$ und $R_3 = R_4$
   3. $R_1 = R_3$ und $R_2 = R_4$
   4. $R_1 = R_4$ und $R_2 = R_3$
   5. $R_i \neq R_j$

15. Welche Einflüsse auf einen Sensor lassen sich mit einer Kompensationsschaltung kompensieren?

   1. Der Einfluss der Messgröße
   2. Der Einfluss anderer Messgrößen
   3. Der Einfluss anderer Größen
   4. Der Einfluss von internem Rauschen
   5. Der Einfluss von externem Rauschen

E VERWENDETE TESTS

Experimentaltest

PHYSIKALISCHE GRUNDPRAKTIKA
ZENTRALE EINRICHTUNG DER PHYSIK
LEITER: PROF. DR. DIETER SCHUMACHER

HEINRICH HEINE
UNIVERSITÄT
DÜSSELDORF

UNIVERSITÄTSSTRASSE 1
D-40225 DÜSSELDORF
GEBÄUDE 25.42. EBENE U1
TELEFON: 0211-81-13108
TELEFAX: 0211-81-13105

Experimentaltest Methoden
zum physikalischen Praktikum für Physiker

Bitte geben Sie Ihren Namen oder Ihr Pseudonym an:

_____

Ihnen stehen insgesamt 60 Minuten zur Bearbeitung der folgenden Aufgaben zur Verfügung. Es ist nicht notwendig die Aufgaben vollständig zu lösen. Bearbeiten Sie so viel Sie können. Als Hilfsmittel steht Ihnen ausschließlich das diesem Test zugeordnete Material zur Verfügung. Auf den nächsten Seiten finden Sie Vordrucke zur Protokollierung und Möglichkeiten zur Dokumentation.

1. Messen Sie die zeitliche Änderung der Temperatur T eines Widerstandes bei konstantem Strom. Wählen Sie als Widerstand $R = 100\,\Omega$ und als Strom $I = 125\,mA$.

    Dokumentieren und begründen Sie Ihre Vorgehensweise.

2. Lassen Sie den Widerstand abkühlen und führen Sie Aufgabe (1) erneut durch. Zusätzlich soll der Einfluss der Umgebungstemperatur mit einer Brückenschaltung nach Wheatstone kompensiert werden.

    Dokumentieren und begründen Sie Ihre Vorgehensweise.

E.2.2 Nachtests

Wissenstest

PHYSIKALISCHE GRUNDPRAKTIKA
ZENTRALE EINRICHTUNG DER PHYSIK
LEITER: PROF. DR. DIETER SCHUMACHER

HEINRICH HEINE
UNIVERSITÄT
DÜSSELDORF

UNIVERSITÄTSSTRASSE 1
D-40225 DÜSSELDORF
GEBÄUDE 25.42. EBENE U1
TELEFON: 0211-81-13108
TELEFAX: 0211-81-13105

Wissenstest Methoden
zum physikalischen Praktikum für Physiker

Bitte geben Ihren Namen oder Ihr Pseudonym an:

_____

Ihnen stehen insgesamt 30 Minuten zur Bearbeitung der folgenden Aufgaben zur Verfügung. Beachten Sie, daß jeweils _eine_ bis _fünf_ Antworten richtig sein können. Kreuzen Sie alle richtigen Antworten an.

1. Welche der folgenden Schritte sind Teil der Planung und Durchführung eines Experiments?
    1. Die Formulierung einer physikalischen Theorie
    2. Die Formulierung einer physikalischen Fragestellung
    3. Die Messung der Messgrößen
    4. Die Auswertung der Messwerte
    5. Die Veröffentlichung der Messprotokolle

2. Welche Aspekte gehören zur Konzeption einer experimentellen Anordnung?
    1. Die Auswahl der Messgrößen
    2. Die Messung der Randbedingungen
    3. Die Vermeidung zufälliger Fehler
    4. Die Vorbereitung des Messprotokolls
    5. Die Vermeidung systematischer Fehler

3. Welche Kriterien sind bei der Auswahl der Messgeräte für die Messeinrichtung zu berücksichtigen?

   1. Der Messbereich
   2. Die Messgenauigkeit
   3. Der Anzeigebereich
   4. Der Betriebsbereich
   5. Der Messvorgang

4. Welche Elemente umfasst die Auswertung eines Experiments?

   1. Die Bestimmung der Messunsicherheit
   2. Die Angabe des Messergebnisses
   3. Die Beschreibung des Messobjekts
   4. Die Protokollierung der Messung
   5. Die Überprüfung der Messung

5. Wie viele Arbeitsanweisungen umfasst die experimentelle Aufgabenstellung pro Messgröße?

   1. Genau eine
   2. Mindestens eine
   3. Höchstens eine
   4. Beliebig viele
   5. Keine

6. Welche Aufgaben erfüllt ein Sensor in der Messkette?

   1. Die Erzeugung einer Messgröße aus einer physikalischen Größe
   2. Die Wandlung einer Messgröße in eine spezifische Größe
   3. Die Wandlung einer physikalischen Größe in eine Messgröße
   4. Die Erzeugung einer spezifischen Größe aus einer physikalischen Größe
   5. Die Umformung einer Meßgröße in eine physikalische Größe

7. Aus welchen Gründen wird in der Messkette ein analoges Messsignal erzeugt?

   1. Zur Weiterverarbeitung durch den Computer
   2. Zur Vereinheitlichung der Messgrößen
   3. Zur Vereinheitlichung der Messeinrichtung
   4. Zur Übermittlung der Meßgrößen
   5. Zur Übermittlung der Messwerte

8. Was verstärkt der Verstärker in der Messkette?
   1. Die Messgröße
   2. Das Messsignal
   3. Die Messwerte
   4. Die Messempfindlichkeit
   5. Die Messeinrichtung

9. Welche Wandlung führt der A/D-Wandler in der Messkette durch?
   1. Analoges Messsignal in digitales Messsignal
   2. Digitales Messsignal in analoges Messsignal
   3. Analoge Messgröße in digitale Messgröße
   4. Analoges Messsignal in digitale Messgröße
   5. Analoge Messgröße in digitales Messsignal

10. Welche Aufgabe erfüllt der Computer in der Messkette?
    1. Die Auswertung der Messwerte
    2. Die Erfassung der Messgröße
    3. Die Speicherung der Messwerte
    4. Die Variation der Messgröße
    5. Die Anzeige der Messwerte

11. Welche Größen werden in der modernen Messtechnik durch Amplituden- oder Frequenzvariation als Messsignal verwendet?
    1. Spannung
    2. Strom
    3. Widerstand
    4. Kapazität
    5. Induktivität

12. Für welche Fälle erreicht die Emfpindlichkeit einer Reihenschaltung aus einem resistivem Sensor R_S und einem Widerstand R ihr Maximum?
    1. $R \gg R_S$
    2. $R > R_S$
    3. $R = R_S$
    4. $R < R_S$
    5. $R \ll R_S$

13. Welchen Methoden entsprechen einer Brückenschaltung nach Wheatstone?

    1. Nullmethode
    2. Meßmethode
    3. Differenzmethode
    4. Kompensationsmethode
    5. Referenzmethode

14. Für Welche Fälle ist die Brückenschaltung nach Wheatstone abgeglichen? (Siehe Abbildung)

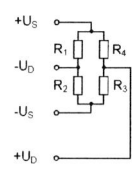

    1. $R_1 = R_2 = R_3 = R_4$
    2. $R_1 = R_2$ und $R_3 = R_4$
    3. $R_1 = R_3$ und $R_2 = R_4$
    4. $R_1 = R_4$ und $R_2 = R_3$
    5. $R_i \neq R_j$

15. Welche Einflüsse auf einen Sensor lassen sich mit einer Kompensationsschaltung kompensieren?

    1. Der Einfluss der Messgröße
    2. Der Einfluss anderer Messgrößen
    3. Der Einfluss anderer Größen
    4. Der Einfluss von internem Rauschen
    5. Der Einfluss von externem Rauschen

Experimentaltest

PHYSIKALISCHE GRUNDPRAKTIKA
ZENTRALE EINRICHTUNG DER PHYSIK
LEITER: PROF. DR. DIETER SCHUMACHER

HEINRICH HEINE
UNIVERSITÄT
DÜSSELDORF

UNIVERSITÄTSSTRASSE 1
D-40225 DÜSSELDORF
GEBÄUDE 25.42. EBENE U1
TELEFON: 0211-81-13108
TELEFAX: 0211-81-13105

Experimentaltest Methoden
zum physikalischen Praktikum für Physiker

Bitte geben Sie Ihren Namen oder Ihr Pseudonym an:

_____

Ihnen stehen insgesamt 60 Minuten zur Bearbeitung der folgenden Aufgaben zur Verfügung. Es ist nicht notwendig die Aufgaben vollständig zu lösen. Bearbeiten Sie so viel Sie können. Als Hilfsmittel steht Ihnen ausschließlich das diesem Test zugeordnete Material zur Verfügung. Auf den nächsten Seiten finden Sie Vordrucke zur Protokollierung und Möglichkeiten zur Dokumentation.

1. Messen Sie die zeitliche Änderung der Temperatur T eines Widerstandes bei konstantem Strom. Wählen Sie als Widerstand $R = 100\,\Omega$ und als Strom $I = 125\,mA$.

   Dokumentieren und begründen Sie Ihre Vorgehensweise.

2. Lassen Sie den Widerstand abkühlen und führen Sie Aufgabe (1) erneut durch. Zusätzlich soll der Einfluss der Umgebungstemperatur mit einer Brückenschaltung nach Wheatstone kompensiert werden.

   Dokumentieren und begründen Sie Ihre Vorgehensweise.

E.2.3 Material

Experimentaltest Methoden:

Stück	Beschreibung
1	Multimeter MetraHit 23S
1	Multimeter ABB
1	Widerstand R=100 $k\Omega$
1	Potentiometer R=100 Ω
1	Potentiometer R=1 $k\Omega$
2	Widerstand Pt1000
1	Experimentiersteckbrett
1	Verdrahtungsset für Experimentiersteckbrett
1	Stoppuhr
8	Prüfklemmen
4	Laborkabel l=50 cm
2	Laborkabel l=100 cm
2	Laborkabel l=25 cm
1	Netzgerät EA-3048A
1	Netzgerät LABPAC 100T

Abbildungsverzeichnis

2.1	Zirkuläre Abfolge von Wahrnehmung, Erwartung und Handlung	19
2.2	Spiralförmige Folge modifizierter Wahrnehmungen, Erwartungen und Handlungen	20
3.1	Modell der Didaktischen Rekonstruktion	33
4.1	Fachliche Klärung im Modell der Didaktischen Rekonstruktion	43
4.2	Hauptziele der Experten	55
4.3	Unterziele der Experten zum Hauptziel „(A) Theorie und Praxis verbinden"	58
4.4	Unterziele der Experten zum Hauptziel „(B) Experimentelle Fähigkeiten erwerben"	58
4.5	Unterziele der Experten zum Hauptziel „(C) Methoden wissenschaftlichen Denkens kennenlernen"	59
4.6	Unterziele zum Hauptziel „(D) Motivation, Persönlichkeitsentwicklung und soziale Kompetenz fördern"	60
4.7	Auswertung zur Frage „Welche Fähigkeiten verstehen Sie unter dem Begriff „Experimentieren können"?"	61
4.8	Auswertung der Befragung zu Inhalten von Praktikum	62
4.9	Details der Befragung zu Inhalten von Praktikum	63
5.1	Lernerperspektive im Modell der Didaktischen Rekonstruktion	69
5.2	Hauptziele der Lernenden	82
5.3	Unterziele der Lernenden zum Hauptziel „(A) Theorie und Praxis verbinden"	82
5.4	Unterziele der Lernenden zum Hauptziel „(B) Experimentelle Fähigkeiten erwerben"	84
5.5	Unterziele der Lernenden zum Hauptziel „(C) Methoden wissenschaftlichen Denkens kennenlernen"	85
5.6	Unterziele der Lernenden zum Hauptziel „(D) Motivation, Persönlichkeitsentwicklung und soziale Kompetenz fördern"	85
5.7	Unterziele der Lernenden zum Hauptziel „(E) Wissen der Lernenden überprüfen"	86
6.1	Didaktische Strukturierung im Modell der Didaktischen Rekonstruktion	91
6.2	Zeitstruktur des herkömmlichen Praktikums	99
6.3	Struktur des Praktikums	106

6.4	Zeitliche Einbettung des Praktikums in den Studiengang	107
6.5	Beispiel für ein Multimeter	112
6.6	Auswertung der Wissenstests Geräte	128
6.7	Auswertung des Wissenstests Multimeter: Fragen des allgemeinen Teils	128
6.8	Auswertung des Wissenstests Multimeter: Fragen des spezifischen Teils	129
6.9	Gelöste Aufgaben und dafür benötigte Zeit im Experimentaltest Geräte	131
6.10	Qualitative Bewertung des Einsatzes von Geräten	133
6.11	Qualitative Bewertung des Einsatzes von Geräten aufgeschlüsselt nach Multimeter und Oszilloskop	134
6.12	Qualitative Bewertung des Einsatzes von Geräten im Detail	135
6.13	Auswertung des Wissenstests Methoden	136
6.14	Gelöste Aufgaben im Experimentaltest Methoden	138
6.15	Qualitative Bewertung der Vorgehensweise bei der Lösung von Aufgaben im Experimentaltest Methoden	140
7.1	Gelöste Aufgaben und dafür benötigte Zeit im Experimentaltest Multimeter für den ersten und zweiten Iterationsschritt Didaktischer Rekonstruktion	155
7.2	Qualitative Bewertung des Einsatzes eines Multimeters im Vergleich für den ersten und zweiten Iterationsschritt Didaktischer Rekonstruktion	156
7.3	Gelöste Aufgaben im Experimentaltest Methoden für den ersten und zweiten Iterationsschritt Didaktischer Rekonstruktion	157
7.4	Qualitative Bewertung der Vorgehensweise bei der Lösung von Aufgaben für den ersten und zweiten Iterationsschritt Didaktischer Rekonstruktion	158

Tabellenverzeichnis

2.1	Komplexitätsebenen nach C. von Aufschnaiter (1999)	22
2.2	Beispiele für Bedeutungskonstruktionen der unteren Komplexitätsebenen	23
2.3	Kategorien zur Beschreibung der Entwicklung von Konzeptualisierungen	27
2.4	Beispiel für ein Verlaufsprotokoll und Kategorisierung der Konzeptualisierungen nach C. von Aufschnaiter (2002)	28
4.1	Zielekatalog nach Boud (1973) gruppiert nach den Hauptzielen nach Welzel et al. (1998)	47
4.2	Beispiel für die Kategorisierung der Items aus der Befragung zu den Zielen des physikalischen Praktikums nach Hauptzielen	54
4.3	Beispiel für die Kategorisierung der Items aus der Befragung zu den Zielen des physikalischen Praktikums nach Unterzielen	57
4.4	Mittlere korrigierte Übereinstimmung im Co-Rating der Unterziele für die jeweiligen Hauptkategorien	57
4.5	Items, die aus den Antworten zur Frage „Es gibt die Vorstellung, dass Studenten im Anfängerpraktikum auch Theorie-Kenntnisse erlernen sollten, in welchem Umfang und wie würden Sie sich das vorstellen?"gebildet wurden.	61
5.1	Ausgewählte Items der Voruntersuchung zu den Zielen, die Lernende mit Praktikum verbinden	80
5.2	Beispiele für Items zur Befragung der Lernenden nach den Zielen, die sie mit Praktikum verbinden	81
5.3	Items der Lernenden zum Unterziel „(A4) Theorie zu erwerben und zu vertiefen"	83
6.1	Teilnehmerzahlen des physikalischen Praktikums für Physiker	93
6.2	Versuche zu Geräten im Themenbereich Elektrizitätslehre	111
6.3	Kompliziertheit der Abschnitte der Anleitung zum Versuch „G-E1 Multimeter"	116
6.4	Kategorien zur Bewertung von Handlungen beim Einsatz von Geräten	124
6.5	Kategorien zur Bewertung der Vorgehensweise bei der Lösung von experimentellen Aufgaben	125
6.6	Beispiel für die Kategorisierung der Handlungen beim Einsatz von Geräten (vergleiche auch Tabelle 6.4)	132

6.7 Beispiel für die Kategorisierung der Handlungen beim Einsatz von Methoden (vergleiche Tabelle 6.5) 139

Literatur

AAPT (1997), Goals of the Introductory Physics Laboratory. *The Physics Teacher*, 35:546–548.

von Aufschnaiter, C. (1999), *Bedeutungsentwicklung, Interaktionen und situatives Erleben beim Bearbeiten physikalischer Aufgaben*, Bd. 3 von *Studien zum Physiklernen*. Berlin: Logos.

von Aufschnaiter, C. (2002), Ich weiß was rauskommt, aber ich kann es nicht erklären. In: Pitton, A., Hg., *Außerschulisches Lernen in Physik und Chemie. Gesellschaft für Didaktik der Chemie und Physik*, Bd. 23, S. 114–116, Münster, Hamburg, London: LIT Verlag.

von Aufschnaiter, S. (1992), Versuch der Beschreibung eines theoretischen Rahmens für die Untersuchung von Lernprozessen. In: *Bedeutungsentwicklung und Lernen. Schriftenreihe der Forschergruppe „Interdisziplinäre Kognitionsforschung"*, Universität Bremen.

von Aufschnaiter, S. (2001), Wissensentwicklung und Lernen am Beispiel Physikunterricht. In: Müller, K. & Meixner, J., Hg., *Konstruktivistische Schulpraxis*, S. 249–271, Neuwied: Luchterhand.

von Aufschnaiter, S. & Welzel, M. (1996), Beschreibung von Lernprozessen. In: Duit, R. & von Rhöneck, C., Hg., *Lernen in den Naturwissenschaften. Beiträge zu einem Workshop an der Pädagogischen Hochschule Ludwigsburg.*, S. 301–327, Kiel: IPN an der Universität Kiel.

von Aufschnaiter, S. & Welzel, M. (1997a), Individual Learning Processes - a Research Program with Focus on the Complexity of Situated Cognition. In: *Proceedings of the 1st European Conference of ESERA*, Rome.

von Aufschnaiter, S. & Welzel, M. (1997b), Wissensvermittlung durch Wissensentwicklung. Das Bremer Komplexitätsmodell zur quantitativen Beschreibung von Bedeutungsentwicklung und Lernen. *Zeitschrift für Didaktik der Naturwissenschaften*, 3(2):43–58.

Becker, J. & Jodl, H. J. (1991), *Physikalisches Praktikum*. Düsseldorf: VDI.

Bennett, E. M.; Alpertz, R. & Goldstein, A. C. (1954), Communications Through Limited-Response Questioning. *Public Opinion Quarterly*, 18:303–308.

Berndt, G. W. (1914), *Physikalisches Praktikum*. Schmidts Verlagsbuchhandlung.

Bertram, A. (1892), *Das physikalische Praktikum*. Berlin: Nicolai.

Boud, D. J. (1973), The laboratory aims questionnaire - a new method for course improvement? *Higher Education*, 2:81–94.

Boud, D. J.; Dunn, J.; Kennedy, T. & Thorley, R. (1980), The aims of science laboratory courses: A survey of students, graduates and practising scientists. *European Journal of Science Education*, 2(4):415–428.

Breuer, E. (1994), Zur Orientierung individueller Entwicklungen im Physikunterricht durch Erfahrungen. Dissertation am Fachbereich I (Physik/Elektrotechnik) der Universität Bremen.

van Calker, J. & Keinhanß, H.-R. (1975), *Physikalisches Kurspraktikum für Mediziner und Naturwissenschaftler*. Stuttgart: Schattauer.

Chambers, R. G. (1963), What use are practical physics classes. *Institute of physics bulletin*, 14:181–183.

Chambers, R. G. (1966), The teaching of practical physics. In: Brown, S. C. & Clarke, N., Hg., *The Education of a Physicist*, London: Oliver and Boyd.

Damasio, A. R. (1997), *Descartes' Irrtum. Fühlen, Denken und das menschliche Gehirn*. München: Deutscher Taschenbuch Verlag.

Diemer, U.; Baser, B. & Jodl, H. J. (1998), *Computer im Praktikum*. Heidelberg: Springer.

DIN 1319 (1995), *Teil 1: Grundlagen der Meßtechnik; Grundbegriffe (01.95)*.

Diplomprüfungsordnung (1996), Diplomprüfungsordnung für den Studiengang Physik an der Heinrich-Heine-Universität Düsseldorf.

Eichler, H.; Kronfeldt, H.-D. & Sahm, J. (2001), *Das neue physikalische Grundpraktikum*. Heidelberg: Springer.

Fischer, H. E. (1989), *Lernprozesse im Physikunterricht. Falluntersuchungen im Unterricht zur Elektrostatik aus konstruktivistischer Sicht.*. Dissertation, Universität Bremen.

von Foerster, H. (1973), *On Constructing a Reality*, Bd. II von *Environmental Design Research*. Stroudsburg: W. F. E. Preiser.

Gee, B. & Clackson, S. G. (1992), The origin of practical work in the English school science curriculum. *School Science Review*, 73(265):79–83.

Geschke, D., Hg. (1998), *Physikalisches Praktikum*. Stuttgart: Teubner, 11 Aufl.

von Glasersfeld, E. (1987), *Wissen, Sprache und Wirklichkeit*. Braunschweig: Vieweg.

von Glasersfeld, E. (1995), Die Wurzeln des „Radikalen" Konstruktivismus. In: Fischer, H. R., Hg., *Die Wirklichkeit des Konstruktivismus. Zur Auseinandersetzung um ein neues Paradigma*, S. 35–46, Heidelberg: Carl Auer Verlag.

von Glasersfeld, E. (1997), *Radikaler Konstruktivismus*. Frankfurt am Main: Suhrkamp.

Gropengießer, H. (1997), *Didaktische Rekonstruktion des „Sehens"*. Oldenburg: ZpB.

Haller, K. (1999), *Über den Zusammenhang von Handlungen und Zielen: Über eine empirische Untersuchung zu Lernprozessen im Physikpraktikum*, Bd. 6 von *Studien zum Physiklernen*. Berlin: Logos.

Heimann, P.; Otto, G. & Schulz, W. (1969), *Unterricht, Analyse und Planung*. Hannover: Schroedel.

Hofstein, A. & Lunetta, V. N. (1982), The role of laboratory in science teaching: Neglected aspects of research. *Review of Educational Research*, 52:201–217.

Hucke, L. (1999), *Handlungserwerb und Wissenserwerb in traditionellen und computergestützten Experimenten des physikalischen Praktikums*, Bd. 8 von *Studien zum Physiklernen*. Berlin: Logos.

Hund, F. (1987), *Die Geschichte der Göttinger Physik*. Göttingen: Vandenhoeck und Ruprecht.

Häußler, P.; Frey, K.; Hoffmann, L.; Rost, J. & Spada, H. (1988), *Physikalische Bildung heute und morgen: Ergebnisse einer curricularen Delphi-Studie*. Kiel: Insitut für Pädagogik der Naturwissenschaften.

Jensen, S. (1999), *Erkenntnis - Konstruktivismus - Systemtheorie: Einführung in die Philosophie der konstruktivistischen Wissenschaft*. Opladen/Wiesbaden: Westdeutscher Verlag.

Jäger, M. (1998), *Die Philosophie des Konstruktivismus auf dem Hintergrund des Konstruktionsbegriffs*, Bd. 49 von *Studien und Materialien zur Geschichte der Philosophie*. Hildesheim, Zürich, New York: Olms.

Kattmann, U.; Duit, R.; Gropengießer, H. & Komorek, M. (1997), Das Modell der didaktischen Rekonstruktion - Ein Rahmen für naturwissenschaftsdidaktische Forschung und Entwicklung. *Zeitschrift für Didaktik der Naturwissenschaften*, 3(3):3–18.

Klafki, W. (1970), Der Begriff Didaktik und der Satz vom Primat der Didaktik im

Verhältnis zur Methodik. In: *Funkkolleg Erziehungswissenschaften*, S. 55 ff, Frankfurt am Main: Fischer.

Kohlrausch, F. (1870), *Kleiner Leitfaden der praktischen Physik*. Leipzig: Teubner.

Lang, M. (1998), *Bedeutungskonstruktionen und Lernen im Physikstudium*. Dissertation, Fachbereich I (Physik/Elektrotechnik) der Universität Bremen.

Lee, L. S. (1969), *Toward a classification of the objectives of undergraduate work in mechanical engineering*. Dissertation, University of Lancaster.

Lind, G. (1996), Die Anfänge des Experimentalunterrichts. *Physik in der Schule*, 34(2):57–59.

Lunetta, V. N. (1998), The School Science Laboratory: Historical Perspectives and Contexts for Contemporary Teaching. In: Fraser, B. J. & Tobin, K. G., Hg., *International Handbook of Science Education*, Kap. 2.8, S. 249–262, Dordrecht: Kluwer.

Manthei, W. (1995), Der Physikunterricht im Wandel der Zeiten. *Physik in der Schule*, 33(10):347–349.

Maturana, H. R. (1987), Kognition. In: Schmidt, S. J., Hg., *Der Diskurs des Radikalen Konstruktivismus*, Frankfurt am Main: Suhrkamp.

Mayring (1990), *Qualitative Inhaltsanalyse: Grundlagen und Techniken*. Weinheim: Deutscher Studienverlag, 2 Aufl.

Mende, D.; Kretschmar, W. & Wollmann, H. (1987), *Physik-Praktikum*. Leipzig: VEB Fachbuchverlag.

Niedderer, H.; Tiberghien, A.; Buty, C.; Haller, K.; Hucke, L.; Sander, F.; Fischer, H.; Schecker, H.; von Aufschnaiter, S. & Welzel, M. (1998), Category Based Analysis of Videotapes from Labwork (CBAV) - Methods and Results from Four Case-Studies. Working Paper zum EU-Projekt Labwork in Science Education.

Powers, W. T. (1973), *Behaviour: The control of perception*. Chicago: Aldine Publishing Company.

Projeklabor Berlin (2003), Projektlabor.
http://www.tu–berlin.de/presse/pi/1996/pi257.htm.

Projektpraktikum Erlangen (2003a), Projektpraktikum.
http://pp.physik.uni–erlangen.de.

Projektpraktikum Erlangen (2003b), Projektpraktikum - Was ist das?.
http://pp.physik.uni–erlangen.de/docs/whatisit.html.

Pöppel, E. (1998), Unterlagen zum Kurs 'Zeitliche Kognition'. In: *Tagungsunterlagen zum Interdisziplinären Kolleg*, Günne am Möhnsee.

Read, F. H. (1969), New techniques for the teaching of practical physics. *Physics Education*, 4(77).

Roth, G. (1992), Neuronale Grundlagen des Lernens und des Gedächtnisses. In: Schmitdt, S. J., Hg., *Gedächtnis*, S. 127–158, Frankfurt an Main: Suhrkamp.

Roth, G. (1994), *Das Gehirn und seine Wirk:lichkeit*. Frankfurt am Main: Suhrkamp.

Ruickholdt (1996), Ergebnisse einer Umfrage zum Physikalischen Praktikum. *Physikalische Blätter*, 52(10):1022–1024.

Saniter, A. (2003), *Spezifika der Verhaltensmuster fortgeschrittener Studierender der Physik*, Bd. 28 von *Studien zum Physiklernen*. Berlin: Logos.

Schoster, A. (1998), *Bedeutungsentwicklungsprozesse beim Lösen algorithmischer Physikaufgaben. Eine Fallstudie zu Lernprozessen von Schülern im Physiknachhilfeunterricht während der Bearbeitung algorithmischer Physikaufgaben*, Bd. 1 von *Studien zum Physiklernen*. Berlin: Logos.

Schulmeister, R. (1996), *Grundlagen hypermedialer Lernsysteme*. München: Oldenbourg.

Schumacher, D. & Theyßen, H. (1999), *Physikalisches Praktikum für Mediziner*. Physikalische Grundpraktika der Heinrich-Heine-Universität, Düsseldorf, 1999/2000 er Aufl.

Schumacher, D. & Theyßen, H. (2003), *Physikalisches Praktikum für Mediziner*. Physikalische Grundpraktika der Heinrich-Heine-Universität, Düsseldorf, 2003 er Aufl.

Steinke, E. G. (1944), *Kleines physikalisches Praktikum*. Dresden und Leipzig: Steinkopf.

Strike, K. A. & Posner, G. J. (1985), A conceptual change view of learning and understanding. In: West, L. H. & Pines, L. A., Hg., *Cognitive structure and conceptual change*, S. 211–231, New York: Academic Press.

Studienordnung (1998), Studienordnung für den Studiengang Physik mit Abschluss Diplom an der Heinrich-Heine-Universität Düsseldorf.

Theyßen, H. (1999), *Ein Physikpraktikum für Studierende der Medizin: Darstellung der Entwicklung und Evaluation eines adressatenspezifischen Praktikums nach dem Modell der Didaktischen Rekonstruktion*, Bd. 9 von *Studien zum Physiklernen*. Berlin: Logos.

Tobin, K. G. (1990), Research on science laboratory activities: In pursuit of better questions and answers to improve learning. *School science and mathematics*, 90:403–418.

Toothacker, W. S. (1983), A critical look at introductory laboratory instruction. *American Journal of Physics*.

Walcher, W. (1994), *Praktikum der Physik*. Stuttgart: Teubner, 7 Aufl.

Welzel, M. (1995), *Interaktionen und Physiklernen: Empirische Untersuchungen im Physikunterricht der Sekundarstufe 1*, Bd. 6 von *Didaktik und Naturwissenschaft*. Frankfurt am Main, Bern, New York, Paris: Lang.

Welzel, M. (1998), The emerge of complex cognition during a unit on static electricity. *International Journal of Science Education*, 20(9):1107–1118.

Welzel, M.; Haller, K.; Bandiera, M.; Hammelev, D.; Koumaras, P.; Niedderer, H.; Paulsen, A.; Robinault, K. & von Aufschnaiter, S. (1998), Ziele, die Lehrende mit experimentellem Arbeiten in der naturwissenschaftlichen Ausbildung verbinden - Ergebnisse einer europäischen Umfrage. *Zeitschrift für Didaktik der Naturwissenschaften*, 4(1):29–44.

Westphal, W. (1937), Die physikalischen Übungen an der Hochschule Berlin. *Zeitschrift für den Physikalischen und Chemischen Unterricht*, 4:147–151.

Westphal, W. (1948), *Physikalisches Praktikum*. Braunschweig: Vieweg.

Wiedemann, E. & Ebert, H. (1904), *Physikalisches Praktikum*. Braunschweig: Vieweg.

Woolnough, B. E. (1983), Exercises, investigations and experiences. *Physics Education*, 18(2):60–63.

Danksagung

Als Konstruktivist kann ich nicht sicher sein, ob die Personen, die ich wahrnehme überhaupt ontologisch existent sind (vergleiche Kapitel 2). Es kann jedoch auf keinen Fall schaden, mich bei denjenigen zu bedanken, die ich in den letzten Jahren als Unterstützung wahrgenommen habe:

Bei meinen Betreuern Manuela Welzel und Dieter Schumacher: Letzterem für die Initiierung dieses Projektes, das sofort mein volles Interesse gewinnen konnte; Ersterer für die umfassende Unterstützung bei der Erarbeitung didaktischer Konzepte und Grundlagen. Beiden möchte ich dafür danken, mir jederzeit für Diskussionen zur Verfügung gestanden zu haben; außerdem für Ihre Gastfreundschaft, die sich von Arbeitsgruppentreffen über gemeinsame kulturelle Aktivitäten hin zur Überlassung von Gästezimmern erstreckt (hat).

Bei der Arbeitsgruppe Schumacher an der HHU Düsseldorf, die für mich die Universität hat zu einem zweiten zu Hause werden lassen: Besonders bei Heike, die mir geduldig in schier endlosen Iterationsschritten deutlich und schonungslos ihre Sicht der Dinge mitgeteilt hat, aber auch immer interessiert war, sich anzuhören, wie die Welt aus meinen Augen zu sehen ist. Außerdem bei meiner Leidensgenossin Moni, zu der ich über die Jahre in langwierigen Diskussionen über Didaktik und die Welt ein immer engeres Verhältnis gewonnen habe; auch dafür, dass sie tapfer und hoffentlich gründlich die letzten Korrekturlesungen übernommen hat.

Bei der Arbeitsgruppe Welzel an der PH Heidelberg, die meine Aufenthalte in Heidelberg immer zu einem konstruktiven und erzählenswerten Erlebnis hat werden lassen.

Bei meinem besten Freund und Mitbewohner Tom, auf dessen Bereitschaft, sich auf mein Thema einzulassen, ich mich immer verlassen konnte und der außerdem meine Skepsis gegenüber jeder Statistik teilt. Sowie bei Sofia, die, bis sie nach Afrika ging, immer für mich da war.

Bei meinen Eltern, die mir – sicher nicht ohne eigene Entbehrungen – diesen Weg überhaupt ermöglicht haben und die in sonntäglichen Telefonaten und Care-Paketen stets ihre volle Unterstützung und größtes Verständnis ausgedrückt haben.

Und nicht zuletzt bei allen Menschen, die die letzten Jahre für mich zu einer Zeit der Weiterentwicklung und nicht des Stillstands gemacht haben; auch dafür, dass viele von ihnen Verständnis für meine häufige Unzufriedenheit und selbstverantwortete Zeitnot hatten.

Zuletzt bei denjenigen, die mir bei dieser Danksagung geholfen haben und zuallerletzt bei einer nicht namentlich zu nennenden Dame, die mich die letzten zwei Wochen vor Abgabe durcheinander gebracht hat.

**Frühere Studien zum Physiklernen
an den Universitäten Bremen und Berlin**

- Horst Schecker (1985): Das Schülervorverständnis zur Mechanik - eine Untersuchung in der Sekundarstufe II unter Einbeziehung historischer und wissenschaftstheoretischer Aspekte, Dissertation Universität Bremen, 548 S. (bisher unveröffentlicht)

- Thomas Bethge (1988): Aspekte des Schülervorverständnisses zu grundlegenden Begriffen der Atomphysik - eine empirische Untersuchung in der Sekundarstufe II, Dissertation Universität Bremen, 251 S. (bisher unveröffentlicht)

- Hans-Ernst Fischer (1989) Lernprozesse im Physikunterricht - Falluntersuchungen im Unterricht zur Elektrostatik aus konstruktivistischer Sicht, Dissertation Universität Bremen, 243 S. (bisher unveröffentlicht)

- Dieter Schmidt (1989): Zum Konzeptwechsel - eine Untersuchung über den Konzeptwechsel am elektrischen Stromkreis, Dissertation Universität Bremen, 198 S., Frankfurt: Lang

- Heinz Meyling (1990): Wissenschaftstheorie im Physikunterricht der gymnasialen Oberstufe - das wissenschaftstheoretische Schülervorverständnis und der Versuch seiner Veränderung durch expliziten wissenschafts-theoretischen Unterricht, Dissertation Universität Bremen, 492 S. (bisher unveröffentlicht)

- Michael Lichtfeldt (1992): Schülervorstellungen in der Quantenphysik und ihre möglichen Veränderungen durch Unterricht, Dissertation Freie Universität Berlin, 545 S., Darmstadt: Westarp

- Manuela Welzel (1994): Interaktionen und Physiklernen - empirische Untersuchungen im Physikunterricht der Sekundarstufe I. Dissertation Universität Bremen, 277 S., Frankfurt: Lang

- Elmar Breuer (1994): Zur Orientierung individueller Entwicklungen im Physikunterricht durch Erfahrungen - eine Fallstudie in einem Physik-Leistungskurs Elektrostatik, Dissertation Universität Bremen, 201 S. (bisher unveröffentlicht)

- Hans Ernst Fischer (1994). Physiklernen: Eine Herausforderung für Unterrichtsforschung. Habilitation Universität Bremen, 245 S., Frankfurt: Lang

- Carola Seibel (1995): Analyse von Lernprozessen im handlungsorientierten Physikunterricht - Fallstudie zum Thema „Kurzschluß" in der Orientierungsstufe, Dissertation Universität Bremen, 273 S., Aachen: Mainz

- Burkhard Langensiepen (1995): Die Entwicklung physikalischer Beschreibungen - eine vergleichende Lernprozeßstudie im Elektrostatikunterricht - eine vergleichende Lernprozeßstudie im Elektrostatikunterricht, Dissertation Universität Bremen, 269 S. (bisher unveröffentlicht)

- Jürgen Petri (1996): Der Lernpfad eines Schülers in der Atomphysik - eine Fallstudie in der Sekundarstufe II , Dissertation Universität Bremen, 365 S., Aachen: Mainz

- Jana Paice (1997): Entwicklung und Erprobung einer Hypermedia-Lernumgebung für den Themenbereich „Schwingungen", Dissertation Universität Bremen, 211 S., Aachen: Mainz

- Sylvelin Menge (1997): Rekonstruktion und Interpretation von individuellen Lernprozessen unter dem Gesichtspunkt des Transfers bei einzelnen Schülern der Sekundarstufe I im Unterricht zur Elektrizitätslehre, Dissertation Universität Bremen, 537 S., Aachen: Mainz

- Wolff-Gerhard Dudeck (1997): Analyse von Denkprozessen in einem analogie-orientierten Elektrizitätslehreunterricht - eine Fallstudie in einer 10. Gymnasialklasse, Dissertation Universität Bremen, 294 S., Aachen: Mainz

Bisher erschienene Bände der Reihe *Studien zum Physiklernen*

ISSN 1435-5280

1	Helmut Fischler, Jochen Peuckert (Hrsg.)	Concept Mapping in fachdidaktischen Forschungsprojekten der Physik und Chemie ISBN 3-89722-256-6 40.50 EUR
2	Anja Schoster	Bedeutungsentwicklungsprozesse beim Lösen algorithmischer Physikaufgaben *Eine Fallstudie zu Lernprozessen von Schülern im Physiknachhilfeunterricht während der Bearbeitung algorithmischer Physikaufgaben* ISBN 3-89722-045-8 40.50 EUR
3	Claudia von Aufschnaiter	Bedeutungsentwicklungen, Interaktionen und situatives Erleben beim Bearbeiten physikalischer Aufgaben ISBN 3-89722-143-8 40.50 EUR
4	Susanne Haeberlen	Lernprozesse im Unterricht mit Wasserstromkreisen *- eine Fallstudie in der Sekundarstufe I* ISBN 3-89722-172-1 40.50 EUR
5	Kerstin Haller	Über den Zusammenhang von Handlungen und Zielen *Eine empirische Untersuchung zu Lernprozessen im physikalischen Praktikum* ISBN 3-89722-242-6 40.50 EUR
6	Michaela Horstendahl	Motivationale Orientierungen im Physikunterricht ISBN 3-89722-227-2 50.00 EUR

7	Stefan Deylitz	Lernergebnisse in der Quanten-Atomphysik *Evaluation des Bremer Unterrichtskonzepts* ISBN 3-89722-291-4 40.50 EUR
8	Lorenz Hucke	Handlungsregulation und Wissenserwerb in traditionellen und computergestützten Experimenten des physikalischen Praktikums ISBN 3-89722-316-3 50.00 EUR
9	Heike Theyßen	Ein Physikpraktikum für Studierende der Medizin *Darstellung der Entwicklung und Evaluation eines adressatenspezifischen Praktikums nach dem Modell der Didaktischen Rekonstruktion* ISBN 3-89722-334-1 40.50 EUR
10	Annette Schick	Der Einfluß von Interesse und anderen selbstbezogenen Kognitionen auf Handlungen im Physikunterricht *Fallstudien zu Interessenhandlungen im Physikunterricht* ISBN 3-89722-380-5 40.50 EUR
11	Roland Berger	Moderne bildgebende Verfahren der medizinischen Diagnostik - ein Weg zu interessanterem Physikunterricht ISBN 3-89722-445-3 40.50 EUR
12	Johannes Werner	Vom Licht zum Atom - Ein Unterrichtskonzept zur Quantenphysik unter Nutzung des Zeigermodells ISBN 3-89722-471-2 40.50 EUR

13	Florian Sander	Verbindung von Theorie und Experiment im physikalischen Praktikum *Eine empirische Untersuchung zum handlungsbezogenen Vorverständnis und dem Einsatz grafikorientierter Modellbildung im Praktikum* ISBN 3-89722-482-8 40.50 EUR
14	Jörn Gerdes	Der Begriff der physikalischen Kompetenz - Zur Validierung eines Konstruktes ISBN 3-89722-510-7 40.50 EUR
15	Malte Meyer-Arndt	Interaktionen im Physikpraktikum zwischen Studierenden und Betreuern *Feldstudie zu Bedeutungsentwicklungsprozessen im physikalischen Praktikum* ISBN 3-89722-541-7 40.50 EUR
16	Dietmar Höttecke	Die Natur der Naturwissenschaften historisch verstehen *Fachdidaktische und wissenschaftshistorische Untersuchungen* ISBN 3-89722-607-3 40.50 EUR
17	Gil Gabriel Mavanga	Entwicklung und Evaluation eines experimentell- und phänomenorientierten Optikcurriculums *Untersuchung zu Schülervorstellungen in der Sekundarstufe I in Mosambik und Deutschland* ISBN 3-89722-721-5 40.50 EUR
18	Meike Ute Zastrow	Interaktive Experimentieranleitungen *Entwicklung und Evaluation eines Konzeptes zur Vorbereitung auf das Experimentieren mit Messgeräten im Physikalischen Praktikum* ISBN 3-89722-802-5 40.50 EUR

19	Gunnar Friege	Wissen und Problemlösen *Eine empirische Untersuchung des wissenszentrierten Problemlösens im Gebiet der Elektrizitätslehre auf der Grundlage des Experten-Novizen-Vergleichs* ISBN 3-89722-809-2 40.50 EUR
20	Erich Starauschek	Physikunterricht nach dem Karlsruher Physikkurs *Ergebnisse einer Evaluationsstudie* ISBN 3-89722-823-8 40.50 EUR
21	Roland Paatz	Charakteristika analogiebasierten Denkens - Vergleich von Lernprozessen in Basis- und Zielbereich ISBN 3-89722-944-7 40.50 EUR
22	Silke Mikelskis-Seifert	Die Entwicklung von Metakonzepten zur Teilchenvorstellung bei Schülern *Untersuchung eines Unterrichts über Modelle mithilfe eines Systems multipler Repräsentationsebenen* ISBN 3-8325-0013-8 40.50 EUR
23	Brunhild Landwehr	Distanzen von Lehrkräften und Studierenden des Sachunterrichts zur Physik *Eine qualitativ-empirische Studie zu den Ursachen* ISBN 3-8325-0044-8 40.50 EUR
24	Lydia Murmann	Physiklernen zu Licht, Schatten und Sehen *Eine phänomenografische Untersuchung in der Primarstufe* ISBN 3-8325-0060-X 40.50 EUR

25	Thorsten Bell	Strukturprinzipien der Selbstregulation *Komplexe Systeme, Elementarisierungen und Lernprozessstudien für den Unterricht der Sekundarstufe II* ISBN 3-8325-0134-7 40.50 EUR
26	Rainer Müller	Quantenphysik in der Schule ISBN 3-8325-0186-X 40.50 EUR
27	Jutta Roth	Bedeutungsentwicklungsprozesse von Physikerinnen und Physikern in den Dimensionen Komplexität, Zeit und Inhalt ISBN 3-8325-0183-5 40.50 EUR
28	Andreas Saniter	Spezifika der Verhaltensmuster fortgeschrittener Studierender der Physik ISBN 3-8325-0292-0 40.50 EUR
29	Thomas Weber	Kumulatives Lernen im Physikunterricht - Eine vergleichende Untersuchung in Unterrichtsgängen zur geometrischen Optik ISBN 3-8325-0316-1 40.50 EUR
30	Markus Rehm	Über die Chancen und Grenzen moralischer Erziehung im naturwissenschaftlichen Unterricht ISBN 3-8325-0368-4 40.50 EUR
31	Marion Budde	Lernwirkungen in der Quanten-Atom-Physik *Fallstudien über Resonanzen zwischen Lernangeboten und SchülerInnen-Vorstellungen* ISBN 3-8325-0483-4 40.50 EUR
32	Thomas Reyer	Oberflächenmerkmale und Tiefenstrukturen im Unterricht *Exemplarische Analysen im Physikunterricht der gymnasialen Sekundarstufe* ISBN 3-8325-0488-5 40.50 EUR

33	Christoph Thomas Müller	Subjektive Theorien und handlungsleitende Kognitionen von Lehrern als Determinanten schulischer Lehr-Lern-Prozesse im Physikunterricht ISBN 3-8325-0543-1 40.50 EUR
34	Gabriela Jonas-Ahrend	Physiklehrervorstellungen zum Experiment im Physikunterricht ISBN 3-8325-0576-8 40.50 EUR
35	Dimitrios Stavrou	Das Zusammenspiel von Zufall und Gesetzmäßigkeiten in der nichtlinearen Dynamik. *Didaktische Analyse und Lernprozesse* ISBN 3-8325-0609-8 40.50 EUR
36	Katrin Engeln	Schülerlabors: authentische, aktivierende Lernumgebungen als Möglichkeit, Interesse an Naturwissenschaften und Technik zu wecken ISBN 3-8325-0689-6 40.50 EUR
37	Susann Hartmann	Erklärungsvielfalt ISBN 3-8325-0730-2 40.50 EUR

Alle erschienenen Bücher können unter der angegebenen ISBN direkt online (http://www.logos-verlag.de/Buchreihen) oder per Fax (030 - 42 85 10 92) beim Logos Verlag Berlin bestellt werden.